小学数学教师·新探索

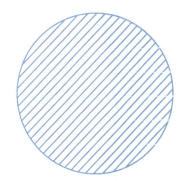

赛课者 说

何月丰　编著

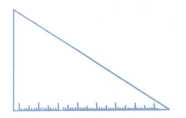

上海教育出版社

SHANGHAI EDUCATIONAL
PUBLISHING HOUSE

序

心无杂念　只有学生
——愿每一节课都是我们的"高光时刻"

细细品读《小学数学教师》编辑部陈洪杰老师发来的《赛课者说》一书,书中真实记录了何月丰等五位青年教师近年来参加中国教育学会小学数学教学改革观摩交流展示培训活动及背后的探索历程。在该书中,"那些年、那些课、那些人、那些事"的故事像一幅幅画卷,徐徐展开,让我们看到了一位位教师、一个个团队在一节一节展示课背后刻骨铭心的研修经历,感受着一位位赛课者难以忘怀的心路历程。阅读此书稿,带给我的不仅有感动、有感慨、有欣慰,还有不断的追问与思考,愿意与大家分享。

"好教师是怎样进步成长的?""好的儿童数学课堂什么样?"书中的小伙伴们以亲自上课、磨课、改课、展示课的成长经历及鲜活的课堂故事,向我们娓娓道来。书中让我们清晰地看到一位位青年教师对儿童数学教育的热爱,看到一个个团队集体研修、共同进步的新样态。我们分享着小伙伴们进步成长的幸福与喜悦,同时也深深感受着团队研修的智慧与力量。

好教师是怎样进步成长的

书中小伙伴们的工作团队以高质量的互动研修做出了回答。阅读这本书稿,如同走进小伙伴们的学习共同体,感受着教研员带领老师们勤奋工作、潜心研究的状态。一次次的集体备课、一次次的试讲、一次次的磨课、一次次的改课,最终重返课堂……每一次的头脑风暴都是一次新的洗礼。书中,学习共同体基于儿童经验的研究、基于数学教材的研究、基于教学实践的研究,不就是一个个教育理论与课堂教学相结合的鲜活案例吗。正是在这样"研究—实践—反思—再研究—再实践……"的良性循环中,促进了教师的进步与成长。

书中的小伙伴有着共同的特殊经历,他们都参加了不同届的中国教育学会小学数学教学改革观摩交流展示培训活动,而且获得了很好的教学效果,得到专家、老师和孩子们的认可与鼓励。他们在研究备课、多次试讲、现场上课的过程中经历了难忘的学习提升和历练,实现了成长路上的新进步。正像书中王丽兵老师所言:即便"全国赛课"已经过去多年,但是这里所经历到的一切,收获和感悟到的,仍在深深地影响着我,改变着我,为我追寻职业理想,实现教育梦想,不断提供着无尽的动力源泉……"

何月丰老师在团队研修中得到重要启迪,他在书中写道:"参加此次活动,让我开阔了眼界,得到了锻炼,对'比的意义'的教学有了很多新的认识……试讲回来的路上,我再次陷入茫然中,唯有'心无杂念,只有学生'这八个字回荡在心间……我带着新版'学生眼中的比'再次走向课堂……理性是对数学的理解和把握,天性是对孩子的了解与关注。自己的小学数学教学正逐步向儿童的天性靠拢,并努力寻找使两者保持平衡的支点。这就有了基于'学生立场'的'认识比'的思考与实践。磨课,更磨人。"管小冬老师在备课、磨课、试教后有感而发:"很多时候,我们自认为已经足够了解学生,了解学生的学习。但唯有真正蹲下身,贴近、走进学生的学习现场,近距离观察学生的学习过程,我们才会真正发现想象与真实间的距离。我想,这就是我们不断重塑课堂的价值所在。"吴冬冬老师在一次次试教、磨课的过程中不断反思:"观全课,一问一答'乒乓式'的教学组织形式贯穿始终,显得较为琐碎,'牵'得太多。课堂进程不应由'提问'来驱动,而应由'任务'来驱动。能放手的就要放手,要在符合学生认知规律和思考能力的边界内给予学生充分的探索空间和感悟空间。"孙贵合老师在此过程中深刻地体会到:"只有慢下来,才能发现知识中的美,才能实现由关注结论到关注过程的转变,才能实现由只尊重教材到尊重学生的华丽转身……"

由此可见,教师的进步成长来自于在真实课堂实践中摸爬滚打的历练,教师的成长在课堂;教师的进步成长来自于一次次的教学反思,自觉反思会促进深刻思考,自觉反思是教师进步成长的重要路径;教师的进步成长来自于学习共同体的同伴互助、专家引领的高质量研修……

好课堂什么样

书中的小伙伴用他们与孩子鲜活的课堂实践给出了回答。

阅读这本书稿,如同走进了一节节鲜活的课堂:一个个丰富多彩的学习情境,激发起儿童学习的热情、触发了儿童的思维和猜想;一个个精心设计的学习活动,唤醒了儿童的生活经验、促进了儿童的实践探索;儿童经历着数学学习的过程,也经历着数学思想、数学文化的洗礼。这本书是小伙伴们课堂教学经验的累积总结,是课程改革理念与小学数学教学实践的融合。

好课堂首先是尊重、理解儿童。儿童成长需要尊重。儿童是有情感、有个性、有独立人格的完整生命体,生命需要尊重。没有爱就没有教育,爱的核心是尊重。尊重儿童的人格,尊重儿童的认知规律,按规律教学就是最科学的教育。儿童成长需要理解。鲁迅先生说:对孩子的教育"开宗第一,便是理解"。理解就是用心灵去感悟心灵,理解需要换位思考。教师要站在儿童的立场,用心去倾听儿童的心声,设身处地为儿童的成长着想。尊重了,理解了,生命与生命才会产生积极的相互影响。

好课堂要激励儿童的兴趣和自信,发展创造意识。儿童是发展中的人,既有潜力,又不成熟。开发儿童的潜能,包容儿童的不成熟,都需要激励。教师要善于激发儿童的学习兴趣和求知欲望,保护好儿童的好奇心,好课堂中教师要善于创造机会,鼓励创新,使儿童发展的可能变成可以。创造思维是获取和发现新知识活动中应该具备的一种重要思维,它表现为不循常规、不拘常法、不落俗套,寻求变异、勇于创新,好课堂应鼓励儿童在原有的经验基础上提出自己与众不同的想法,以独特的思路去解决问题。

好课堂要关注数学与生活的密切联系,培育应用意识。数学源于生活,数学知识与生活有着密切的联系,好课堂要让儿童体验数学知识产生的生活背景。这样的教学不仅可以培养儿童的应用意识,还能让他们更深入地理解数学知识,感受数学的应用价值。学习有意义的数学,就是引导儿童重新解读生活中的数学现象与数学知识的密切关联。"生活世界"对儿童来讲是直观的、具体的、现实的,因而也是丰富的。儿童在日复一日的生活中慢慢长大,生活就是最好的课堂资源,也是儿童学习数学化和用数学解决问题的极佳场所。

好课堂要关注对内容结构的整体把握,促进儿童认知能力发展。新课标提出,课程组织重点是对内容进行结构化整合:"为实现核心素养导向的教学目标,不仅要整体把握教学内容之间的关联,还要把握教学内容主线与相应核心素养发展之间的关联。"整体把握知识内容结构,构建知识之间的内在关联,就是要以辩证唯物主义哲学视角审视数学教学。教学中通过对知识内容进行结构化的整合,引导儿童将零散的、碎片化的数学知识连成知识链,构建知识网,形成脉络清晰的立体知识模块,沟通知识间的内在联系。儿童有了对知识的深刻理解,才能举一反三,触类旁通,实现迁移。在此过程中,儿童不仅获得了知识,更重要的是感悟了其中蕴含的思想,获得了认识事物的普遍方法,完善了认知结构,促进儿童认知能力的发展。

……

好课堂期待大家的共同创造。

书中我也看到小伙伴把能参加"全国赛课"看作是"个人职业生涯的高光时刻"。的确,"人生能拥有如此一次难忘的经历和体验,是一件何等的幸事"。可能一些教师也会这么看。但是,如果把教师的"高光时刻"仅仅锁定在"全国赛课"的"舞台"上,那么将意味着许许多多的教师永远没有教育生涯中的"高光时刻"。其实,正是你们和千千万万、默默无闻辛勤工作的他们共同铸就了我们基础教育的万里长城。我真诚地希望,大家能以对待"观摩课"的心态去潜心研究每一节常态课;让每一节常态课都能像"观摩课"一样经得起"直播"。我们知道,"试讲"对于教师来说,一次没讲好,还有下一次再试讲的机会,但是对于儿童来说,每一节课都是生命中的"直播",每一节课都是师生交往过程中的重要经历。切记:不管是每一节常态课,还是"舞台"上的"高光时刻",我们都要全身心地投入其中,热爱每一位儿童,用心、用情、用专业上好每一节课。让儿童因有机会与我们相遇,真的能实实在在感受到课堂的温暖与智慧。我们向书中热爱教育、智慧教学的小伙伴以及他们的团队学习,创设高质量的小学数学教育,努力实现教师自身的进步与成长。谨记顾明远先生的教诲:"上好每一节课,教好每一位儿童。"

我想说:教师的成长不是在"舞台"上,而是在与儿童的朝夕相处中,在每一节常态课的教学实践历练中,在与专家同伴的交流研磨中,在教师不断潜心反思和自我自觉的修炼中……

愿每一节课都是我们的"高光时刻"。"心无杂念、只有学生",让这八个字久久回荡在我们心间……

吴正宪

2023 年 6 月 1 日

目录

向着"学生立场"迈进 · 赛课者：何月丰

致广大而尽精微 · 赛课者：管小冬

挑战自我，做最好的自己

赛课者：王丽兵

心之所向 行之所往

赛课者：吴冬冬

从结论走向过程　从教材走向学生

赛课者：孙贵合

后记

向着"学生立场"迈进

何月丰

全国第十三届小学数学教学改革观摩交流展示培训活动(佛山体育馆会场)一等奖第一名获得者。

2017年11月7—10日,中国教育学会2017年度课堂教学展示与观摩(培训)系列活动·第十三届小学数学教学改革观摩交流展示培训活动在广东佛山举行(以下简称"全国赛课"),我有幸代表浙江参加此次活动,执教了六年级"认识比"一课。这节课在浙江省小学数学教研员斯苗儿的倾力指导下,在朱国荣、顾志能、俞正强等一大批专家的鼎力帮助下,最终秉承浙江一以贯之的"学生立场",从离学生最近的地方出发,到离数学最近的地方结束,赢得了现场评委的一致认可,荣获了会场第一名的好成绩。

回想准备这节课的三个多月时间,对我来说就是一个不断向"学生立场"迈进的过程。特别是该课的设计从最初的满怀信心,到实践后的迷茫失措,再到最后的"满堂彩",于我而言,可以说是一个不断认识儿童、理解儿童的过程,是一个真正从内心接纳并内化"学生立场"的过程。

何月丰

　　高级教师,浙江省教坛新秀,浙江省教改之星(金奖第一名),浙派名校长培养对象,第六、七批嘉兴市中小学名教师,嘉兴市中小学名校长培养人选,嘉兴市中小学师德楷模。浙派"名校长工作室"主持人,嘉兴市"名师工作坊"主持人。2017年获全国第十三届小学数学课堂教学评比一等奖(第一名),2013年获全国"人教版小学数学课堂教学评比"一等奖。《小学数学教师》《教育视界》杂志封面人物,《小学教学设计》杂志专栏作者。在全国各地的研训活动中执教观摩课或作专题讲座近200场,在省级以上报刊发表文章100多篇。主持省市级课题近10项。参与编著专著4部。现任浙江省海盐县三毛小学校长。

| 第一回 | 纸上谈兵

◎ 获悉与信心

2017年6月15日晚上6点多,我正在吃饭,突然发现手机微信上有一则信息,便自然打开。在打开这则信息之前,我的心情如往常一样,波澜不惊。但在打开这则信息之后,我的整个世界就不一样了。

发我信息的是浙江省著名特级教师、嘉兴市小学数学教研员朱国荣老师。信息告诉我,我将代表浙江参加下半年的全国赛课。

可以想见,在得知消息的这一刻,我的内心是何等的激动! 是呀,有机会站上全国赛课的舞台,是对自己教学能力的最好肯定,也是对自己努力成果的最好印证。因此,我在第一时间把消息告知了爱人、学校史金根校长和师父顾志能老师,与他们分享我的喜悦和激动。激动的同时,我还能隐隐感觉到自己无形中是满怀信心的。

这种信心,首先源于我所处的团队。

在浙江,有省小学数学教研员斯苗儿老师领衔的专家团队。这个团队以"一个人可以走得很快,一群人能走得很远"为座右铭,在小学数学教研上独树一帜,特别是"现场改课",是教研届响当当的品牌①。

在嘉兴,有朱国荣老师领衔的教研团队,这个团队中不仅有朱德江、王建良、顾志能等著名特级教师,还有一大批志同道合、热衷于小学数学教学研究的

---

① 具体可参见:斯苗儿.好课多磨——斯苗儿"现场改课"理念与实践[M].北京:人民教育出版社,2021.

专家、老师。大家团结协作、无私奉献,教研力量强大。比如,2016 年我代表嘉兴参加浙江省小学数学课堂教学评比,比赛地点设在金华。在周日下午抽签知道课题之后,连夜备课。接着的周一和周二,我均在朱国荣老师的安排下,与师父顾志能老师两次坐高铁从金华赶回嘉兴,在离嘉兴南站很近的嘉兴南湖国际实验学校进行试教、调整。每一次试教,好兄弟沈强(现已评为省特级教师、正高级教师)都会帮我安排好一切,南湖国际实验学校校长、特级教师王建良不管多忙,都会来到我试教的课堂听课,然后一起研讨。记得周一因为课的问题比较大(前一晚才备好的课),研讨中大家思维碰撞激励,不断有新的想法产生,在场的每一个人都甚是投入,以至于忘记看时间了,当想起我和顾老师还要赶回金华时,离我们所坐的高铁出发时间已经很近。于是,王建良老师亲自驾车,一路"狂飙"把我和顾老师送到车站,险之又险地赶上了高铁。

在海盐,有德高望重的特级教师邱月亮,有潜心研究教学创新、一路带着我成长的师父顾志能,还有一群一起研究、一起成长的小伙伴。大家围绕在邱老师和顾老师周围,不知疲倦,相互鼓励与支持。

有这样的"天团",我自然信心满满。

除此之外,当然还有给我信心的另外源泉。

在学校,有极力支持教师发展、带我成长的史金根校长。我知道,接下来我不管在全国赛课这件事上花多少精力和时间,史校长都是会无条件支持的。

在家里,有一样注重自己的专业成长,在德育工作上有自己特色的爱人孙亦华。她曾与我比赛,看一年中两人谁在省级以上刊物发表的文章多。那一年,我在省级以上刊物发了 9 篇文章,但还是输给她了。所以,爱人一定会给我最大的支持。

最后,这份信心还与我自身有关——我有比较丰富的赛课经验。

2011 年 12 月,我获得了首届"运河赛课"的综合一等奖。这次赛课的现场决赛在杭州举行,来自京杭大运河周边省的众多选手齐聚一堂。这是我第一次站上海盐之外赛课的大舞台。

2012 年 10 月,我获得了嘉兴市小学数学课堂教学评比一等奖的第一名。这次评比是自选课题。在顾志能老师的建议下,我们选了"平行与垂直"一课。自选这节课,不是因为我们对这节课有研究,恰恰相反,是顾老师觉得"这节课这几年一直没有突破,不如借这次比赛的机会,好好研究突破一下"。近两个月的准备,一次次推倒重来,课终于突破了,有了创新。

2013年5月,我获得了人教版小学数学示范课观摩交流会一等奖。这次赛课在吉林四平举行,我们选择的课题是"长方形的面积",会场有2000多人听课。根据教学进度,这节课一般在四月份教学,可我上课的时间是在五月底。为此,我们去学校班级了解学情,发现90%以上的学生已经知晓长方形面积的计算公式了。怎么办?在朱国荣、顾志能两位老师的指导下,我们临时对课的一些小环节进行了调整,以应对此事。

2016年10月,在前文提及的浙江省小学数学课堂教学评比中,我以第二名的成绩获得了一等奖。这次赛课与前面几次最大的区别就是抽签确定课题,备课时间短;最大的幸运是抽到的上课时间在最后一天,所以有两天时间准备。

以上这些,都让我对这次全国赛课隐隐中充满信心。

我相信团队的力量,我相信学校、家人的支持,我相信自己的经验和积累。

◎ 曲折的选题过程

在朱国荣老师发给我的信息中,除了告知我代表浙江参加全国赛课的消息之外,还有一个任务:准备选题,且要求7月10日之前在第一、二学段各选一个课题(当时第一学段为1—3年级,第二学段为4—6年级)。

6月15日收到信息,离7月10日还有近一个月的时间,完全可以慢慢想。但是,在接到朱老师消息后的当晚,我就不由自主地开始在心里琢磨起课题了。这显然是兴奋和激动的表现。

第二天,我就迫不及待地向我的师父顾志能老师具体汇报了选题这件事。顾老师建议我们先自己想一想,初定几个,然后听听朱老师的意见和建议,最后由省教研员斯苗儿老师定夺,上报组委会。

我听了顾老师的建议后,回到学校只要一有空就开始琢磨选题。最终与顾老师商量之后初定了以下几节课。

第一学段,选择了三年级"长方形和正方形"和"倍的认识"这两节课。参加工作以来,除第一年任教三年级,我一直任教四、五、六年级,因此第一学段的选题只能放在三年级,再往下的年级我不敢选了。

第二学段,选择了"平行与垂直""三角形的面积""分数的意义""认识比",

即两节"图形与几何"的课,两节"数与代数"的课。其中,"认识比"这节课的选择,与2012年选择"平行与垂直"时的理由是一样的——顾老师觉得这节课这么长时间一直没有突破,所以想借此机会研究、突破一下。

在与顾老师商量初步确定这些选题之后,我就开始收集这些课的资料。比如,"长方形和正方形"这节课,我知道著名特级教师朱乐平领衔的"一课研究"团队有老师在研究这节课,我就与相关老师讨要了一些与这节课有关的资料(我也是"一课研究"团队的成员)。

7月7日上午,我们前往嘉兴教育学院与朱国荣老师商量要报的课题。那天天很热,顾老师一早开车来接我。记忆中,这样的事情已经不是第一次发生了。2007年我第一次参加县里的优质课比赛,顾老师那时候已经买汽车了,每一次外出试教,都是顾老师开车。2012年市里的优质课比赛,这时我已经买汽车了,但还是顾老师开车带着我在县内外找学校试教,比赛当天也是他开车带我去的。2013年我参加人民教育出版社主办的赛课,依旧是顾老师开着车带我到省里试教,请斯苗儿老师指导。

从海盐去嘉兴的路上要途经嘉兴市余新镇,那里毗邻水蜜桃之乡嘉兴枫桥,我姐夫家就是那里的水蜜桃种植户。因此,我提前一天与姐夫联系好,去时顺路带了一袋刚从树上采摘下的新鲜水蜜桃。我相信,那一定是一次甜蜜的"碰头会"。我甚至已经在心里谋划这次回来之后该开始做哪些准备工作。

到达嘉兴教育学院,我们先向朱国荣老师汇报了我们的选题,其中对于"认识比"一课,朱老师也是很感兴趣,因为他也觉得这节课一直没有突破。当然,对于当时的我而言,还不明白这两位特级教师所谓的突破是什么意思,只是觉得这节课"很有来头"。

朱老师在听了我们的汇报之后,选择了其中的四节课,并通过微信发给了斯苗儿老师。我以为这么重要的事情,斯老师很快就会回复,结果这一等,就是10多分钟。好在有水蜜桃,这10多分钟还算好过一点。好不容易等到了回复,朱老师一看,无奈地一阵苦笑,说:"斯老师回复说这几节都没什么好研究的。"我听到这句话,如当头一棒,不知该说什么。顾老师也是惊讶不已。

这可怎么办?我们三人一下子都茫然了。朱老师开始琢磨,这一次斯老师心里到底在想什么课呢?教材翻了好久,也找了一些课,最后想到了"综合与实践"中的课,如"制作日历""1亿有多大"等。我一听到这样的课,心里就开始着急,因为"综合与实践"的这些课太"奇怪"了,而且教学准备特别复杂。

朱老师与顾老师商量了好久,最终还是无法确定。好吧!原本以为甜蜜的"碰头会",就这样无果而终。

从嘉兴回海盐的路上,我的内心从非常激动、满怀信心转变成了焦虑与不安。在路上,我向顾老师表达了自己内心的着急——最好不要选"综合与实践"的课,顾老师也赞成我的观点,两人内心还是比较倾向于"认识比"。原因很简单,这节课已经被关注一段时间了,说明是一节公认的难点课,若能突破,自然是非常好的。

课题没定,就像失去了灯塔,我一时间没了方向。回到海盐之后,就暂时把这件事放下了,因为我再怎么想也是无用的,我能做的就是静静地等待结果。转眼7月10日已经过去了,依旧没有消息。当然,这段时间虽然选题一事"杳无音讯",但自己也没有闲着,而是在抓紧准备7月17日的第十二批嘉兴市学科教学带头人的面试。特别是7月10日之后,也就把选题一事渐渐淡忘了。

在7月中旬的一天(具体日期记不得了),我接到顾老师的电话,满心以为是关于7月17日去面试的事,猜想可能是顾老师要为我们安排模拟面试等(参加面试的不止我一个)。但是,这次我的感觉错了,顾老师在电话里略带兴奋地告诉我,全国赛课的课题已经确定,就是六年级的"认识比"。顾老师让我先专心准备面试,然后约定7月19日下午我们两个人碰个头。

最终确定将"认识比"作为本次赛课课题背后的过程我并不清楚,但我相信,一定是朱老师和顾老师努力的成果。在知道消息的一瞬间,我突然有种成功的激动,虽然对于这节课存在的问题和如何突破我心里一点方向都没有。

于是,我的内心又开始平静了,开始有信心了,因为课题有了,灯塔就有了,灯塔有了,方向就有了,留给我们的,就是朝着方向努力前行。

◎ 第一次正式研讨

确定了课题是"认识比",意味着对这节课的准备工作也正式开始了。起初的准备工作,自然落在顾老师与我两个人身上。

根据约定,7月19日下午到顾老师办公室开展第一次关于"认识比"一课教学设计的讨论。我确定,这是这节课的第一次正式研讨。

7月19日,暑假,正是教师休息的好时机。但是对于我而言,在这样的休息日与顾老师一起讨论教学,是极其常见的。寒假、暑假、节假日,常常成为我们静下心来思考教学的好日子。

回想起来,那天下午的讨论主要分为两部分。

第一部分是顾老师给了我他之前已经收集的关于这节课的所有资料,并进行了简要解读。

资料1:与"认识比"一课相关的文献资料。

《"比的认识"再思考》

《"比的意义"教学引发的思考》

《"算术中的比"的思想价值和方法论意义》

《"算术中的比"的思想价值和方法论意义(续)》

《比和比例的意义》

《比是什么——台湾地区关于"比"的教材改革的启示》

《对小学数学概念教学的思考——以"比的意义"为例》

《返璞归真 正本清源——"比"不能等同于除法》

《关于"比和比的应用"的一点看法》

《教学"比的意义"需要厘清的问题》

《教学:从授业解惑到思想启蒙——以"认识比"为例》

《说说算术中的"比"》

《在本真对话中演绎数学的精彩——俞正强"生活中的比"教学片段赏析》

以上这些都是发表在各类刊物中与"认识比"一课相关的文章,总计13篇。

除此之外,还有一本专著——《漂亮者生存:关于美貌的科学》。我猜想,这本专著应该是与"黄金比"有关。产生这个猜想的理由一是在顾老师给我的图片资料中,还有一个名为"黄金比资料"的文件夹,理由二是"黄金比"和美相关。

资料2:"认识比"一课的相关图片与调查问卷。

在顾老师给我的近20张图片中,无不是与比相关的,如浓缩液稀释瓶、电视机尺寸、相关建筑中的比,等等。

看着调查问卷我更是猛然发现,这些问卷已经在学校中调查过了,因为做这件事的人正是我——是当时顾老师委托我做的,只是我已经忘记了。

两份调查问卷如下:

"比的认识"调查问卷

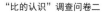 学校（　　　　　　　）　班级（　　　）　姓名（　　　　）

亲爱的同学，你能**独立**回答以下问题吗？

1.有一个数学名词叫做"比"，符号是"："。你听说过或者见到过"比"吗？请举几个例子。

2.你觉得这些"比"具体表示什么意思？（可以结合例子来说明）

"比的认识"调查问卷二

学校（　　　　　　　）　班级（　　　）　姓名（　　　　）

亲爱的同学，又要请你协助老师做研究工作了。谢谢你！

在我们的生活中，"比"是很多见的，如体育比赛中得分的比，调制饮料时果汁和水的比，男生人数和女生人数的比，等等。下面也是两个比：

A.一场足球赛，比分是4：3。

B.大多数照片，长和宽的比是4：3。

请仔细思考，这两个比都是4：3，它们有什么不一样？

如此丰富的资料，无形中印证了前面谈到的顾老师和朱老师对这节课已经有所关注的事实，且顾老师已经在开始思考和行动了。

第二部分是顾老师向我介绍了这节课在当前的教学中存在的问题以及改进的设想。

存在的问题：现在关于"比"的意义的教学，都是用除法来定义的，如"两个数的比表示两个数相除"或"两个数相除又叫做两个数的比"。顾老师认为，这样的意义教学没有凸显比的本质。

改进的设想：辨析生活中的比分与表示倍数关系的比，凸显比的本质，感受比的价值。

那天下午的讨论，我更多是一个听众，认真地聆听着顾老师的解读，同时努力地理解。

值得一提的是，以上对于这节课教学中存在问题的解读以及改进的设想，成了这节课一以贯之的思路，直至最终大赛那天的教学过程，核心思想也是这样的。

如此说来，这节课在一开始就定下了正确的方向。是的！但是，这种对于

"正确"的认识,是基于最终的结果来看待的,即是在用结果解释过程。事实上,为了认识到这个方向是正确的,中间经历了无尽的曲折与磨难,是在一次次"走投无路"下"蓦然回首"后的感悟。

◎ 三件事

7月19日下午在顾老师办公室完成对"认识比"的第一次正式研讨之后,我便开始了一个人对这节课的准备工作,主要做了三件事。

● 第一件事,对比相关教材中关于"比"的定义

经过这么多年对于小学数学教学的研究,电脑中已经积累了很多不同版本的小学数学电子教材,这为我的教材对比研究提供了很大的帮助。

在查阅了大量的教材之后发现,现行教材对于"比"的定义确实如顾老师所言,主要是与除法建立联系得出的。

定义一:两个数的比表示两个数相除。

• 人教版:

> 两个数的比表示两个数相除。
>
>   15 比 10 记作 15∶10
>
>   10 比 15 记作 10∶15
>
>   42252 比 90 记作 42252∶90
>
> "∶" 是比号。
>
> 在两个数的比中,比号前面的数叫做比的**前项**,比号后面的数叫做比的**后项**。比的前项除以后项所得的商,叫做**比值**。例如:

定义二:两个数相除又叫做这两个数的比。

• 北师大版:

> 像上面那样,两个数相除,又叫作这两个数的比。
>
> 如,$6÷4$ 写作 $6∶4$,读作 6 比 4。
>
>   ∶
>   比
>   号
>
> $6∶4 = 6÷4 = \dfrac{6}{4} = 1.5$
>
> 6 是这个比的前项,4 是这个比的后项,1.5 是 6∶4 的比值。

苏教版：

两个数相除又可以叫作两个数的比。比的前项除以后项所得的商叫作比值。

• 青岛版：

速度＝路程÷时间，路程和时间的关系可以用比来表示：赵凡走的路程和时间的比是330∶3。

两个数相除又叫作两个数的比。比的前项除以后项所得的商叫作比值。

以上这些定义，都比较明显地将"比"等同于除法来看待。

除此之外，在查阅教材的过程中也发现了顾老师在教材分析时没有提到的一种表达，即将"比"看成是两个量之间的一种关系。

• 浙教版：

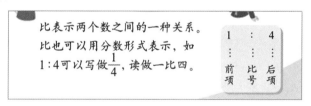

浙教版在将"比"定义为关系之后，又专门安排了"比与除法"一课，再将"比"与除法建立联系。

- 台湾翰林版：

- 台湾"部"编版：

在日常生活中，經常用比來表示兩個數量的關係。例如下面左圖的身高比是160：140，讀做「160比140」，其中160稱為這個比的**前項**，140稱為這個比的**後項**，「：」是比的記號。

通过对教材的对比分析，让我对现行教材对于"比"的定义有了更加清晰的认识。概括地讲，主要是两种取向，一是将"比"与除法关联形成定义，二是将"比"看成是一种关系形成定义。

● 第二件事，学习与"比"相关的文献资料

在完成对教材的对比分析之后，我打开顾老师给我的关于"比"的文献资料，一一细读。13篇文章中，有2篇文章让我对"比"有了新的认识。

第一篇是张奠宙教授撰写的《返璞归真 正本清源——"比"不能等同于除法》[①]一文。

首先，文中有这样一个观点："比"原本是同类量的比较关系，但是也可以推广到不是"同类量"的情形。不过，同类量之比是"源"，不同类量之比只是"流"。

这个观点是我近段时间学习与"比"相关知识的过程中第一次接触到，让我

————————
① 张奠宙.返璞归真 正本清源——"比"不能等同于除法[J].教学月刊小学版（数学），2015（03）：4-8+1.

对"比"的产生有新的认识,知道"比"可以是同类量的比较关系,如时间和时间的比,也可以不是同类量的比较关系,如路程和时间的比。

其次,文中还谈道:比,可以只是两个量之间的一种比较关系,一种对应,一种状态,可以不必凸显"除法"。

这个观点,让我对"比"定义为是一种关系有了更加清晰的认识。但是在那个时候,对于"一种对应""一种状态"还只是一种模糊的感觉。

第二篇是黄平英老师撰写的《在本真对话中演绎数学的精彩——俞正强"生活中的比"教学片段赏析》[①]一文。

这篇文章对我的最大帮助,是让我首次真实看到了将"比"作为一种关系进行教学实践的样子。由此也让我知道,对于"比"这节课,有很多专家都在关注,并已经有了一定的实践。为此,我专门到网上找了俞老师这节课的录像进行学习。

● 第三件事,尝试设计"认识比"的教学过程

在完成教材分析和文献学习之后,自己对于"凸显比是一种倍数关系的表达"这一理念已经较为清晰,同时对基于这种理念的教学改进设想也是充满了信心。

于是,教学设计开始了。

◎ 值得纪念的第一稿

与师父顾志能老师的第一次讨论,以及后续独自准备时做的三件事,最终的"成果"集中体现在下面这份"认识比"的教学设想中。这也是我电脑中留存的关于这节课最早成文的教学设想,时间显示为 8 月 8 日。在我看来,这是值得纪念的。

---

① 黄平英.在本真对话中演绎数学的精彩——俞正强"生活中的比"教学片段赏析[J].江西教育,2015(Z2):73-74.

2017 年 8 月 8 日"认识比"教学设想

在对比中理解"比"的意义

1. 板书"比"。直接揭示本节课的学习内容。

2. 请学生说一说自己在学习和生活中听到或看到的比。

根据学生的回答,适当板书几个比。

足球比赛 2∶0,乒乓球比赛 9∶11(比分类型的板书 2 个即可)。

食用油 1∶1∶1,电视或电脑屏幕 16∶9、4∶3 等(根据学生的回答板书 3 个)。

3. 思考这些比表示的含义。

先请学生独立想一想→小组(或同桌)交流→请学生回答,适当板书比的意义。

得分比:表示两个队获得的分数,能知道相差多少,谁胜谁负。

关系比:表示两个量的倍数关系,也可用分数来表示。

对应写在每组比的下面。

4. 揭示比的意义。

(1) 请学生根据刚才的学习,思考比可以表示什么。

(2) 出示《汉语大辞典》解释比,寻找黑板上这些比的意义。

(3) 思考我们数学课要学习的比应该是哪一个。明确研究方向:表示两个数之间的倍数关系。(板书,然后把表示得分的比擦掉)

5. 课件呈现几组生活中的比,请学生解释这些比是在表示谁和谁的倍数关系。

在辨析中感受"比"的价值

1. 读一读(比表示两个数之间的倍数关系),有什么疑问吗?

希望学生关注到:用比来表示倍数关系到底有什么好处?

如果学生关注不到,教师可以在倍数关系的下面划线,并提问:为什么要用比来表示倍数关系?

2. 活动一:电视机的长宽比与长宽倍数关系的转化。

(1) 出示三种不同长宽比的电视机图片。

（2）把其中一种长宽比变成倍数关系，请学生猜一猜是哪款电视机。

（3）把另外两种比也转化成倍数关系。

（4）反馈学生的计算，请学生谈感想。

用比表示更加方便，直观呈现长与宽的关系（方便、直观）。

是否需要加入同比扩大的情况，更好地感受比？

3. 活动二：稀释浓缩液。

（1）解读信息。

（2）学生设计方案。

（3）展示学生的方案。

不难看出，这份教学设想已经较为明显地注入了我们对这节课的基本理念，以及突破教学重难点的方法。

从教学设想的总体结构看，较好地展现了浙江的课一贯的特色——大气。当然，不管是知识本身，还是学生的学习，"大气"都是不合适的评价，因为不存在"知识大气"或"学习大气"的说法。因此，评价一节课"大气"，往往是指教师的教学能直面学生的疑难，不故意回避；能充分暴露学生的学情，不遮遮掩掩。例如，这份教学设想的课始环节，通过板书"比"直接揭示本节课的学习内容，然后请学生说一说自己在学习和生活中听到或看到的比，便是充分暴露学情的体现；展开环节对生活中的比分与表示倍数关系的比的辨析，便是直面学习疑难的体现。这些才是课"大气"的体现。

除此之外，这份教学设想还有两个我们认为比较明显的突破点：

第一是关于比的意义的描述。前文已述，现行各版本教材是将比的意义描述为"两个数的比表示两个数相除"或"两个数相除又叫做两个数的比"，即将比的意义与除法沟通，而我们的教学设想则将其描述为"表示倍数关系"，这与很多现行教材中的描述是不一致的。

第二是感受比的价值。具体来讲，即在将比表述为表示倍数关系的基础上，进一步思考：为什么要用比来表示倍数关系呢？这样表示到底比倍有什么好处呢？我们想要让学生去体会、去发现。

特别是第二个突破点——感受比的价值，是我们前期思考的关键所在，也是我们认为这节课的最大突破点、创新点所在。

对我来讲，这样的教学设想是具有颠覆性的，因为"叛离"了我所使用的教材——用"倍数关系"代替"除法"来描述比的意义,走向了深刻——感受比直观、方便的价值。因此,当这份教学设想形成,我的内心再一次有了激动的感觉,我知道,接下来只要在实践中进一步细化即可。

◎ 调整设计,陷入迷茫

带着自我感觉颇具"突破性"的第一稿教学设想和内心激动的心情,8月8日上午我们再次前往嘉兴教育学院向朱国荣老师汇报这段时间就"认识比"一课的准备情况。

在顾老师的协助下,我解读了设计这节课的核心理念和基本教学设想。之所以要在顾老师的协助下解读,是因为自己虽然有了一定的学习,也听过顾老师的解读,但就一些环节的具体意图,自己还不是很明了,所以在解读时有种蜻蜓点水的感觉。这说明,就课的教学设计而言,把握核心理念是一回事,把核心理念转变成教学行为又是另一回事。事实证明,因为这一点,我确实在接下来走了很多弯路。

一个上午的交流,对我而言,有喜有忧。

喜的是,对于"让学生感受比的价值"这个想法朱老师很是赞成,大家达成了共识,意味着这将成为这节课设计的绝对核心。有了这个共识,我的心里自然是更加踏实和激动。

忧的是,就比的意义的教学在交流中还是产生了一定的分歧,这种分歧主要体现在如何切入上。我们的设想是直接以一个已经存在的比为例,引导学生从倍数关系的角度来认识(可参见第一稿),而朱老师觉得这样的教学没有让学生经历比的产生过程。为此,在我电脑留存的资料中,有一个文档记录了如下一段话:

朱老师建议:先给材料(材料一:两个长方形,请学生介绍这是怎样的两个长方形;材料二:100元买东西,5件和6件,怎样表示便宜)→揭示概念(比)→丰富对比的理解(给出几组数据,学生思考能不能写成比)→辨析比分和比→?

朱老师建议先将比看成是一种记录方式,引导学生从一个生活中的例子入手,在记录中想到用比来表达。

我记得,当天中午从嘉兴回海盐后,下午就开始着手调整教学设计。于是,在 8 月 11 日的时候,我有了一份新的教学设想。

Ⓜ 2017 年 8 月 11 日"认识比"教学设想

在介绍长方形中初识比

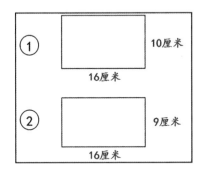

1. 出示两个长方形,请学生观察它们的形状:比较一下,你发现了什么? 因为没有数据(一开始不出示),所以学生只能大概地说长一样,宽不一样。(板书)由此肯定:要说清楚一个长方形的形状,要关注长和宽。然后给出长和宽的数据。

2. 提出问题:假如回家后你要把这两个长方形的形状说给爸爸听,你会怎么说?

3. 学生思考后把自己的表示方式写下来。

4. 反馈学生的表示。

(1) 基本表示方法。

预设一:长都是 16 厘米,①号长方形的宽是 10 厘米,②号长方形的宽是 9 厘米。

预设二:①号长方形的长是 16 厘米,宽是 10 厘米;②号长方形的长是 16 厘米,宽是 9 厘米。

学生都能讲清楚"长一样,宽不一样"。

(2) 用比表示。

预设三:①号长方形的长与宽的比是 16∶10,②号长方形的长与宽的比是 16∶9。

(如果学生没有给出这一表示,教师呈现)

请学生思考有没有讲清楚"长一样,宽不一样"? 在解释的过程中,理解前项和后项的对应关系:两个 16 表示长相等,10 和 9 表示宽不相等,相差一点点。认识比和比号。

预设四:①号和②号长方形的长之比是 16∶16,宽之比是 10∶9。

在比较单价中再识比

1. 课件呈现信息。

> 有一种饼干
>
> 散　装:100元可以买5包。
>
> 组合装:100元可以买6包。

2. 提出问题:除了现在这样的表示可以看出"散装"要贵一点,你还有什么方式可以表示出"散装"要贵一点?

3. 学生自己想一想、算一算、写一写,然后反馈。

预设一:计算单价比较。

散装:100÷5=20(元/包)。

组合:100÷6≈17(元/包)。

反馈之后,简单统计一下这样表示的人数。

预设二:用总价比数量。

散装:总价与数量比 100∶5。

组合:总价与数量比 100∶6。

先写比,再思考是什么和什么比,最后理解如何可以看出贵和便宜。

认识比各部分名称

1. 以 100∶6 为例,认识前项、后项,转化成除法,得到比值。比值一般是分数形式,也可以写成小数或整数。

2. 算一算另外两个比的比值。

在练习中丰富比的认识

1. 根据已知信息,你能写出哪些比?

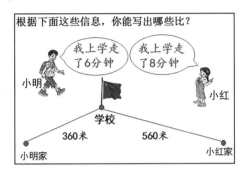

(1) 课件依次出现信息,学生逐步解读信息。

(2) 学生独立写一写比。

(3) 反馈学生写的比,解读这些比的意义。

2. 解读生活中的比。

回顾对于关系的学习

倍→分数→比

与第一稿相比,这份教学设想最大的变化是给学生创设了一个比产生的过程。这个变化体现了我们的三点想法:

第一是关于比的意义不再是明确地指向于揭示倍数关系,而是将其作为两个量关系表达的记录,如长 16 厘米、宽 9 厘米就记录成 16：9,我们认为,这是比的"最低层次",初识比应该从这个层次切入。

第二是在比产生的过程中提供了两组材料,分别用以体现同类量的比和非同类量的比都可以这样进行记录。

第三是借助比产生的过程,使学生感受比在表示关系时的价值,换句话说,是将比的价值的教学放在了更加突出的位置。

说实话,这份教学设想的形成并没有使我产生"更进一步"的感觉。虽然我也觉得比在生活中有时候可能只是一种记录,这是比"最低层次"的表现,我们的教学应该要顾及这样的意思,但是就比的意义而言,我觉得不应该是如此的。例如,电视机屏幕 16：9,与长方形长 16 厘米、宽 9 厘米记录成 16：9,似乎有相同的地方，又觉得是不同的……

越想，越觉得矛盾，越觉得不清楚。原来激动的心情，此刻荡然无存。

于是，我又去反复读之前学习的一些文献资料。其中，王永老师的《比是什么——台湾地区关于"比"的教材改革的启示》①这篇文章让我对比的产生有了新的认识。王永老师在文中如此总结：

总之，比源于度量，度量解决了物体可度量的属性的可比性，比却能够解决物体不可度量的属性的可比性。这就是比的本质。

再次读完这些文献后，心里更加乱了，因为这一次又出现了一个新的词：度量。

带着疑惑，想起了《数学辞海》，立刻找出，找到词条，定义如下：

比（ratio）亦称单比。算术术语。比较两个同类量之间的一种倍数关系，称为这两个同类量的比。在单位相同时，两个量的比可以用表示这两个量的数的比来代替。在实际中，只有同类量，且取同单位，才能相比。两个量相比得到的倍数，称为比值。两个数相比，也可以说成是两个数相除。a 与 b 的比，记为 $a:b$ 或 a/b，读作 a 比 b，符号"："称为比号，比号前的数 a，称为比的前项，比号后的数 b，称为比的后项，比的后项不能为零。比的结果就是比值。尽管两数相比的比值，相除的商和分数的值是相同的数，但比、除法及分数仍是有区别的。比是指两个量的倍数关系，除法是一种运算，分数是一个数。②

本想通过学习专家的解读来化解自己心中的矛盾，没想到，心中的矛盾非但没有化解，反而更加复杂了。这个时候，关于比的教学，我的心中有度量和除法，有倍数关系和记录，有同类量和非同类量，还有比的意义和比的价值。

我的天哪！用"一团乱麻"来形容那时候我的感受是再贴切不过了。那时，我唯一能想到的，就是求助。我向朱老师和顾老师汇报我的困惑，于是我们又坐下来一起商量。

人的成长离不开自身努力，更离不开贵人相助。在我追寻教育梦想的路上

① 王永.比是什么——台湾地区关于"比"的教材改革的启示[J].小学教学（数学版），2009（06）：43-44.
② 数学辞海编委会.数学辞海（第一卷）[M].太原：山西教育出版社，北京：中国科学技术出版社，南京：东南大学出版社，2002.

能遇到朱老师和顾老师,是我莫大的荣幸。我回想起朱老师和顾老师在 2013 年带我去杭州试教,带我去吉林四平参加课堂教学评比的经历,感激之情无以言表。这份感激,也让我再一次坚定信念——我们一定可以找到方向,因为我们是一个团结奋进的团队。

◎ 首次形成"教学思考"

因为在 8 月 8 日的集中研讨中,就比的意义的切入问题产生了分歧,而我在调整中又陷入了迷茫,于是朱国荣老师、顾志能老师还有我再一次聚到了一起,面对面就我的困惑进行讨论。

研讨中大家再一次形成共识:一节课只有 40 分钟,面面俱到显然不可能。数学知识的发生、发展,少则经历几十年,多则经历几百年。作为小学数学,作为课堂教学形态的数学,需要对此进行取舍,找到数学知识在发展历史中的关键点,引导学生在上面"踩一脚",如此足矣。

于是,在我电脑中留存的准备这节课的记录中,多了一个"8 月 21 日嘉兴讨论"的文件夹。这个文件夹中只有一个课件,没有具体的教学设计文稿。到此时,对我来讲,一个课件已经能较好地表达我的想法,因为之前经历了多次交流与修改,对于教学流程的几种不同走向已经了然于胸。因此,一看到课件,我就知道这是要做什么。

⊞ 2017 年 8 月 21 日"认识比"教学设想

1. 用算式表示两个量之间的关系(4 个红苹果和 6 个青苹果)——引出比。

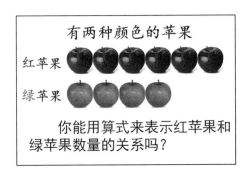

2. 照片(2张——电视机屏幕):用比描述规格——解读比。

3. 比的意义——比的基本知识。

4. 根据给出的信息写比(1)——非同类量比的教学。

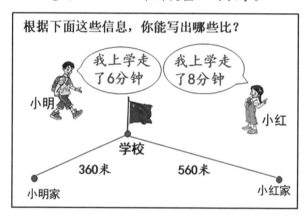

5. 根据给出的信息写比(2)——各种常见比,如人均占地比、配比等。

> 下面信息中的两个量能写成比吗?为什么?
>
> ①做面包时,3杯面粉要放1杯水。
>
> ②一个零件长2厘米,画在图纸上长20厘米。
>
> ③超市购物,满50元送1支牙膏。
>
> ④某小区有500户人家,建有车位600个。
>
> ⑤足球比赛,甲队踢进了2个球,乙队踢进了3个球。

总体来说,这份教学设想比较好地遵循了人教版教材的编排思路:用算式表达关系引出比(教材是用国旗的长和宽)→认识非同类量的比→认识比的基本知识(各部分名称)→写比(练习)。

同时,这份教学设想也较好地表达了我们的想法:从关系的记录引出比→通过解读比和写比,深化认识比(同类量和非同类量)→感受比的价值(结合在上述过程中)。

在8月21日讨论之后,这事就暂时搁置了,因为我当时是学校分管教学的副校长,同时还兼任教务主任,开学准备工作已经不允许我再花比较大的精力和比较多的时间去思考。

现在当我重新回顾整个八月对"认识比"一课的研究,虽然有"几易其稿"的经历,更有从认识清晰且自信到茫然失措再到找到方向这样的感受,但一切的理解和设想都只是停留在我们自己的主观判断层面。这种判断,主要依赖的是教材编排、文献资料和自己的经验。更直白地讲,这一切都还只是纸上谈兵。因此,虽然说8月21日的教学设想让我再一次有了方向,但总体来说心中还是有许多疑问的。下面这份写在"认识比"具体教学设计之前的"教学思考",就比较好地对这些疑问进行了概括。

• 意义层面:《数学辞海》等一些文献资料将比定义为"比较两个同类量之间的倍数关系"。人教版教材将比定义为"表示两个数相除",对此,很多学者认为比不能等同于除法。那么,比的意义到底该如何定位? 如何揭示?

• 学生层面:学生对比并不陌生,生活中最为熟悉的是比赛中的比分。但比分不是数学研究中严格意义上的比,它仅仅是一种比赛中分值的记录方式。这节课,是否要对两者进行比较和区分? 如何比较?

• 价值层面:倍、分数和比(包括后续的百分数)都可以表示两个量的关系。就本课而言,学生在之前已经学了倍和分数,那么,为什么还要学比? 价值何在? 如何让学生感受此价值? 比与分数、倍数、除法的区别该不该指出? 如何指出?

• 比与比例:现在生活中所用到的表示倍数关系的比,往往是一种比例关系,如屏幕的长宽比(16:9),这与根据两个具体的量(如长方形的长和宽是16厘米和9厘米)写一个比是有所区别的。这节课,是否要让学生经历从两个具体量的比到具有比例关系的比的发展过程? 这两种比是否要进行对比呢?

• "源"与"流":相关文献资料(如《数学辞海》等)都提出比是用来表示两个同类量之间的一种倍数关系。实际中,非同类量的比运用也很广泛。从同类量到非同类量,被称为是"源"与"流"的关系。作为比的意义第一课,是否要遵循从源到流的发展历程? 两者是否需要明确区分?

纸上谈兵的整个八月,思考不断,疑问不断。

| 第二回 | 初入课堂

◎ 首次实践的尴尬

9月1日开学前夕,我接到朱国荣老师的通知,9月7日他将带着自己的工作室来听我试教"认识比"。于是,在我准备这节课的记录中,又多了这样几个文件夹:《9月4日试教》《9月5日修改》《9月6日试教》《9月7日工作室活动试教》。

这是我自参加工作以来头一次遇到如此充实的开学,可能也是最后一次。虽然忙碌,但有一点很明显,"认识比"不管目前设想是否合理,终于开始走上实践了。

有了值得纪念的第一稿,经历了8月8日关于第一稿讨论的分歧,8月11日修后中的迷茫,以及后续多次的再讨论、修改,在开学时,"认识比"一课在我的心中已经有了多个"理论"上的设想版本。

第一次试教定在9月4日,顾志能老师建议我自己先熟悉一下,因此他没有来听课。

下面这份教学设想,便是我第一次试教选择的版本,也是"认识比"第一次走进课堂时的样子。

Ⓜ 2017 年 9 月 4 日"认识比"教学设想

从学生的经验中揭示比

1. 板书"比"。直接告之:今天我们学比。问:生活中,你有没有用到过比

（或者有没有比过）? 请学生举例说一说。根据学生的举例,板书学生的例子（比的书写可请学生来写:比长什么样? 顺便认识比号）。

2. 板书几个例子之后（分两列,左边是倍数关系的比,右边是比赛中表示比分的比）,结合学生的例子,追问:为什么要比? 这个比表示什么意思?

环节设想:通过对这样几个例子的理解,使学生体会,两个量有关系（大小关系,倍数关系）,才比——即比,记录了两个量的关系（可板书）。

区分比赛中的比和数学中的比

1. 请学生观察黑板上的这些比（可画横线）,提问:是否可以换一种写法也能看出原来的关系?（教师可先举一个例子）

2. 请学生到黑板前来说明自己选了哪一个比,写成了什么,为什么可以这样改写。

预设学生都会选择倍数关系的比来改写,写成分数或者倍数。比分如果写成分数形式,会产生歧义。

3. 讨论明确:比赛中的比仅仅是一种记录,倍数关系的比可以写成倍数、分数等形式。由此形成两种类型:比分和具有倍数关系的比。

4. 数学要研究哪种比? 为什么?（可提供《汉语大辞典》的解释）

5. 在明确要研究的对象之后,擦掉比赛中的比,只留下倍数关系的比。

环节设想:通过换一种写法这个任务,使学生自主发现,生活中的这些比,其背后的意义是不一样的,以及明确数学中要研究的比的意义。比:记录了两个量的倍数关系。

辨析比与分数、倍数的区别

1. 思考:比可以写成分数,也可以写成倍数。换一种表示形式,其表示的关系是不变的。那么,我们能不能说比就是分数或倍数? 它们是一样的?

2. 学生独立思考,小组交流讨论。

预设:比、分数、倍数都表示了关系,但它们的意义是不一样的。分数和倍是把两个量通过运算变成一种结果（数）,比是一种对应状态。（郑毓信:比的特点是考查两个量的变量关系）

练习写比,认识比各部分的名称

1. 下面这些情况能不能写成比?为什么?(课件出示)

2. 学生自己写一写,然后小组交流、讨论。

3. 自学课本第 49 页,认识前项、后项、比值等知识。

(1)介绍自学成果。

(2)练习求比值(练习中的比)。

坦率地讲,对于这次试教,我是很有底气的。在我的设想中,课也许不顺,但一定会按照我预期的方向发展。因为,我们已经为此研讨了那么多次。特别是,课堂上的样子已经在我的脑海中演绎过很多次,对于可能遇到的情况都有过演练。

但是,所有的底气在这次试教的课始环节就轰然倒下了。根据上面的教学设想,我需要借助学生在生活中见到的比作为教学材料来展开教学。这个设想在八月份思考的时候一直是作为"可行的策略"来对待的,因为我们主观地认为,六年级的学生在生活中已经见过比了,至于比分,那就更熟悉了。所以,我在脑海中演练各种困难时,关于这一点是屏蔽的。我所思考的问题是,如何处理学生提出的各种比。

然而,实践中学生并非如我们认为的那样。关于比,他们更多是说"我比你高"这样的生活例子,至于比分以及倍数关系的比,看上去离学生很遥远,特别是倍数关系的比,几乎没有。学生无法从生活经验中提取出我预设中需要的比,这也就意味着教学材料没有了。缺少了教学材料,课堂还如何进行?所以,"认识比"的第一次试教,我最终是非常勉强地教下来的。(注:全国赛课时,引入环节依旧是这样设计的,最终却成功了,原因何在?这里先卖个关子。)

记得这一次试教,我执教班级的数学老师是凌雪锋。上完课,他从后排走来,看着我,欲言又止。我到现在还记得他当时的表情。

很有底气的初次实践,以不堪回首的失败作为结局。课后的我,独自下楼行走在校园里,感到一切都在意料之外,又感到这似乎是意料之中的事情。因为在这之前,我们一直站在学科的角度看待这节课的教学,一直是以"我认为"这样的视角来看待课堂的样子,对于学生,当真缺乏认识。

◎ 工作室来听课

第一次试教的失败,带给我无尽的忧虑。为了调整好状态,找回一点自信,于是有了9月5日的修改与试教,有了9月6日的再次试教(这一次顾老师来听课了)。这些,都在为9月7日做准备。

在这几天中,我一边修改、试教自己的教学设计,一边继续学习。其间,俞正强老师执教这节课的教学视频我观看了多次,也再次读了其他老师对这节课的教学评析。我第一次试教的引入,其实就是借鉴了俞老师的形式。

面对俞老师课堂的精彩,回想自己课堂的惨淡,我得出一个结论:俞老师上课这样信手拈来,教学材料完全来自学生,那得要多少深厚的功力呀!

再看看自己,失败也就那么顺理成章,也就那么好接受了。根据这个结论,我也明白一点:关键的材料,还是需要教师自己来提供,除非你有俞老师这样的功底。

据此,在9月7日的教学设想中,我在教学材料上下了很多功夫。

2017年9月7日"认识比"教学设想

1. 认识比——比的意义。

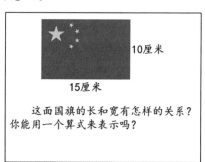

2. 辨析比——比分与数学中的比。

3. 运用比——感受比的好处

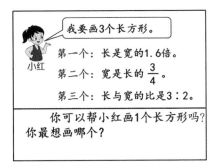

4. 拓展比——在写比中认识非同类量的比

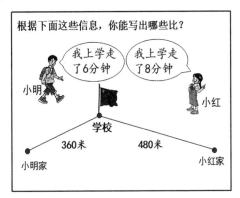

从这份教学设想可以看到,整节课分成四个环节,每个环节目标明确,围绕目标提供需要的材料,提升目标的达成度。不难想象,这次的课一定是朝着自己预设的方向发展了。因此,课总体上我觉得是比较顺利的,而且想要体现的突破点也比较好地得到了展现。

朱国荣老师带着他的工作室成员来听课(我也是工作室成员之一),课后大家一起研讨。首先发言的是来自浙江桐乡的徐英飞老师,我至今还清楚记得他的话:"没听月丰这节课之前,我看见一个比能想到几份和几份,比如 3∶2 就是 3 份和 2 份的关系。听了月丰这节课,我就开始糊涂了。"

华东师范大学王占魁教授说,一个愿意直接指出你上课缺点的人,那是对你的真爱。我极其赞成这样的观点。因为在朱老师与顾老师一次次对我进行指导的过程中,我深深地感受到了这份真爱。因此,现在面对徐老师的直言,我一边内心感激,一边感到惭愧。我知道,这节课有点走歪了。

对于我来说,我已经在这节课中来来回回游走很久,深陷局中。徐老师是局外人,这种感觉一定是正确的。深陷局中的我,一心想着把课的创新点展现出来,常常忘记了创新的基础,这就让创新成了空中楼阁。作为局外人的徐老师,听课之后没有感受到课的创新点,却感觉到课的基础没有了,这说明课的创新还只是我认为的创新,有点形式主义。

后续研讨可以想见,必然要对课进行比较大的改动。研讨中,大家主要思考了以下几个问题:

第一,学生的起点到底是什么?对比一无所知吗?如果知道一点,我们该如何让学生把知道的表达出来?

第二,到底需要怎样的材料?借助学生的材料,还是教师提供材料?如果教师提供材料,该提供几组材料呢?

第三,比的价值如何体现?到底为什么用比,学生能感受到吗?如何让学生感受到?

因为有第一次试教失败的惨痛教训,使我对完全开放的教学有些心有余悸。但像现在这样完全由教师提供材料单线推进,也让自己感觉不"大气",不是我们追求的教学。最终,朱老师建议将两者结合,先开放,再由教师提供材料进行推进。

◎ "学生眼中的比"首次走入我们的视野

第二天,我看到朱老师在工作室群里发了一份前测材料:

> 学校田径队男生人数和女生人数的比是2∶1。
> 请你谈一谈你对以上这句话的理解,可以写一写,也可以画一画。

不久之后,收到了两位工作室成员发上来的前测信息。

第一份信息(城镇小学):

全班48人,34人可以通过画图或文字表达出男生人数是女生人数的2倍这层意思,也有人说女生是1份,那么男生就是2份。7人对这句话的理解是有点模糊的,其中1人是从比多少的角度去思考的,认为男生比女生多1人,还有6人认为男生是女生的1倍,或者女生是男生的二分之一。还有7人是完全不理解,乱写。

第二份信息(农村小学):

全班 29 人,画图或图文结合表示 22 人,文字表示 3 人,不会表示 2 人,另有 2 人表示错误。

对这两份前测的数据进行分析不难发现,学生在尚未学习比的意义之前,对于"学校田径队男生人数和女生人数的比是 2∶1"的理解正确率在 80% 以上。

虽然这样的样本比较小的,但是这个结果已经具有很强的代表性了。特别是从学生的理解方式看,将比与以前学过的倍数、份数、分数沟通,是很自觉、很自然的行为。这又让我想起了徐英飞老师的那句话。由此,关于"认识比"的教学设想,第一次有了从学生那里获取信息而调整教学的行为。这也就是说,学生眼中的比开始以真实的形式进入我们的视野,而不再是"我认为"的状态。至此,也就有了对于课堂教学三要素(教材、学生、教师)的全盘考虑。

对我来说,这无疑是一次革命性的教学调整。特别重要的是,这样的教学调整,使得我的内心对这节课又逐步建立起了底气。说实话,整个八月的思考实际上是迷茫的,开学初的试教调整是凌乱的。迷茫和凌乱在通过这次教学调整后开始走向稳定。在我看来,现在的教学设想较好地体现了我们一直以来的教学追求。

根据朱老师的安排,9 月 13 日我去嘉兴南湖国际实验学校试教新的教学设想。对此我是满怀感恩的,因为我的优质课市赛、省赛都去那里试教过,都得到过王建良校长的指导,还有好兄弟沈强老师的帮助。因此,现在又要去南湖国际实验学校试教,我满怀期待。

2017 年 9 月 13 日"认识比"教学设想(浙江嘉兴)

揭示课题,唤醒生活经验

1. 板书"比",认识比号"∶"。

有一个数学名词叫比,它有一个专门的符号,叫做比号。(板书)

2. 请学生举例生活中见过的比,适当板书。

生活中,你有没有见过或听说过几比几的情况?

解读情境,理解比的意义

1. 课件出示有关比的信息。

老师这里也收集了生活中的两个比,请看:

一场足球比赛的比分是 2∶1。

学校田径队男生人数和女生人数的比是 2∶1。

2. 读一读这两条有关比的信息,想一想这两个比是什么意思。

3. 呈现学习任务:这两个比的意思一样吗? 小组讨论。

4. 反馈学生的讨论。

(1) 从份数角度理解:人数的 3∶2 不表示具体人数,是份数,比分的 3∶2 表示具体进球数。

(2) 进一步从倍数角度理解:3∶2 可以表示不同的具体人数,但倍数永远不变,即男生人数是女生人数的 1.5 倍。

(3) 明确:人数的比表示两个数相除,是一种倍数关系。比分的比是具体分数的记录,是不能同比扩大的。

5. 引导学生思考:数学上,我们要研究哪种比呢? 由此揭示比的意义,教学比各部分的名称及比值。

解读练习,丰富比的认识

1. 稀释洗洁精浓缩液,感受比的现实意义。

(1) 出示稀释瓶,理解稀释的意思。

(2) 出示情境:厨房的水槽很脏,妈妈想清洗一下,该选择哪个比来稀释洗洁精浓缩液? 为什么?

(3) 学生独立思考,然后表达自己的想法。

2. 写比练习,认识非同类量的比。

(1) 课件出示情境。

小明家距离学校 360 米,需要步行 6 分钟。

小红家距离学校 480 米,需要步行 8 分钟。

(2) 学生根据信息写比。

(3) 反馈学生写的比,解读这些比的意义。

(4) 解读 360∶6:这样的比可不可以? 为什么?

3. 黄金比的知识。

(1) 借助舞台站位,认识什么是黄金比。

（2）出示线段，告诉学生已经找到了黄金比的点，请学生写出两个黄金比。告之黄金比的比值大约是 0.618。

（3）想一想：黄金比有什么用呢？——美的视觉感受。

（4）从 4 个长方形中找出一个最符合黄金比的。

（5）欣赏生活中具有黄金比的例子：东方明珠塔和人的身材比。

首先，解读这份教学设想不难发现，引入又回到了最初的样子：开放，直接请学生说自己生活中见过的比。不过仔细分析又会发现，这次的开放与最初的样子是有所调整的。比如，在教学了比号之后再请学生说自己在生活中见过的比，且很明确地提出要说生活中"几比几"的情况。有了这样的提醒，学生的回应就比 9 月 4 日的试教好很多了。这说明，一开始我们认为学生对比是熟悉的，这样的判断是正确的，只是第一次试教时没有说清楚要求，以至于学生不知道要说哪种形式的比。这让我想起了俞正强老师教"认识比"，也是板书"（　）比（　）"之后再请学生说自己见过的比的例子。原来如此。

其次，进一步分析这份教学设想还可以看到，在正式教学比的意义时，并非完全借助学生的材料，而是教师提供了两份材料（下图）。当然，这两份材料的出示也是顺着学生的举例而来的。也就是说，只是将学生的例子转换成更具结构性的教学材料而已。

 一场足球比赛，甲队和乙队的比分是 2：1。

 学校田径队男生人数和女生人数的比是 2：1。

这两个 2：1 表示的意思一样吗？为什么？

第三，对于比的意义的描述、比的价值的体验以及非同类量的比的认识这些内容，依旧遵循了我们一开始的设想——要在课中体现，这一点始终不变。

最后，大家在研讨中一致决定：这次毕竟是全国性的赛课，不是一般的研讨课，因此尊重教材是非常重要的。根据人教版的教材编排，这节课除了认识比的意义，还要将其与倍数、分数进行沟通，这一点需要在教学中借助合适的材料整合进去。

因此，课总体而言是得到大家认可的。特别是对于比的意义的教学，通过直接让学生说自己生活见到的几比几的情况,再让学生凭借自己已有的认知来解读两个2∶1,进而认识比的意义,这个过程大家表示已经比较好地体现了我们对比的意义一课教学的想法,以及较好地展现了嘉兴的课"大气"的特点。所以,那天课后的研讨重点放在习题环节的设计上。比如,对于"黄金比"这道习题的设计,大家都觉得不合适,因为这里牵涉太多其他的知识,不聚焦。另外,对于下图中的这道题习题,大家也觉得不合适,需要改。

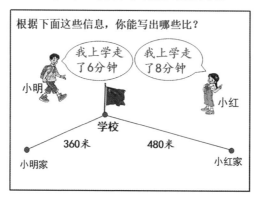

之所以要特别提一下这道习题,是因为这节课自9月4日试教开始,教学设想不断调整,教学材料不断更换,唯独这道习题一直保留着。现在这道习题也要调整,就意味课的材料全部替换了。不过,虽然教学的材料换了,但目标始终没变。这恰恰说明我们对课的认识在一步步清晰——需要更合适的材料来更好地实现教学目标。

从南湖国际实验学校试教回来,正如之前满怀期待的感觉一样,课终于有了一个定型,这无疑给我吃了一颗定心丸。接下来,我所做的事情便是努力将课再进一步厘清,使每一个环节、每一个目标都能有较高的达成度。因此,首先我不断努力修改和完善每一个环节的教学材料,不断细化教学推进的路径,预设可能出现的情况以及应对策略;其次依旧努力学习与"认识比"一课相关的材料,进一步加深对比本体性知识的理解,认真学习其他名师对"认识比"一课的教学,比如一天朱老师传给我一张吴正宪老师执教"认识比"的板书图片(下页图),我对吴老师的板书研究了好几天,期望从中找到吴老师对"认识比"教学的理念,指导自己的教学;最后还是不断实践,每一次有新的想法并进行教学修改之后,我都进班实践,努力通过行动来检验(我当时所在学校是集团化办学,六年级有10个班)。

9月20日,有一个重庆的小学数学骨干教师培训班来校交流,我借此机会执教了"认识比"一课,得到了培训班教师的好评。这次实践,从一定层面上肯定了嘉兴团队对"认识比"一课的研究。

回想九月的上、中旬,短短20天时间,我经历了独自实践的迷茫失措,接受了工作室老师的真爱直言,特别是得到了嘉兴团队的倾力打磨。课,终于有了样子,心,再一次有了稳定的感觉。朱国荣老师、顾志能老师、王建良校长……一群人,在帮助我前行。

| 第三回 | 专家会诊

◎ "千课万人"磨课,"专家会诊"磨人

在 9 月上旬的时候,我接到朱国荣老师通知,9 月 22—24 日"千课万人"将开展磨课活动,地点在杭州天地实验小学,"认识比"一课作为磨课对象之一参加这次活动。

我心里非常清楚参加这次活动对我的意义。第一,这是一次我在全国赛课前难得的历练,不管是对自己的心理心态还是临场应变,都是考验,都是锻炼。第二,这次活动邀请了国内顶尖专家对活动中的课进行诊断,"比的意义"一课能接受这样的指导,机会千载难逢。

这一切,当然要非常感谢浙江省小学数学教研员斯苗儿老师,感谢她的良苦用心。

9 月 22 日上午,朱国荣老师以团队研究的视角,从"备课心得""团队合作故事""成长经历"三个方面对"比的意义"教学研究进行了主题阐述。

二、团队合作故事
1. 团队核心成员何月丰、朱国荣、顾志能面对面讨论(四次)
2. 全市小学数学教研员沙龙(一次)
3. 朱国荣特级教师工作室团队研讨(一次)
4. 特级教师王建良介入讨论(一次)
5. 重庆教师培训班上展示、研讨(一次)
6. 朱国荣与何月丰的沟通交流(N次)

三、成长经历
1. 基本厘清了概念 → 学习、讨论
2. 较好了解了学生 → 前测、实践
3. 逐步清晰了目标 → 数学、学生
4. 初步形成了设计 → 材料、结构

朱老师制作的上面这两张页面上的内容,非常清晰地回顾和展示了我们在

近两个月时间内围绕"认识比"一课所做的工作和形成的认识。

在朱老师主题发言之后,我以个人的视角进行了"认识比"课前陈述,主要表达了我之前的一些困惑和现在对于这节课的理解,然后进行教学实践。

这次的教学,总体上遵循了 9 月 13 日试教时的思路。

Ⓜ **2017 年 9 月 22 日"认识比"教学设想(浙江杭州)**

(说明:因与之前的设想差不多,故简要呈现)

揭示课题,唤醒生活经验

1. 板书"比",认识比号":"。
2. 请学生举例生活中见过的比,适当板书。

情境中理解比的意义

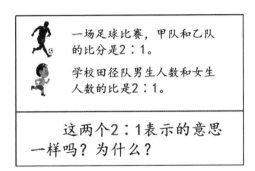

一场足球比赛,甲队和乙队的比分是2∶1。

学校田径队男生人数和女生人数的比是2∶1。

这两个2∶1表示的意思一样吗?为什么?

1. 学生独立解读两个 2∶1。
2. 理解比的意义。

练习中丰富对比的认识

1. 稀释纯酒精,感受比的现实意义。

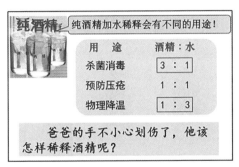

纯酒精　纯酒精加水稀释会有不同的用途!

用　途	酒精∶水
杀菌消毒	3∶1
预防压疮	1∶1
物理降温	1∶3

爸爸的手不小心划伤了,他该怎样稀释酒精呢?

（1）解读信息。

（2）比较 3：1 和 1：3 的区别。

（3）解决问题,说理。

2. 小结,认识比各部分的名称。

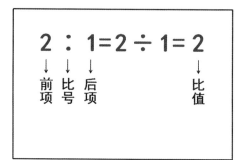

3. 写比练习,认识非同类量的比

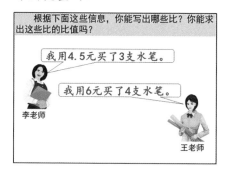

（1）学生写比。

（2）交流反馈,比较理解。

（3）认识非同类量的比。

游戏中沟通比与分数的关系

1. 游戏:猜猜我在哪里

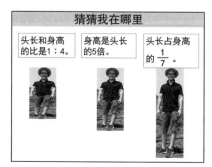

（1）出示信息，请学生根据信息估计老师属于哪一种情况。

（2）请学生说自己的想法。

（3）出示老师的位置，同时出示另外两种情形下老师的样子，引出人不同时期头长和身高的关系。

2. 切换：分数、倍数和比都在表示什么？分数、比和倍数一样吗？为什么？

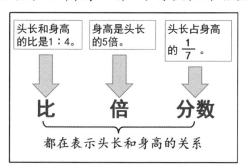

从上面这份教学设想可以看到，练习部分习题的材料变得更加简单和更具趣味性了，同时融合了"比""倍""分数"三者关系的讨论。

从具体实施效果看，较好地展现了我们在课前的预设，特别是学生对两个2：1的独立解读，自己感觉效果是很好的。从当天参会老师的评价看，对于我们这样的设计也是广泛认可的。下面摘录两位老师参加活动后发布在网上的评价：

• "认识比"这节课，何老师条理清晰，教材解读得很透彻，教师课堂把控能力极强，灵活机动，随着学生的回答步步引导，环环紧扣，逐步达到教学目标。整节课并不是教师自己去给出"比"的定义，而是让学生自己在交流思考中理解比。最开始先出示生活中比赛的比分和男女人数比，让学生体会两者的不同。足球比分不变，而男女生人数不确定但是倍数关系不变。整个教学过程让我印象深刻的是教师的追问和学生勇于质疑的态度。通过一步步的追问引发学生思考。何老师的课堂始于生活最后归于生活，处处联系生活实际。"认识比"这节课打破了传统的概念教学，真正将课堂还给了学生，实现了真正意义上的以学生为主体、以教师来主导。

• 何月丰老师通过学生头脑中的比，暴露学生的前概念。教师给出两个2：1让学生用自己的方式表征，揭示"变中有不变"，最后生成 2：1＝2÷1＝2。教师的循循善诱，学生的精彩呈现，一字一句无不体现课堂的高度、宽度和深度。这一切使得全场掌声雷动。

上述这样的评价,略有点"夸大"我的味道,但对于这节课我们想追求和体现的理念,听课老师们还是比较好地体会到了,这是我觉得现在的设计比较成功之处。

根据活动安排,9月22日下午是专家会诊。活动由浙江省特级教师朱德江老师主持,各位专家对"认识比"一课总体上给出了肯定意见,当然也提出了很多修改建议。

在我的记录中,有如下一些文字(边听边记,故有点简要)。

• 孔企平(华东师范大学教授)

1. 比这节课是教材中的难点。比这个知识体现了数学严谨的特点。今天这节课从学生的学情出发,跟学生的思维联系紧密。

2. 比的意义到底是什么? 一种好的提法:表示倍数关系。这是一种好的表述,与学生的认知完全吻合,跟数学知识吻合。

问题:教材中比是表示两数相除。比和除法的沟通在今天的课堂上体现不够。两者在数学本质上是相通的。

3. 教材上为什么这样强调? 小学数学的核心概念是除法,关系(比),运算(除法),数(分数),核心都是除法。

4. 课中的两个2∶1的辨析。问题:对足球比赛的比分是不是比,处理得还不清晰。足球比赛的比分不是比,可以再清晰一点,如2∶0等,是一种记数的方式。

• 高枝国(黑龙江省小学数学教研员)

1. 磨课,需要思考知识的本质,思考一些关于本节课的问题。

2. 目标明确,任何一节课,首先要确定教学目标。

3. 今天这节课,看到了教学的变化。酒精稀释就可以解决前项和后项。

4. 沟通三者联系:都归结到比。倍变成比,分数变成比。

5. 4∶5和8∶10的比值要化简成最简分数。

6. 同类量的比值没有单位,不同类量的比值形成一个新的量,有单位。

7. 在给出比的概念之前,足球比分很难确定不是比。

• 俞正强(浙江省特级教师)

1. 认识是一个去伪存真的过程。

2. 学校田径队组队要求男生人数和女生人数的比是2∶1。

3.知识点落到位,要正确。知识点的展现过程要生动、有趣。

4.材料出来之后,读,明确是比。认识比号、前项、后项。比号怎么写好——落实基本知识点。

5.有什么不一样? 比分:变化是随机的;人数比:变化是固定的。

• 鲍建生(华东师范大学教授)

1.足球比分2:1,是2个球和1个球,不是2分和1分。

2.数学研究两种比:比例和比率。

比例:倍数关系——单位相同。

比率:路程和时间,倍数就没有意义了,得到新的单位——新的量。

3.引入字母符号,用字母符号表述比的意义。

专家会诊的整个过程充满着学术气息,有从数学专业视角分析的,也有从数学教学视角分析的,还有从儿童学习心理视角分析的。这些不同的视角有相互促进的时候,也有相互对立的时候。我知道,单纯从学术研究的层面来看待这样的讨论,一定是意义深远的,但我不是来单纯参加学术活动的,我是带着一定任务来的。因此,专家们讨论到最后,我发现我又失去了方向。

首先,专家们一方面在评论我的课,一方面也在为一些问题争论。例如,关于"足球比赛中的比分到底是不是比",大家一致认可这肯定不是数学上讲的比,但怎么把这件事说清楚,在什么时候说,意见不一致。

其次,对于课中的一些问题,专家们提出了一些设想,但具体的实施操作并不明确,如比分的问题,比与除法的问题,比值的问题,等等。

最后,一些新问题不断涌现。例如,我一开始给出的情境是"学校田径队男生人数和女生人数的比是2:1",俞正强老师在阐述观点时,将这个情境改为"学校田径队组队要求是男生人数和女生人数的比是2:1"。这个小小的改变其实表达着对比的不同理解。我的情境是根据现在的男女生人数得到2:1,也就是说,这个2:1更像是一种根据确定的男女生人数比化简后的记录,因为在这个情境中男女生人数实际上是已知的,不能改变。俞老师的情境是根据男女生人数2:1这个关系进行组队,那么田径队男生人数是不确定的,也就是这个时候的2:1是在表达一种倍数关系。如此看来,我对于比的意义的理解,还是不够深刻。

总体来说,经历了下午的专家会诊,仅仅以我的视角来看待这个过程,对比的认识一定是更加深入了,但对课的教学却又陷入迷茫了。比如,我以为比与除法的沟通可以弱处理,专家觉得这不妥;我以为我已经把比分不是比讲清楚了,专家觉得还不到位;我以为我的材料已经很好了,专家看到了其中存在的问题……

◎"心无杂念,只有学生"

9月23日,本次活动的第二天,上午是斯苗儿老师和吴正宪老师的专题讲座。

说句心里话,我从一开始就期待见到斯老师,期待她能听我的课,期待她能给出指导意见,但这事并不如我所预想的那样。虽然第二天终于见到斯老师,但她一直不提我的课。直到我在听取专家意见之后再次执教(9月24日)"认识比",斯老师依旧没有出现在上课现场。不过,需要指出的是,斯老师虽然没有对"认识比"进行指导,但给出了上课方向:心无杂念,只有学生。

吴正宪老师也是我期待的,因为在这之前我已经得到过她执教"认识比"这节课的一张板书照片,我希望能借此机会向她请教。现在这个时候,关于"认识比",只要有一点"蛛丝马迹",我就会"劳师动众"。

请教的机会没有捕捉到,但是吴老师的讲座主要以她执教的"认识比"一课为例,这是意外的惊喜。吴老师在讲座中提出,比的教学的核心是要构建比的度量标准,即比不仅是两个数量倍数关系的表达,也是两个数量倍数关系的度量。这让我想起22日下午专家会诊时曹培英老师的意见,"比"就是关系的度量。在更早的时候,我就在王永老师的文章和姜荣富老师的文章中读到比源于度量的说法。由此,度量一词再次以比较隆重的方式进入到我关于"认识比"一课的教学设想之中。

吴老师在讲座中还提到了史宁中教授关于比的一篇文章《小学数学教科书中的比及其教学》[①],说这篇文章自己读了10遍以上。这么重要的一篇文章竟没有出现在我的文献资料库中,我自然在第一时间就记录下来,并后续认真研读。

---

① 史宁中,娜仁格日乐.小学数学教科书中的比及其教学[J].数学教育学报,2017,26(02):1-5.

23日下午,带着22日下午专家的意见和自己的迷茫,带着23日上午吴老师对比的理解和关于"度量"的说法,独自一人待在宾馆里修改"认识比"一课的教学设计。

晚上就餐时,又碰到斯苗儿老师。随着斯老师又有幸认识了彭晓玫老师(福建省小学数学教研员)、刘忠阳老师(广西壮族自治区小学数学教研员)和刘莉老师(湖北省小学数学教研员)。几位专家对我昨天的课及课堂表现都给予了好评,同时,也就比的本质问题提出了很多意见和建议,刘莉老师更是提供了她与一位朋友在微信上交流比的聊天截图,供我参考。我可以深深感受到,晚上几位专家的意见和建议,比起白天会场的交流,更加细致、到位。

9月24日上午,在专家会诊之后,在思考修改之后,我再一次站到了磨课活动的课堂上。

在上课之后的"修复感悟"中,我表达了这样一层意思:课,大改过,又改回来了;人,冲动过,还是冷静了。

此话一点都不假。在听了专家的意见和建议之后,我确实冲动过,曾试图将所有的意见和建议都融入课堂,以完善"认识比"一课,甚至连课件都已经做了。但是,在23日的深夜,当我在脑海里一次次模拟课堂时,发现这已经不是我所理解的"认识比"了。于是,我开始冷静下来,将真正我所理解的专家意见保留,去掉了那些我尚未明了的看法和观点。因此,24日的课基本保持了22日的整体结构,只是适当将一些环节的推进方式、习题的内容进行了调整。例如,在比的意义教学部分,请学生辨析两个2∶1是否一样时,22日的课是请学生独立思考和同桌交流,24日则请学生独立思考,并要求学生通过画一画、写一写的方式来表示自己的想法。

因此,在"修复感悟"的最后,我留下了这样一段话:

> **比是什么?**
>
> 站在"儿童"的视角看待比
>
> 比→相除→倍数关系(基础)
>
> 比→同类量→非同类量(丰富)
>
> 比→分数→倍(打通)

我最后发出"站在'儿童'的视角看待比"这个感叹,是受到斯苗儿老师"心无杂念,只有学生"的启发。

是呀! 回想我在这一节课上的准备,更多是站在教师的视角、知识本位的视角看待比的。我如此,众多专家的意见和建议也是如此。特别是要深入解读比的意义的时候,如度量,完全是在考虑比的现实意义、比的数学特性,没有学生的影子。

那么,我现在理解的儿童视角是否正确? 不得而知。不过,我为此而努力过。

24 日下午,是"专家鉴定性评议"。评议过程由刘忠阳老师主持,下面是我记录到的几位专家的评议意见。

1. 郭庆松(江苏省小学数学教研员)

一个问题:学生学了这么多比以后,学生不会想到用比去解决。

如何解决? 今天这节课给大家启示。重视学生的生活经验,学生的经验无法回避。重在让学生自己去探索和体验。层次性很清楚:看出比了吗? 这些比表示什么?

想法:最后一个环节,身体上的几个数据改为同一组数据会比较好。

2. 宋显庆(江西省小学数学教研员)

心无杂念,只有孩子。

引入:比较中建构倍比关系。

运用中:慢慢感悟,有关系,有度量。

思维渗透:变中有不变。(板书)倍比——就是建立一个标准。

想法:这节课结束了,学生对比的认识远远没有结束。

3. 李晓梅(辽宁省小学数学教研员)

教师视角:打破教材的编排。

第一:从学生已有的知识和生活经验开展学习。

第二:问题之后,给学生个性化思考和表达的机会——画一画、写一写(个性化)。

第三:沟通了知识之间的内在联系——猜猜我在哪里——同类量和非同类量。

学生视角:

第一:学生一开始学习之后,为什么没有从倍的关系走到两个数相除的关系？

第二：学习了倍和分数，为什么还要学习比？

第三：为什么学生不会去关注同类量和非同类量？

4. 刘莉

结构层次更清晰了，逻辑结构更清晰了。

从多少，到倍数关系。

知道了倍数，为什么要学习比？

课始学生谈的比，有比多少，有比倍数关系的，请学生说一说。

足球比分：也有倍数关系。

酒精：为什么知道倍数关系，还要去学习比？

倍：结果；比：是一种原始状态，可以倍增。

能看到比吗？——牙膏、牙刷，不太好。想清楚在比什么。

小游戏：建议直接告诉三个时期，然后请学生画，找不同对应时期。

5. 彭晓玫

一天时间，完全改变，是比较难的。

改变时要想清楚：我要到哪儿去？

6. 曹培英(著名特级教师)

我们习惯认为比多少就是相差关系，其实倍数关系也是比多少。黑兔的只数是白兔的 2 倍，也在表达多少关系。

鉴定性评议的最后，由管尤跃(云南省小学数学教研员)老师进行综述。众专家的鉴定性评议意见，或长，或短。于我而言，句句实在，处处启发。可见，"认识比"一课的问题依旧没有解决。

活动结束后，我登上了回海盐的大巴车。一路上向朱老师、顾老师汇报这几天的活动情况和自己的收获，特别是专家的意见和建议对我的启示。不可否认，参加此次活动，让我开阔了眼界，得到了锻炼，对"比"以及"比的意义"的教学有了很多新的认识。我知道，这些新的认识一定会指导我接下来对课的改进。这些，都较好地实现了参加这个活动预期目标。但是，有一点也是不可回避的——活动让我的内心多了一层疑虑，即课还有很多问题。

回来的路上，我再次陷入茫然中，唯有"心无杂念，只有学生"这八个字时时回荡在心间。

|第四回| 义乌改课

◎ 在"虐心"的"现场改课"中走近"学生立场"

"千课万人"磨课活动回来后,我再次把更多精力投入到学校的管理和自己班级的教学中去。很快,就到国庆节了。我知道,这样的长假正是思考的好机会,因此我与顾志能老师相约再次研讨"认识比",时间定在 10 月 8 日。

这次研讨,首先是对比的意义的教学方式下了一个定论,即通过对两个 2∶1 的讨论来认识比是一种倍数关系。其次是对习题设计进行了适当调整,使材料更具现实性,如增加生活中常见的配比等情况。最后是认为关于比的价值的教学要有更为明确的设计,使其更为凸显。

带着上述三点设想,我对"认识比"一课进行了一些教学上的调整。

国庆过后接到朱国荣老师通知,10 月 18 日—20 日去浙江义乌参加由全省各市教研员和部分特级教师共同参与的磨课活动(本次活动一共有三节课,另外两节是参加"华东六省一市"活动的课),准备全国赛。我知道,这是赛前的最后备战了。接到通知后,又与朱老师、顾老师就课的细节问题多次交流,确定了教学设想。

18 日上午,我们三个人一起去了义乌。

19 日上午,我执教了已经"千锤百炼"过的"认识比"一课。

2017 年 10 月 19 日"认识比"教学设想——上课地点:浙江义乌

教学引入

1. 板书比,认识比号。

2.请学生说说生活见过的几比几的情况。

辨析差比和倍比

1.出示足球比分 2：1 和人数之比 2：1 的信息,学生读一读。

2.思考信息中的两个 2：1 表示的意思一样吗,用画一画、写一写的方式表示自己的想法。

3.反馈学生的想法。

层次一:两个 2：1 表达的对象不一样,一个是得分,一个是人数。

层次二:一个是具体数,一个不是具体数,是倍数关系。

层次三:能举例说明比分是具体数,人数之比不是不具体数,是倍数关系。

4.明确:足球比分 2：1 是具体数,不能变,是相差关系;人数之比 2：1 不是具体数,是能变的,但变中有不变,是倍数关系。

5.明确本节课的研究内容。

思考:今天这节数学课,应该研究哪种比? 由此得出,我们今天研究的比表示两个数相除,是倍数关系。

比在现实中的运用

1.出示酒精,理解稀释。出示三个比,读一读,解释功能。

2.出示任务:爸爸的手受伤了,请学生帮助稀释酒精。学生自己想一想,和同桌交流。

3.反馈学生的想法。

4.比各部分的名称。

(1) 对比信息中的 3：1 和 1：3,认识比各部分的名称。

(2) 认识比的分数写法。

认识非同类量的比

1.出示信息,学生独立写比和求比值。

① 做面包时,5 杯面粉放 3 杯水比较合适。

② 超市购物促销,买 4 支牙膏送 1 支牙刷。

③ 小王带了 20 元钱,用其中的 10 元钱买了 5 支水笔。

2. 反馈第①②题:学生说比,解释意义,口答比值,教师板书。

3. 反馈第③题。

预设:20∶10=20÷10=2,10∶5=10÷5=2。

学生解释这两个比的意义。初步表达之后,分辨两个比值"2"的意思。

4. 明确:两个单位不一样的量相比,产生一个新的单位(元/支)。

5. 巩固练习。

(1) 出示信息,学生独立写比。

① 汽车行驶 270 千米,用了 3 小时,消耗汽油 30 升。

② 小丁在一杯 300 毫升的水里加了 15 克糖。小军在一杯 200 毫升的水里加了 10 克糖。

(2) 反馈第①题:学生口答,教师板书,解释意义。

(3) 反馈第②题。

第一步:板书学生的几种比,解释意义。

第二步:出示小红的信息,怎么办呢? 学生独立思考。

小红在一杯_____毫升的水里加了_____克糖。

第三步:请学生解释自己的想法。

这份教学设想与在杭州上课时差不多,唯一的变化是最后的两组习题。

说实话,对于去义乌上课,我是有信心的。这份信心源自现在的教学设想自认为已经比较成熟,对于课的推进也有一定的把握,毕竟现在这节课的样子已经实践了好多次了。

不过,这份信心真的只是"自认为"。我到现在还清楚记得,上完课之后(我是第三个上课),斯苗儿老师从后面的听课席站起身,走到讲台上气呼呼地说:"今天上午的三节课,像浙江的课吗? 这样的课是拿不出手的……"朱国荣老师走过来说:"今天你的课上成了一节'说教课'。"

我简直不敢相信自己的耳朵!

又听到斯老师这样决定:"明天你们三位都不用上课了,我们现在就选三位老师代替你们上课,他们上得好,就他们去比赛,你们不用去了!"

接着,斯老师真的根据上午三节课的顺序,依次在现场选教师。

"第一节课,谁愿意? 听说今天有新教师来听课,有没有敢上的?"斯老师对着大家说。还真的有新老师认领了课。最终,三节课都有老师"认领"。我的课是来自义乌市实验小学教育集团的龚哲荣老师"认领"的。不同的是,前两节课是老师主动"认领",我的课是一开始没有人认领,是斯老师指定给龚老师的。

午饭后,大家围绕三节课展开研讨,对课进行重构。集体重构主要由斯老师和俞正强老师对课进行整体框架的搭建。

总体来说,大家对我的课提出如下意见和建议:

第一,一节课环节不要多,把一个环节做大、做深。

第二,可以把这节课看成是一节自学辅导型的课。学生可以自学比的基本知识,教师需要辅导辨析比分是不是比。

第三,想办法让学生辨析。主要通过举例辨析,若学生不能举例,则由教师举例。

举例1:做面包,面粉和水的比。3个人吃,30个人吃,300个人吃……需要增加面粉和水,但面粉和水的比不变。同时与比分进行辨析,发现有什么不同——比分前项、后项可以是0,但面粉和水都不能是0。

举例2:看照片,照片变化,长宽比不变,形状不变。思考:与做面包的例子有什么相同的地方——都有固定的倍数关系。

发现:数学上研究的比,前项和后项的关系固定。

第四,通过写比的练习,放进产生新量的比——结合除法。

在集体研讨初步形成共识后,按课分成三个小组进行环节的细化。我与龚哲荣老师自然是一组,荣幸的是,俞老师作为指导专家也在我们组。一个下午的时间,在浙江省义乌市江滨小学的会议室里,我与龚老师在俞老师的细化指导下,不断完善教学设计。

2017 年 10 月 19 日"比的意义"教学设想——重构

课前布置学生自学"比"这一内容。

环节一

请学生汇报自学成果——解决基础知识。

环节二

1. 板书 2∶1,想一想:2∶1 可以用在哪里?

2. 以比分和做面包为例。

(1) 体验比分变化:两个班进行足球比赛,一次一次得分,形成 2∶1。

(2) 体验做面包时面粉和水的质量变化,面包的质量一直在变,面粉和水的倍数关系始终不变。

3. 请学生思考这两个比有什么不一样。

(1) 一个(两个质量)可以不断变化,关系固定,不可以出现 0。

(2) 一个(两个得分)可以不断变化,关系不一定,可以出现 0。

4. 明确数学中的比是一种固定的倍数关系。

环节三

类似的比你还经历过哪些? 请学生举例。

环节四

1. 继续举例:1 小时,20 千米;2 小时,40 千米;……

2. 讨论:符合比的特征和要求吗?

3. 以前用除法算,现在用比来表示:速度就是路程和时间的比。

4. 继续举例这样的比。

以上四个环节,是那天下午俞老师对"认识比"一课教学理解的精髓所在(至少我是这样认为的)。对于上述教学设想,我们能否理解? 理解了能否消化？借用斯老师的话，俞老师是可以"空手套白狼"的，这等手上功夫绝非一朝一夕可以练就。因此，在傍晚时分，俞老师离开会议室后，我与龚老师再次以我们的方式不断细化和消化。虽然俞老师已经将一些环节的教学实景都模拟给我们看了，但在我们的脑海里，这些都还是混沌的。直到 2020 年 5 月，我读到《活明白　想明白　学明白——俞正强老师"比的认识"教学赏析》①一文后，才真正理解俞老师当时的想法，当然，这是后话了。

俞老师离开会议室之后，我们开始制作课件。即使是晚餐时分，也是一边吃着快餐，一边商量着课如何执行。为什么这么着急？因为晚上斯老师以及多位市教研员、特级教师又将聚集观摩教室，三个小组将依次模拟上课，检验下午的研讨结果。

晚上，依旧是那些人，依旧是那个讲台和那块黑板。不同的，除了窗外的光色，还有上课的人——不是我，是龚哲荣老师（当然是模拟上课）。

我已经记不清龚老师模拟上课时有多少次被斯老师打断——"这个时候学生会怎么想？""你这样讲学生感兴趣吗？""你应该这样讲……"一次次打断的背后，是斯老师对学生的理解，对学生的重视。坐在台下的我，终于慢慢理解了斯老师一以贯之的"学生立场"。

就这样，在一次次重来中，我们结束了三节课的模拟。回到宾馆，已近凌晨。跨入宾馆大门，朱老师对顾老师和我说："我们三个再商量一下，晚上要把教学设计确定下来。"

于是，在宾馆的房间里，朱老师、顾老师再次陪着我一起研讨、商议，确定最终的教学设计，因为明天我们就要把教学设计提交给本次全国赛课的组委会了。

那晚，我是几点睡的，我已经不记得了。

那晚，龚哲荣老师是几点睡的，我不敢猜测。我只知道，明天龚老师还要上"认识比"，当然，不再是模拟上课。

10 月 20 日上午，当我看到龚老师专门为这节课准备的自己的照片时，我大概能猜测他昨晚回家后又做了什么，但还是难以猜测他到底是几点睡觉的。可以肯定的是，睡的时间一定不长。

---

① 张媛婷.活明白　想明白　学明白——俞正强老师"比的认识"教学赏析[J].小学数学教师，2020(05):47－50.

课,较好地展现了昨天斯老师和俞老师对我们指导的核心理念:以体验的方式,把认识比的核心环节做大、做深。

在很多人看来,模拟比赛进而感受比分的变化,思维含量是不高的;在很多人看来,做面包的过程中,通过人数的变化来感受面包质量变化而面粉和水的关系不变,思维含量也是不高的。但是,恰恰是这种方式牢牢吸引了学生,让学生深度参与到了对比的意义的深度理解中去。

龚老师的课,最终得到了斯老师的认可。我的心,也再一次稳定了下来。

◎ 提交全国赛课组委会的教学设计

我的课比赛时间是在 11 月上旬,是义乌磨课的三节课中最早参赛的,因此 10 月 20 日午饭之后,另外两位赛课选手以及其他各市教研员和特级教师都踏上了返程,朱国荣老师、顾志能老师还有我留了下来,继续在斯苗儿老师的指引下修改教学设计——根据要求,这天是提交的日期。

前已提及,19 日晚上已经对要提交的教学设计进行了修改和完善,但是这份教学设计并没有令斯老师满意,特别是"教学思考"部分,仍需另起炉灶重新来过。

斯老师表达了她的想法,我再次在朱老师和顾老师的指导将这些想法转化为文字。期间,斯老师一贯的幽默让整个下午充满了欢声笑语。而我,经历了这些,心里终于是真的安定了。

M 2017 年 10 月 20 日"认识比"教学设想——提交给全国赛课组委会的教学设计

教学内容

北师大《数学》六年级上册第六单元"比的认识"(P69);人教版《数学》六年级上册第四单元"比"(P48-49)。

教学思考

1. 比的意义第一课时该教什么?

比是一个重要的数学概念。教材中将比定义为"表示两个数相除";《数学辞海》等文献资料将比定义为"比较两个同类量之间的倍数关系";一些学者则提出比源于度量,甚至说比就是一种度量。除了比的意义,比的教学还要涉及比的各部分名称,求比值,比与分数、除法的关系等知识。

对于六年级的学生来说,要在一节40分钟的课里全面理解比的这些知识,往往只能蜻蜓点水。因此,在本课的设计过程中,我立足单元视角来看待教学,在不考虑练习课的情况下,对本单元的教学重点进行了重新梳理和课时划分。

课时划分	教学内容	教学目标
第一课时	初步认识比	认识比各部分的名称,会求比值;知道比表示两个数相除;理解生活中的比分和数学中的比是不一样的;认识同类量的比和非同类量的比
第二课时	深入认识比	沟通比与除法、分数的关系;理解比的基本性质,会化简比;加深对倍数关系的比的理解
第三课时	比的运用	按比分配,解决问题

2. 比的意义第一课时该怎么教?

在第一课时中,有四个较为显性的知识点。第一是认识比各部分的名称,会求比值,第二是知道比表示两个数相除,这两个知识点的教学采取弱处理,以学生课前预习、课堂反馈方式进行。第三是理解生活中的比分和数学中的比是不一样的,第四是认识同类量的比和非同类量的比,这两个知识点的教学则采取强处理,注重体验,在辨析中理解。

(1) 理解生活中的比分和数学中的比是不一样的。

对六年级的学生而言,比并不陌生。其中,最为熟悉的莫过于比赛中的比分。但是,比赛中的比分是一种双方得分的记录方式,这与数学中的比是不一样的。显然,这是学生学习比不可回避的一个疑难点。如何帮助学生破解这个疑难点?我引导学生在情境中对两者进行辨析。这不仅是一个去伪存真的过程,更是学生正确理解比的意义的重要途径。

基于这样的思考,充分暴露学情,引导学生利用已有认知,在自主思辨、讨论交流中破解学习难点,成了我设计本课的第一个着力点。

(2) 认识同类量的比和非同类量的比。

两个数相比,表示两个数相除。同类量相比,比值是一个倍数;非同类量相比,比值是一个新的量。引导学生区分同类量的比和非同类量的比,是理解比的意义的重要内容。理解非同类量相比的比值的含义是学生学习的疑难点,这也是我设计本课的第二个着力点。

教学目标

1. 理解比的意义,知道比表示两个数相除,可以用来表示两个量之间的倍数关系,也可以相比产生一个新的量。

2. 认识比各部分的名称,会求比值。

3. 体会比在生活中的广泛应用,感受比的价值。

教学重点

理解比的意义。

教学难点

辨析比赛中的比分与数学中的比的区别。

教学设计

一、了解学情,诊断起点

板书 2∶1,请学生读一读,根据课前预习介绍比的相关知识。

二、创设情境,辨析疑点

1. 交流:你觉得生活中哪些地方会用到 2∶1?

2. 出示足球比赛照片与和面照片,呈现信息:现在两队比分是 2∶1;面粉和水的比是 2∶1。

3. 提出问题:比较这两个 2∶1,你有什么想说的?

(1) 独立思考—同桌交流—全班交流。

(2) 引导进一步辨析两个 2∶1。

4. 得出结论:两个 2∶1 是不一样的。从黑板上擦掉比分的相关信息。

三、巩固延伸,丰富认识

1. 继续呈现照片,思考:从这张照片上你还能看到别的比吗?

(1) 出示照片的长和宽。

（2）如果想改变这张照片的大小,你有什么建议?

2.请学生举例。

四、适时拓展,加深理解

1.根据信息写出比。

（1）课件出示信息,学生独立写比。

（2）反馈交流。

（3）研究路程和时间的比,知道速度就是路程和时间的比。

2.进一步认识非同类量的比。

五、课堂总结,沟通联系

从这份教学设想的"教学思考"部分可以明显感受到现在的想法与以前的想法的区别。

第一,"比的意义第一课时该教什么"凸显了单元视角下的课时设计。在这之前的两个多月中,嘉兴团队对"认识比"一课的教学思考一直停留在这一节课,努力往深处走,却未曾从比这个单元整体的视角去思考。教材一个单元的编排具有整体性、结构性和关联性,教学时自然首先要从这样的层面、视角去看待。特别是对一个单元的一些内容的重组,处理的强弱考虑,是基于对学生的深度理解,是"学生立场"的体现。

第二,"比的意义第一课时该怎么教"凸显了课时视角下的重点把握。任何教学,首先要想想目标是什么,这一点是毋庸置疑的。在目标中,自然有重点的凸显和难点的突破。在之前,我们确实考虑太多了,如意义层面、学生层面、价值层面、比与比例、"源"与"流",求全而散乱。现在我们基于对这节课的重点把握,主要是通过辨析把"比分"请出去,再把"非同类量的比"请进来,这"一进一出"便是整节课对"学生眼中的比"的去伪存真的过程,这再次彰显了"学生立场"。

晚饭后,我们一起踏上了返程的火车。回忆这三天的经历,可以用惊心动魄来形容。去时的信心满满,到课后的一落千丈,再到现在的尘埃落定,心情、心理上的起起落落,这样的磨砺,是之前所不曾有过的。但我相信,这样的磨砺对我个人而言,一定是一笔不菲的财富。

| 第五回 | 踏上征程

◎ 带着新版"学生眼中的比"去佛山

从义乌磨课回来后,以斯苗儿老师、俞正强老师的指导意见和龚哲荣老师的实践为基础,我对课逐步进行调整,并进一步选择合适材料来完善教学课件。同时,根据斯老师的意见和建议,我在五、六年级开展了关于"认识比"的小调查,题目如下:

1. 同学们,你听说过"比"吗? 关于"比",你已经知道了什么?

2. 我们生活中哪里会用到"比"? 请你举几个你看到过的例子。

3. 根据你对"比"的了解,想一想,"比"和原来学过的知识有什么关系?

本次调查,我测试了 206 位学生,这些学生有使用人教版教材的,也有使用北师大版教材的。通过这次调查,我得到了如下四个结论。

第一,比相差数是学生眼中认为的一种"比"。约有 30% 的学生提到如下图中的一些"比"。

2.我们生活中哪里会用到比? 请你举几个你看到过的例子!
男生的身高 比 女生高 3 cm.

2.我们生活中哪里会用到比? 请你举几个你看到过的例子!
答:1.上海的房价与我们海盐的房价相比较。
2.以前的肉价与现在的肉价作比较。
3.同学们的学习成绩相比较。
4.长和宽作比较。

> 2. 我们生活中哪里会用到比？请你举几个你看到过的例子！
>
> 我不听话时，父母常拿我和别人家孩子比。

第二，比分是学生眼中最常见的"比"。约 50% 的学生提到了比分，如下图的一些说法非常多见。

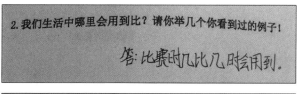

第三，学生眼中已经存在一定倍数关系的比了，但与比分等混为一谈。如下图中的一些举例也是非常多见的，即同时举出比分和倍数关系的比。

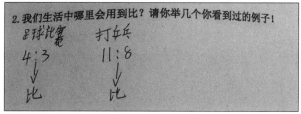

第四，学生眼中没有非同类量的比。没有一位学生提到非同类量的比。

这再一次让我看到了学生眼中的比是什么样子的，也进一步佐证了发给全国赛课组委会的那份教学设计中的"教学思考"的观点是站得住脚的：比分是学生认识比的疑点，要设法"请出去"；非同类量的比是学生认识比的难点，要设法"请进来"。

接下来的一段时间，我主要是对最新的这个教学设想进行实践。

10 月 25 日，顾志能老师带着我以及最新的这份设想又去嘉兴南湖国际实验学校进行了试教，朱国荣、王建良以及沈强等老师参与这次试教。课后研讨中，大家对于先体验面粉和水的变化，再体验比分的变化，最后观察对比两者的区别,进而发现比分不是数学上研究的比这样的教学,觉得学生的体验是深刻了,但整个过程的挑战性不够。关于此事,当时也没有更加妥善且统一的解决方案。

10月31日,我到海盐县向阳小学试教,一方面是把现在的教学流程再"走走熟",另一方面就现在的教学设计听听其他老师的意见,特别是那些第一次听这节课的人,看看他们的第一感觉。印象中,大家对于让学生体验比的变化过程这件事还是比较认可的。

11月3日,朱老师组织送教活动,我带着这份教学设想来到海宁送教,嘉兴市各县市区教研员参与了这次活动。我再次感受到了朱老师的用心良苦,说是送教,其本质是嘉兴团队的再次研讨。研讨中,大家同样也是感觉对学生思维的挑战性不够。

这三次实践,特别是课后大家的意见,让我又开始隐隐有点不安了。

◎ 任务失败

根据全国赛课的安排,11月6日(周一)是各省教研员和上课选手报到的日期。朱国荣老师了解到斯苗儿老师去广东佛山的火车班次,让我也购买了与斯老师一样的班次。朱老师和顾志能老师再三强调,上车后一定要想办法把自己的座位调换到斯老师边上,把课再让斯老师看看,请她再指导一下。之所以要再三强调这件事,原因有两点。

第一是现在嘉兴团队都觉得这节课挑战性不够,说明我们一定没有真正理解斯老师的思想,一定在哪个环节上出问题了。这确实也是我内心纠结的。我回忆了一下,这节课从确定课题到赛前,斯老师一共只听了1次,就是在义乌那次。所以,借助火车上的6个小时时间请斯老师指导,一定是极好的机会。

第二是斯老师有赛前改课的"习惯"。现在我们这节课还存在问题,千万不要留到赛前再改,最好在火车上解决。

就这样,我带着前测的"学生眼中的比"和内心还存在的一丝丝不安,踏上了去佛山的征程。

11月6日上午,杭州东站,我找到了斯老师。两人一起进火车,恰好座位在一个车厢,这让事情似乎变得简单起来了。我放好行李就来到斯老师座位旁,提出把自己的座位调换过来的想法,意外的是——斯老师没有同意。我想,没同意不要紧,只要边上座位的人同意即可。结果,意外再次发生——边上座位的人也不同意。这下没辙了。

我灰溜溜回到自己的座位,马上向朱老师、顾老师汇报情况。无奈,只能接受这样的现实了。一路,就这样忐忑地过去了。

到站,下车,路上遇到了其他省的团队。看到其他省都是一堆人,斯老师跟我开玩笑:"何月丰,你好可怜。你看人家都是一个团队,你只有一个人。"

从目前的情形来看,这确实是一个事实。因为今天,嘉兴团队只有我一个人去佛山——我是上课选手。不过,这只是暂时的。为了这次赛课,朱国荣老师组织了全市40多人的后援团,还有海盐团队。他们都将会在明天赶到佛山。

佛山,我来了!

佛山,大家都要来了!

等待我的,会是什么呢?

第六回 佛山赛课

◎ 赛前"偶遇""学生立场"

到达领队及选手入住的宾馆后,首先是报到,然后办理入住。这些都完成之后,斯苗儿老师问了我一个问题:"何月丰,根据安排明天要去班级熟悉学生,你想好到班级要做什么了吗?"

面对这突如其来的问题,我愣了一下。说实话,这还真没想过。之前一直在思考这节课,关于熟悉学生,似乎还没来得及"提上日程"(其实我还不知道有这一安排)。还有,在我的认知中,熟悉学生这一环节似乎不用过多思考:介绍一下自己,问问学生的兴趣,拉近距离,如有必要,补点知识,也就可以了,不至于花很多时间准备吧!但是,现在从斯老师的态度来看,这件事似乎不是那么简单。

对于斯老师的问题,我也是比较直接和真实地回答:"我还没具体想过,接下来我去准备一下。"后续,便是各自去入住的房间。

选手的房间是公寓式的,有卧室,有会客厅,还有小厨房。这里真心感谢组委会的用心,因为这样可以让选手在一个比较舒适的环境中准备自己的课——团队一定还会对课进行商议,有个好环境,有助于有一个好心理。

晚饭后是分组和抽签会议。根据我的教学内容,我的课和分数、百分数这些涉及数的关系的概念课分在一组,上课时间是 11 月 9 日上午。这天上午一共有 4 节课,2 节"认识比",1 节"分数的意义",1 节"百分数的意义",这 4 节课的上课顺序由选手抽签来定。

根据抽签,我的课是在上午的第 4 节。这个时间让我踏实了很多,因为这意味着我还有 2 天时间准备,且上午也不必匆匆忙忙。我觉得,时间很好,这是一个好签。

会议结束之后我便回宾馆准备第 2 天去班级熟悉学生的事。对此,我是这样设计的:

介绍西湖,因为我来自浙江。杭州西湖是著名景点。

介绍南湖,因为我来自浙江嘉兴。嘉兴南湖红船是党的诞生地。

介绍南北湖,因为我来自浙江嘉兴海盐。海盐南北湖集山、海、湖于一体。

为此,我还精心制作了课件(下图)。

以上设想,逻辑清晰,自感满意。

就在我做完课件得意的时候,斯老师过来问我熟悉学生的打算,我把上面的想法跟斯老师汇报了。

当我以为可以得到表扬之时,迎来的却是斯老师的一番批评:"你心里有学生吗? 你知道学生想知道什么吗?"

面对斯老师的质疑,我无言以对。说实话,我真心没想过学生想知道什么,我全部的想法都集中在自己这里了。

之后,斯老师对熟悉学生的做法进行了指导,我认真记录(下图)。

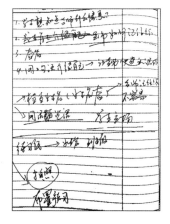

概括一下,熟悉学生需要做下面几件事情:

1. 问学生:想知道关于老师的什么信息?

2. 问学生:老师如何记住你的名字? 然后开展签名活动。

3. 请学生用两句话介绍自己。

4. 和学生一起拍照留念。

5. 布置预习。

这真是我以前所不曾思考过的。我相信,如果没有这次赛课,我一辈子也不会思考要这样来熟悉学生。

11 月 7 日上午,组委会安排的大巴车把我们送到佛山市第九小学(这是我所在的会场借用学生的学校)。我严格按照斯老师昨晚指导的几条开展了进班熟悉学生活动。这样的形式与我之前自己设计的熟悉学生情况果真大有不同。

第一,在"想知道关于老师的什么信息"环节,学生问了我的名字、年龄、身高、生日、爱好等,唯独没问我是哪里来的。

第二,学生签名、介绍自己环节,学生感到意外和有难度,但又积极思考。

第三,拍照合影环节,学生开心、兴奋,与学生之间的距离感觉一下子近了。

第四,布置预习时,学生表示早就已经看过了,更有学生说"我已经把这个单元的内容都看过了"。基础知识已经变得有点不"重要"了。

当我与学生熟悉完离开教室的时候发现,我所在班级的窗口前站了好多人。出去才知道这些是去其他班级熟悉学生的赛课老师,他们结束得早,听到这个班级"吵吵闹闹",就来看热闹——学生很嗨!

西湖、南湖、南北湖,不如一个"姓名签"!

现在再仔细回想这几个步骤,我们的课堂教学不也一样如此吗!

1. 问学生:想知道关于老师的什么信息?

　　——课堂体现:暴露学情,确定起点。

2. 问学生:老师如何记住你的名字? 然后开展签名活动。

　　——课堂体现:学习活动,人人参与。

3. 请学生用两句话介绍自己。

　　——课堂体现:激发思考,个性表达。

4. 和学生一起拍照留念。

　　——课堂体现:学习材料,用心编制。

5. 布置预习。

　　——课堂体现:知识落地,轻重有别。

在回宾馆的路上,我给斯老师发消息,告诉她这样熟悉学生真好。斯老师回复:"看来我比你更懂学生。"

这一次,我是真真切切地感受了一次斯老师一直强调的"学生立场",且是课堂之外的"学生立场"。

这件事过去这么多年,但事情的经过我一直记忆犹新,并时常想起。每次回忆,总会让我忍不住思考"学生立场"到底是什么,很多次尝试概括,但一直没有成功。不过,有一个想法在我心里逐渐变得清晰:与其说"学生立场"是一种课堂教学的理念,我现在更愿意将其理解为是我们"懂学生"的一种行为和体现。这种"懂"不仅展现在课堂之内,更应展现在课堂之外;这种"懂"要涵盖一切与学生相关的方方面面,并贯穿始终。

在上述熟悉学生的过程中,有一件事是需要重点说明的,因为这件事将进一步彰显"学生立场"。这就是"学生签名"活动。

熟悉学生为什么要学生签名呢? 下页图可以说明。

　　没错,让学生签名,是因为我们要用学生的名字来做他们的姓名签。可能有人会说:"到班主任那里拿一份名册不就好了吗?"不一样。让学生自己签名,这是有一定的仪式感的,更重要的是,我给每个小组发一张 A4 纸,让学生按座位来依次签名,这样我还能知道学生所处的位置。上课那天,在后援团的帮助下,学生进场就看见自己的名字已经在座位上了,这又是有仪式感的。

　　感谢海盐的后援团,11 月 7 日赶到之后,连夜买材料,细分工,制作学生的姓名签。开始上课时,姓名签放在桌上,粉色的那面朝向学生自己。课过半,让这节课还没发言的学生将粉色的那面转过来朝向教师,教师就可以在后续的学习中给他们更多发言的机会。当然,教师在课上也就可以一直叫学生的姓名了,不必"这个、那个"瞎点了! 被点到自己名字的感觉,一定很棒! ——这就是"学生立场"。

　　瞧,宾馆房间的一角,唐惠良、张晓东、罗国明三位海盐的后援团正在紧锣密鼓地制作着学生的姓名签。

◎ 赛前 2 天，再次遭遇"现场改课"

前文结束时说，宾馆房间的一角，海盐的后援团正在紧锣密鼓地制作着学生的姓名签。此时宾馆房间的另一角，斯苗儿老师和朱国荣老师正说着事。不过，画面很快就转到了下面这个样子。

这可以说是浙江小学数学教研的一个特色——赛前说课。

说课的主要目的是理教学思路、改话语系统。

不管怎么说，我也算经历过不少大场面的人了，对于上课也算有一些自己的心得。但是这一次，让我再一次经历了"从 0 开始"的尴尬。斯老师说："何月丰，来，把我们当学生，从开始上课的第一句话开始讲起，把第一个环节讲一下。"

于是，我似乎又回到了浙江义乌江滨小学的观摩教室，一次次被斯老师打断。有时候刚一张嘴，就被叫停。口语化、儿童化、数学化，一个开头检查学生关于比的预习情况，课堂上约两分钟的时间，我竟然反复讲了半小时之多，那种

"虐心"的感觉只有自己知道! 整个模拟试讲持续了约2个小时,却只讲了半节课不到的内容。

当然,整个试讲过程也并非真的是一直我在讲,其中大家还讨论了一些课的改进措施。

我要再说一下时间:现在是11月7日晚上,我的课是在11月9日上午。

斯老师在听了我的赛前模拟试讲之后,开始改课。

这便是我来佛山的时候心里一直不安的原因所在——我们现在的设计一定还存在着问题。斯老师和俞正强老师在义乌已经认可现在的设计了,嘉兴团队却觉得这样的设计不够挑战性,这便是问题所在。只是,我们一直找不出问题的症结所在。

不过,这节课最关键的变化就是在这次赛前模拟说课中产生的。这个变化也是这节课后来被广泛认可的地方! 当然,这是后来才知道的事情,对于当时的我而言,周四上午就要比赛了,周二晚上还在改课,而且把前半节课彻底重组了,当时的心理压力可想而知。

大约晚上9:30的时候,斯老师离开,留下了她的想法。朱老师、顾老师还有海盐的几位后援团人员继续在我的房间思考和讨论。

如何加强体验又彰显课的大气? 对此,具体的思考和讨论过程我已经记不清了。我只知道,朱老师、顾老师提了很多设想,但都在相互讨论中被推翻。设想—推翻—再设想—再推翻……时至凌晨,思路基本确定。

下面的课件对比,可以说明这次改课的变化。

• 第一环节:

改课前课件:

教学意图:分别体验两个比的变化过程,对比两者的区别,认识"倍数关系",并把"比分"请出去。

改课后课件：

教学意图：通过面粉和水的质量的变化，认识比的意义——表示倍数关系。

改课想法：原来的设计是先分别体验两个比对应具体量的变化过程，再对"倍数关系"和"比分"进行区别，进而将"比分"从"认识比"这节课中请出去。大家一致感觉这样的教学层次太低，特别是学生在体验了"比分"的变化后，再让学生观察刚才的两个比有什么不一样，进而感受到"比分"中的比与我们这节课要研究的比不一样，这样的观察、对比、发现没有挑战性，思维含量低，因为答案已经写在黑板上了。

现在的设计，只是体验面粉和水在2：1的情况下具体量的变化过程，更加集中地感受具体量变化但比值不变的现象，深刻理解倍数关系一定。学生借助已有知识和经验，自主建构"比表示了一种倍数关系"的意义，环节更单纯，目标更明确。

• 第二环节：

改课前课件：

教学意图：用熟悉学生时的照片转接，感受照片长宽变化引起的照片中人物样子的变化，借助方格图感受照片长宽比变化引起照片中人物样子变化的原因。

改课后课件:

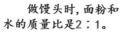

教学意图:整体呈现结构性材料,学生自己理解、讨论,再次体验倍数关系,把比分请出去。

改课想法:原来的设计中,照片依次呈现,一步一步单线推进,一切都在我的掌控之中。看似运用了学生熟悉的材料,但这个材料就教学的意义而言是单调和机械的——这也是斯老师以及嘉兴团队最不满意的地方——材料没有结构性,学习没有挑战性。

现在的设计,教师直接整体出示一组结构性材料——在原来"做馒头"这个比的生活例子之后再呈现3种比的生活现象,让学生面对这一组材料独自思考理解,小组交流讨论,然后通过全班交流解读,同样在体验中把"比分"请出去,进一步深刻"比表示一种倍数关系"的认识。但是,这样把"比分"请出去,是基于学生独立对比分解读的前提下进行的,思维含量高。

特别是最后一个材料,混凝土中三种成分的连比,这是这节课自7月份开始思考至今一直想回避的,教学实践中也是不曾有过的,没想到在大赛前被加进去了。

就这样,在赛前第二晚,我们在斯老师的指导下,在朱老师、顾老师的智慧碰撞下,把前半节课改掉了。

面对这样的改变,对于第一环节我心里更加踏实了,因为现在的设计更纯粹,而且对于单独"做馒头"中比的教学,我是有过实践的,即使没有试教机会了,我心里仍是有把握。但是,面对第二环节这组结构性材料学生会怎么想?对于比分学生会怎样想?面对连比学生又会怎么想?我一点把握也没有。

已经不可能再有试教的机会,留给我的,便只有充分预设。

11月8日,大赛第一天,上午我与大家一起去佛山体育馆听课——我的上课场地在佛山体育馆。下午,朱老师与我去了南海体育馆——另一个大赛会场,斯老师在那里做评委。我们去那里的目的很明确:把我们现在根据斯老师的想法调整的教学设计解释给斯老师听。

进入会场后,我在后面等待,朱老师去找斯老师。不久后朱老师在微信上发消息告诉我,我们现在的设计斯老师觉得不用改了。虽然已经没有试教机会了,但得到"不用改了"的消息,心里还是感觉踏实很多。

于是,我联系组委会,打印了明天上午上课用的学生学习材料——一张练习纸(下图)。

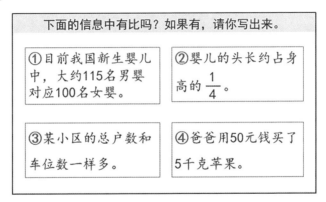

这也是斯老师一直强调的:不要一直让学生看大屏幕做题目,万一学生视力不好怎么办,万一光线不好怎么办,帮学生打印好,让学生看起来轻松一点。

暖暖的"学生立场"。

◎ 大赛当天……

这么长时间以来,朱国荣老师和顾志能老师一直在我身边激励着我,在我迷茫的时候,他们及时给予指导,在我感觉比较好的时候,他们又会给我鞭策。两位鼎鼎有名的特级教师,在这场"马拉松"式的磨课中多少次陪我到深夜,有时甚至为了我做起了"打杂"的活儿。每每想起这些,内心总是会无比温暖与感激。

一个人可以走得很快，一群人才能走得很远！这句话以前经常在说，但体验不够。这一次，可以说是真真切切经历了一番，感受至深。

8日下午从南海会场出来后，我感觉一阵轻松。朱老师和我没有再去佛山会场，而是直接回我入住的宾馆了。到宾馆后，就改课后的一些细节，朱老师又对我进行了指导。晚餐后，朱老师建议一起去散步。我们绕着宾馆周围的小路走了两圈，印象中基本没有聊明天的课，而是聊了很多生活、工作等其他的事。现在回想这一切，该是朱老师特意为缓解我赛前的压力而为。

散步，散心！

此时要说明一下，斯老师作为领队，我作为赛课选手，入住在指定的宾馆。朱老师、顾老师还有其他嘉兴后援团的老师入住在自己预定的宾馆。因此这几天，大家都是从自己的宾馆赶到我这里，深夜再赶回去。

11月9日，赛课当天，我很早就独自来到佛山体育馆，在上课的电脑上安装并测试最新修改的课件。根据活动要求，上课教师不允许像其他展示课那样有课前谈话，上台就基本开始上课了，课和课中间也不允许再装课件、试课件了。课件一切正常，我就到下面找位置"候场"了。不久，嘉兴团队、海盐团队都来了。我找到海盐团队所处的位置，和他们坐在一起。

坐下不久，顾志能老师就对我说："朱老师刚才过来说，在第二组材料交流好了之后，不要直接转到下面写比的练习环节，而是问一下学生'你们觉得比有什么好处'。"

这又是一次极大的意外，没想到在离上课约2小时的时候，课要再加一个小环节。

说实话，从7月份这节课开始准备到现在，我们确实一直想让学生体会比的好处，这在前面的设计中已经有过多次解读。换句话说，体会比相对于倍数的优越性是我们一开始考虑这节课时认为的最大创新之处，只是之前一直没有找到好的方式来体现，故逐渐淡化了。但，在大赛正式上课之前，这一追求又重回课堂，且要以这么"赤裸裸"的问题来启动。关于此，具体来说就是要在下面这组结构性材料教学之后问这个问题。

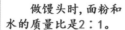

那么,学生通过这组材料的讨论能感受到比的好处吗?学生对此又会怎么表达呢?学生会有哪些不同的看法呢?我该以怎样的方式来应对?一连串的问题一下子在我的脑海里冒了出来。还没来得及思考,顾老师接着说:"不过,这里只要点到即可,不用做成一个针对性很强的环节。"听到这里,我大概明白了这个环节的真正意图,心里的焦虑感也一下子淡化了。

此时,第一节课已经开始了。因为这节课也是"认识比",所以我把精力都转移到课上去,不再想那个环节了。

感谢海盐后援团陆友娉老师为我和顾老师留下了下面这张珍贵的照片。

我是上午第四节课,于是我认真地听完了前两节课,且在听课过程中还不断和顾老师交流听课心得。比如,第一节课中我问顾老师"如果这节课让你评课,你会从哪几个方面讲";第二节课我们讨论了"百分数"两种形式的教学推进

怎么设计能使学生理解更到位。

现在回想那时自己的行为,也不知当时是怎么想的,更不知是哪来的勇气能如此镇定。

第三节课下课,待师生离场后,我走上讲台,做一些上课前的准备工作。此时,海盐后援团也过来了,很快,孩子的姓名签已经都摆在课桌上了(之前熟悉学生时请学生签名的用意在此体现了出来)。不得不说,一排整齐的姓名签早于学生"进场",等待学生到来,那种仪式感是非常强烈的。

学生走上舞台,当他们看见自己的名字出现在那里时,一个个露出了惊讶又欣喜的表情。不过,学生的这种兴奋并没有持续多久,等到他们都找到自己的座位入座,场面就自觉地安静下来,与11月7日上午去学校熟悉学生时的那种"嗨",已经是两种完全不同的情况了。

是呀! 4000多人的会场,周围黑压压一片都是听课老师,在这样的场合下上课,谁都会感觉到紧张。

前已提及,根据组委会安排,为确保时间安排不出问题,不允许课前谈话,除此之外还不允许拖课:以40分钟计算,当课还剩下3分钟时,后台会有一次举牌提醒,还有1分钟时会再次提醒,如果最后一次提醒后继续上课,超过半分钟上课电脑会自动黑屏。

因此,待学生都坐好,我看了一下手表,记住了上课开始的时间之后,就喊出"上课"。师生问好之后,进入11月7日晚上斯老师为我模拟了 n 遍的入课环节。此时,我的内心深深感到一阵温暖。有过赛课经历的人都会有这样的感受:课的前三分钟是自己最紧张的时候。而我,对这三分钟已经熟悉到不能再熟悉了。

不过即使如此,我还是有点小紧张。比如,在完成混凝土的连比教学、学生深刻体会并表达出比具有直观方便的好处之后,我让还没有发言过的学生把姓名签换个方向。此时,我又看了一下手表,想知道自己课已经上了多久,可是怎么也记不起开始上课的时间了——足见自己在开始上课时的紧张程度,以至于当时眼睛里看见的在大脑里没有留下一点印象,这大概就是所谓的"大脑一片空白"吧。

但是,学生显然比我更紧张。比如,一个个正襟危坐;整节课的第一个问题学生已经预习过了,请学生到黑板上写个比,举手的人寥寥无几……

课，基本按照预计的效果前行。比如，对于"比分"的体验，学生能自主感受其不存在"倍数关系"的本质；对于"连比"，虽然是第一次教学，但过程较为清晰，学生也能自主感受到其存在的倍数关系；对于"比的好处"学生也能较好地表达。

至此，还要再特别提一下姓名签的事情。

如上图，在课过半准备让学生练习"写比"之前，我让那些这节课尚未有过发言的学生将自己的姓名签的粉色面朝向老师。之后课堂推进中，那些已经有过发言的学生举手后，看见边上有没发过言的同学举手了，有好几次他们就自觉把手放下了，主动把发言的机会留给那些尚未有过发言机会的同学。这时，我看到了最真诚的善良与友爱！

当后台示意"时间到"的时候，课的教学任务也已经基本完成，于是准时下课。我心里感觉：课，挺成功的！

当我从台上下来走向自己原来座位，很多老师找我交流，有的老师提出要与我合影留念，有的老师留下了我的电话号码。至此我更加觉得：课，应该成功了！

不过，此时我已经顾不了那么多了，对于老师们的热情，我说"我要去找我的团队"，然后都较为无礼地回绝了。

朱老师、顾老师还有其他一起来的后援团老师看到我，都为我高兴，表示"课达到了预期的效果"。此时，我在为自己高兴、为嘉兴高兴、为浙江高兴的同时，更是感受到团队力量，感受到团结一心、勇往直前的豪气和勇气。

在这个激动的时刻，合影成了最好的方式。唯一的遗憾是，斯老师在另一个会场。

9 日下午,朱老师与我再次来到南海会场,向斯老师汇报我们的课,当获悉上午浙江的课获得了好评时,我的内心自然是非常激动的。

现在我可以非常真诚地说"不管最终结果如何"这句话了,因为这件事情此刻对于我们而言,真的已经没有任何办法再改变什么了。但在今天之前,我不敢说这句话。不论是于我个人而言,还是于整个团队而言,我们为此努力,为此奋斗,总是想着能有一个好的结果。正是因为想要有一个"好的结果"的心愿,才使得我们在义乌江滨小学的会议室嚼着快餐改课件、深夜挑灯模拟试讲,才使得我们在赛前 2 天还要"现场改课",才使得我们几次商讨到凌晨才入睡,才使得我们更加有了为此而不断努力、不断奋斗的动力和毅力。

在还有可能改变结果的时候,我们不遗余力地奋斗!

在已经不能改变结果的时候,我们心平气和地面对!

在向斯老师汇报之后,朱老师和我比较早地离开了南海会场。这次朱老师建议不要打车了,我们骑自行车回去吧。于是,我与朱老师一人一辆共享单车,迎着风,轻松、自在地穿梭在佛山街头,向前……

| 第七回 | 尘埃落定

◎ 课后专家评议，尘埃落定

前文中说，11月9日上午我下课后先回到自己的团队，其实回去不久之后我就又回到了舞台上，因为大会在课后安排了上课选手和评课专家的互动交流。我是上午最后一节课，所以我的课和互动交流是紧接着的。

互动交流环节由上海市小学数学教研员姚剑强老师主持，评课专家是中国教育学会小学数学教学专业委员会副理事长梁秋莲老师和著名特级教师曹培英。

大会开通了现场听课教师短信留言平台，这天上午一共收到了35条教师留言，可见这些课确实带给老师们思考了。在正式互动交流之前，姚老师先读了4条现场听课教师就上午4节课的留言，1节课对应1条。其中，关于浙江这节课的留言是这样说的：

听完三个半天的课，才发现一节新时代特有的数学课，那就是浙江何老师的课,充分凸显比的本质,关注知识的生成过程。

此时我已经在台上就座了,突然听到这样的评价,真的是倍感意外,但又甚是欣喜,激动的心情可想而知。

"新时代特有的数学课",这样的评价显然有点过高,但应该可以说明这节课在当时令老师们"眼前一亮"。

"充分凸显比的本质,关注知识的生成过程",对于这样的评价,我觉得是到位的,因为这正是我们这节课在这么长时间的调整过程中一直想追求的。由此也可说明,今天我的课堂实践较好地将浙江小学数学教学的理念展现在了听课老师面前。

互动交流开始,姚老师让4位老师分别谈一谈:

第一,你认为你这节课中设计有新意、有亮点的地方;

第二,你认为你这节课中有待完善的地方。

并强调:不说课,只聚焦这两个问题,每人2分钟。

上课老师的回答也是按照上课顺序来的,因此我是第4个回答,这给了我梳理的时间。我在会务资料上简单记录之后,回答如下:

非常感谢今天能有这样一个机会和大家交流。刚才是两个问题,第一个是"亮点"。我觉得在"比的意义"这节课里,从我们自己的理解来讲,比较好地抓住了学生在认识比过程中的疑难点。首先是"比分"为什么不是我们数学上要研究的比。在这个疑难点的处理上,我们采取了让学生自己去想、去质疑,进而以一种体验的方式经历"去伪存真"的过程。其次是从同类量的比到非同类量的比的过渡,这是课的最后一个环节,我们在这个地方的想法也是引发学生的认知冲突,然后设法通过学生自己的理解,自主地把非同类量比也纳入到比的结构中去,同时认识到这时的比值产生了一个新量。这是我们在这节课的设计过程中比较关注的两个点,我就把它们看成是"亮点"。

第二个是"需要改进的地方"。今天的课堂实践下来,总体上非同类量的比花的力气稍微少了一点。如果需要改进的话,我想或许可以前面再少一些题,那么就可以让非同类量的比在课堂上早一点介入,后面就能再跟进,以实现对它的更好理解。

以上回答,尤其是"亮点"部分,确实是我们的真实思考所在。当然,就如回答中所言,我们之前并不将其作为"亮点"看待,而是将其作为我们特别关注的地方,因为这是我们认为的这节课教学的难点所在——把"比分"请出去,把"非同类量的比"请进来,这在之前已经多次提及。不过,倘若我们真的在课堂上把难点以较好的方式突破了,或许这还真可以看成是一节课的"亮点"所在。

在4位上课老师依次回答问题之后,就是专家点评了。浙江的课由曹培英老师点评。听过曹老师点评的老师都知道,曹老师每次点评都会有制作精细的课件(我真心佩服曹老师深厚的功底和极高的效率),而且常常深入浅出、博古通今,每一次点评就如一次微讲座,这次也不例外。对"比"这节课的点评,曹老师一共制作了3页课件。

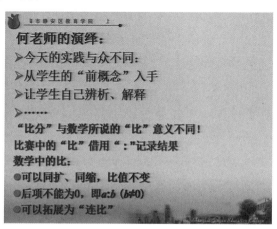

曹老师说:

何老师的实践非常精彩,他的设计与众不同之处就是从学生的"前概念"入手,让学生自己辨析、解释。"比分"与数学中的"比"意义不同,比赛中的"比"实际上是借用"∶"来记录结果,我想,学生能够自己清楚认识这一点,非常不容易。因为,数学中的"比"学生知道能够"同扩""同缩",比值不变,还是这个倍数,而且数学中的"比"后项不能为0。今天何老师还展现了一个(好问题)——为什么有了除法、有了分数、有了百分数,还要有比?因为"比"可以拓展为"连比",分数、百分数、除法行吗?三个同类量的数可以放在一起,比较它们的倍数关系,你要是用分数表示的话,两两相比要用3个分数,百分数、除法都是3个。我觉得这些都是非常好的。

有了曹老师上面这段话,我想我现在可以回应之前讲述过程中两个地方的感受了——

第一,11月7日晚上的赛前模拟试讲,在斯老师指导下,我们把这节课的前半节课改掉了。当时我说,这节课最关键的变化、后来被广泛认可的地方,就是在那次赛前改课中诞生的。现在,在曹老师这里得到了充分印证。那次改课,把原来的"单线推进"调整为"结构呈现",无意间是从学生的"前概念"入手了,这组结构性材料的教学采取先学生独立思考—再小组交流—最后全班讨论的形式,给了学生充分自主辨析、解释的机会。特别是,在那次改课中第一次加入了"连比",这成了一个重要的突破口。

第二,在赛前约2小时的时候,顾老师转达朱老师的意见和建议,在那组结构性材料教学完成之后问一问学生比有什么好处。因为有"连比"作为支撑,所以学生较好地感受到了比的优势。虽然没有直接指向于除法、分数、百分数,但就感受而言,已经实现曹老师所讲的优势了。

试想,没有赛前的"现场改课",没有赛前加入的小环节,这些曹老师认可的地方不就在课堂上淡化了吗?!

曹老师在完成了对我的实践的评价之后,进一步就"比"进行了拓展性解读。

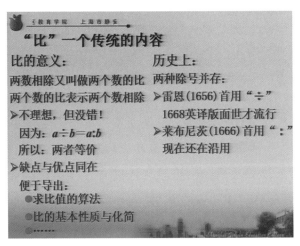

经常有老师问:"两数相除又叫做两个数的比"和"两个数的比表示两个数相除"到底有什么不一样?也有老师常常在这节课上纠结于这个表达。曹老师清楚地告诉大家:"这两句话是一样的,因为定义是可逆的。"

这种表达"不理想""但没错",这种表达"缺点与优点同在"。曹老师这种辩证看待事物的视角,让我受益良多。

接下来,曹老师进一步就比的重要功能进行了解读,同样是高位、到位。我相信,这一定为在场的每一位老师拨开了心中的云雾。

11月10日，大会总结。

上课的时候分为两个会场，大会总结则全部集中到南海会场。

此刻，大部分老师已经开始返程，各省领队和赛课选手当然都是留下来的。

首先是华东师范大学孔企平教授和东北师范大学马云鹏教授分别对佛山会场和南海会场的课进行点评。

孔教授在对每一节课进行一句话提炼的前提下，再对课进行简要评述。

浙江的何月丰老师"比的认识"——
足球场上的数学问题

* 直面难点，创新教学；
* 鼓励学生质疑，去伪存真，由表及里，抓住比的数学本质；
* 展示知识的生成过程，应用比较、应用、讨论等多种方法中不断加深认识。

上图是孔教授评价浙江的课时所呈现的课件。从中不难看到，对比分2∶1的辨析，无疑成了这节课老师们印象最深的环节。用孔教授的话说：理解了足球场的这个"比"不是我们讲的这个"比"，学生"比"的概念就建立起来了。这便是"直面难点""去伪存真""展示知识的生成过程"。

在两位教授完成对全部赛课的点评并对小学数学教学改革作出指导之后，大会宣布了本次赛课的结果。

浙江的课，获得了佛山会场的第一名。

怀着无比感恩和激动的心情，我在第一时间将消息告诉了朱老师、顾老师、爱人、史校长，还有很多很多在一路上帮助我、支持我的专家和老师们。

拿着奖状的那一刻，我努力在人群中找到了斯老师。斯老师正朝我笑呢。我想起了10月19日在浙江义乌江滨小学观摩教室中斯老师差点"取消"我参赛资格时的严厉，想起了11月7日晚在赛前说课时的严肃。但现在，我看见的是另一个可爱可敬的斯老师。这一次，一定要把昨天的遗憾补上。

尘埃落定！

11月11日，我与斯老师一起踏上了回杭州的火车。

◎ 赛课归来·心怀感恩

不管是2017年11月从广东佛山赛课归来，还是近期以回忆录的形式再次对这个过程进行回顾,爱人始终对我说:"那些生命中的贵人啊,没有他们,哪有你!"

是啊!没有那些贵人,哪有现在的我。

因此,当很多人问我:"一次赛课,你怎么能记录这么多?"我说:"因为我经历了很多事,而且情节跌宕起伏。我遇到了很多人,有太多感恩的话要对他们说。"

这一路上遇到的贵人实在是太多了。他们以不同的方式给我指导,鼓励着我不断前行。也许是一句话,也许是一个建议,也许是一份资料,也许是一次直言……对于他们,我将永远心怀感恩。特别是斯苗儿老师、朱国荣老师、顾志能老师,这几位贵人真是再多的话语都难以表达我对他们的感激之情。

• 斯苗儿老师

有老师曾这样评价:斯老师真是一位传奇人物,跟着她磨课是"脱胎换骨"般的痛苦和幸福!

佩服这位老师选用的几个关键词:传奇人物,脱胎换骨,痛苦,幸福。

是呀!一切的起因是斯老师给了嘉兴这个机会。因为嘉兴有了这个机会,才有了我走上全国赛课舞台的所有故事。

再次回想整个过程,我意外地发现,"比的意义"这节课从7月份确定课题到11月9日我站上全国赛课的舞台,斯老师只听了我一次课——在浙江义乌的那一次,也就是我差点被"取消"参赛资格的那一次。这,可能在全国也是少有的吧。

我现在理解,这种看似"不负责任"的背后,正是斯老师一以贯之的"学生立场"的最有力体现:只要心无杂念地把学生装在心里,教学就成功了一大半。

——此谓"传奇人物"!

从"心无杂念,只有学生"到"学生立场",从义乌江滨小学"现场改课"到佛山宾馆赛前2天"现场改课",从教学材料力求现场生成到教师提供结构性材料……太多转换,让我对小学数学教学有了全新又深刻的理解。

——此谓"脱胎换骨"!

"今天上午的三节课像浙江的课吗?浙江这样的课是拿不出手的……"试讲时被一次次打断,"不留情面",严肃严厉。下页图是11月10在广东佛山时斯老师与朱老师的一则对话,似乎可以说明一切了。

——此谓"痛苦"！

金刚手段的背后,实则是菩萨心肠。在一次次被"无情"打击之后,是慢慢"苏醒"的过程。在这个过程中,斯老师又会用心伸出援助之手,帮助我们真正"苏醒"。此时,我会看到一个"全新"的自己,一个更有"厚度"的自己。

——此谓"幸福"！

记得 11 月 11 日回杭州的火车上,我再次尝试把自己的座位换到斯老师边上,这一次,斯老师没有意见。一路上,斯老师向我讲述了一些教研上的故事,也讲述了一些名师的故事,特别是,对我接下来可能会遇到的事进行了指导,再一次帮助我更好地成长。

• 朱国荣老师

在回忆记录的过程中,关于朱老师在我这次赛课过程中对我的帮助已经不止一次提及。

从最初的选题到暑假在朱老师办公室讨论最初的设计;

从开学初朱老师带着工作室团队来校听课指导到"千课万人"磨课;

从义乌"现场改课"到凌晨指导我修改提交全国赛课组委会的教学设计;

从佛山再次"现场改课"到赛后两人骑着共享单车穿梭在佛山街头;

……

我知道,当斯老师把这次全国赛课的机会给到嘉兴,朱老师一定是高兴的,同时也是有压力的。因为,上一届全国赛课浙江的课拿了第一名,这一次呢?这一定是摆在朱老师面前的现实问题。

于是,当一有消息,朱老师会在第一时间联系我。比如,他得到吴正宪老师关于"比的意义"这节课的板书照片之后,马上发给我,让我好好观察、学习、理会;"千课万人"磨课中,朱老师后来因事离开,但一直在微信中询问情况、不断指导;义乌"现场改课"回宾馆已是深夜,但他还是觉得要继续研讨教学设计;在佛山的散步、去南海会场……特别是在 11 月 9 日上午课前,他提出再增加一个提问环节,可以想见前一晚他一直在思考着这节课……

- 顾志能老师

在整个过程中,顾志能老师是出现频率最高的,唯有"千课万人"磨课那次顾老师没有到现场。事实上,除了我现在记录的这些,还有很多很多顾老师指导我的细节没有展现出来。

此刻,我真不知道以何种方式来形容这一路磨课中顾老师对我的帮助。

从 6 月 15 日我获知将代表浙江参加全国赛课起,这件事就与顾老师密切联系在了一起。选题的确定,提供给我学习资料,第一份教学设计的形成,与我一起改课,等等,陪伴着我经历兴奋、迷茫……

我记得义乌磨课那次,顾老师在 10 月 18 日陪我去义乌,因为单位有事,晚上就赶回了海盐,10 月 19 日再赶到义乌。对于这件事的重视,要达到什么程度才有这份用心和用情?

除了斯老师、朱老师、顾老师,还有俞正强老师、王建良老师、龚哲荣老师、"千课万人"磨课时的专家,等等。如爱人所言,没有这些贵人相助,就没有现在的我。

很幸运,我遇到了他们!

感谢斯老师给的机会和悉心指导!

感谢朱老师、顾老师的全程指导!

感谢俞老师等专家的全面用心指导!

感谢家人的理解和支持!

丨附丨 "认识比"教学实录

合理取舍学习内容 着力聚焦学生疑点
——对"认识比"一课的教学思考与实践

【教学内容】

北师大版《数学》六年级上册第六单元"比的认识",人教版《数学》六年级上册第四单元"比"。

【教学思考】

略,参见本书第52～54页。

【教学目标】

1. 理解比的意义,知道比表示两个数相除,可以用来表示两个量之间的倍数关系,也可以相比产生一个新的量。

2. 认识比各部分名称,会求比值。

3. 体会比在生活中的广泛应用,感受比的价值。

【教学重点】

理解比的意义。

【教学难点】

辨析比赛中的比分与数学中的比;理解非同类量相比的比值的含义。

【教学过程】

● 了解学情,诊断起点

1. 根据预习,请学生到黑板上写一个比。

2. 结合黑板上的比,请学生继续介绍关于比的知识:前项、后项、比号、前项除以后项、比值等。

3. 请学生列举生活中见到的几比几的情况(比赛比分、配料成分等)。

● **创设情境,辨析疑点**

1. 认识倍数关系的比。

(1) 呈现学习材料。

师:你们刚才列举了自己生活中看到的比,老师生活中也有这样的比。(出示和面图片)看一看,这里会是谁和谁的比?(根据学生的回答板书面粉和水)猜一猜,会是几比几呢?(学生猜测之后,给出数据 2∶1,并板书)

(2) 师生一起模拟和面。

师:假如请你帮老师按这个比取一些面粉和水,你会怎么取?

生:面粉取 500 克,水取 250 克。(教师板书,学生一致同意)

师:假如老师面粉取了 400 克,水应该取多少?

生(齐):200 克。

师:如果面粉是 200 克呢?

生(齐):水是 100 克。

师:如果水取了 50 克,面粉要多少?

生(齐):100 克。

(在交流过程中,对各个数据进行板书)

(3) 发现倍数关系的比的变化特点。

师:请大家观察黑板,在这个过程中,面粉和水在不断地发生变化,有没有不变的?

生:我发现面粉一直是水的 2 倍。

生:面粉和水的倍数关系是不变的。

(学生一致同意,教师板书"倍数关系")

师:看来,比还有这样的特点,前项和后项可以不断发生变化,但倍数关系不变。

2. 辨析比分与数学中的比。

（1）出示辨析材料。

师：（指向黑板）刚才我们认识了和面中的比具有这样的特点，大家还提到了一些比，老师也收集了一些比，请看大屏幕。（课件依次出示）

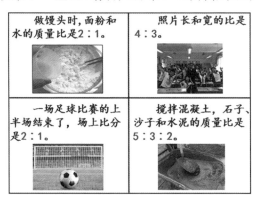

师：这些情况中的比，不知道有没有这样的变化特点？（再次指向黑板）

（2）学生先独立思考，然后小组交流，最后全班汇报。

（3）辨析照片的比和混凝土的比。

生：我选择照片的情况，我认为这个 4∶3 也能像和面的 2∶1 一样变化，是有倍数关系的。如果长变成 8，那么宽就变成 6。

结合学生的表述，进行现场演示。

第一次变化：　　　　　　　　第二次变化：

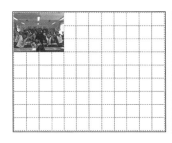 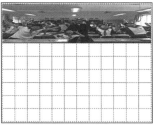 

师：老师是怎么放大照片的？

生：长变成了 12 格，宽没变。

师：有什么感觉？

生：这样照片就变形了，我们的样子都变掉了，不真实了。

（学生纷纷表示赞成）

师：如果长变成12格,要使照片样子不变,宽应该怎么变?

生：宽应该变成9格。

师：为什么?

生：因为长乘了3,所以宽也要乘3。

(课件出示第二次变化)

师：看来,照片长和宽的比是4∶3确实也有这样的特点。接下来你们想介绍哪个比?

生：我觉得最后一个也具有这样的特点。5∶3∶2可以是5吨、3吨、2吨,也可以是10吨、6吨、4吨。

师：你们赞成吗? (生赞成)还可以怎么配原料的质量?

(学生继续举例)

师：如果不按这样的关系搅拌混凝土,会发生什么情况?

生：这样就会不牢。

生：会变成"豆腐渣"工程。

师：是呀! 这样工程就会不安全。想一想,比在这里起到什么作用?

生：这个比就像是一个标准。按这个标准来搅拌混凝土,就会牢固。

师：大家再看一下,这个比有点奇怪哦,有3个数,你怎么看出倍数关系? (引导看出这里有3组倍数关系)像这样的比,我们称为连比。既然3个数能比,那4个数、5个数呢?

生：都能比。

(4) 辨析比赛中的比分。

师：还剩下比赛中的比分,谁来介绍?

生：我认为这个比分也是能这样变化的,2∶1可以写成4∶2,倍数关系是不变的。

师：你们赞成吗?

(学生基本赞成,教师板书2∶1和4∶2。一会儿之后,有学生举手)

师：你有什么问题?

生：我觉得这样不公平。本来是相差一个球,这样就相差两个球了,不公平。

师：谁听懂他的想法了?

生:我也觉得这样不公平,比分变大了。

师:我有点听懂你们的意思了。如果能这样变化,那是不是可以变成10∶5?

生:这样就变成碾压了,肯定不公平。

师:通过刚才的讨论,现在你们有什么结论吗?

生:这个比分2∶1是不能这样变化的,变化就不公平了。

师:那么,比分会怎么变呢?

生:比分的变化是没有规律的,一个增加,另一个可以不增加。

师:真的是这样吗? 我们一起来模拟一遍。2∶1,你们希望自己班是前面那个队还是后面那个队?

生(齐):前面。(师板书)

师:你们最想把哪个班打败?(学生回答后教师板书)

师:现在比赛开始,场上比分是——(学生回答,教师板书0∶0)你们班先进一个球,现在场上比分是——(学生回答,教师板书1∶0)

如此模拟,比分依次为:0∶0、1∶0、2∶0、2∶1、3∶1。

师:再来看一看,比分是怎么变化的?

生:比分的变化没有规律,是随机的。

师:再来观察这两种情况(比赛比分、和面时面粉和水的比),有不一样的吗?

生:比分可以出现0,但和面那里是不能出现0的。

师:为什么?

生:和面出现0,就没有了。

生:如果面粉是0,那就只有水了;如果水是0,那就只有面粉了。

师:照片长和宽的比,混凝土原料的比,能出现0吗?(生答略)

师:是呀! 比分只是得分的记录(板书"得分记录")。想一想,数学上应该研究哪种?

(学生一致认为要研究倍数关系的比,用竖线把比分区分开,同时教师将大屏幕上的足球比分去掉。)

3. 回顾感知比的好处。

师:刚才我们研究了生活中的比,并把比赛中的比分请出去了。现在来看一下这3种情况,人们为什么喜欢用比来表示它们之间的倍数关系呢? 好处在哪里？

生：我觉得用比表示比较简单。像混凝土，如果说倍数关系，那要说很多，很麻烦的。

生：我觉得用比表示好操作，像面粉和水，按比就能取，不会弄错的。

生：我觉得用比一看就知道是多少。

● **适时拓展，丰富认识**

1. 呈现信息，学生写比。

师：哇！原来比在生活中有那么多好处，都被你们感觉到了。老师这里收集了一些信息，老师不太确定能不能用比来表示，请你们帮我判断一下，好吗？如果行的，请你把比写出来！

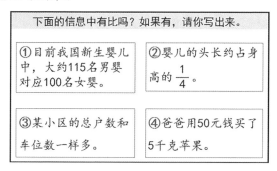

2. 学生独立思考、写比，然后全班交流。

对于信息①②③，学生的意见较为统一，都能写比。重点讨论信息④。

师：老师发现信息④有人写了，有人没写。我们听听大家的想法。

生：我觉得这个信息不能比，因为现在单位不一样了，是 50 元和 5 千克，这样比出来不是倍数关系。

生：我认为能写的，因为 50 元买 5 千克，就相当于 10 元买 1 千克。

（根据学生的回答，教师对应板书 50∶5 和 10∶1）

师：根据这样的理解，这里还能怎么变？（学生继续举例，出现 100∶10 等）看来，如果写成 50∶5，也具有这样的变化特点。这是一样的，有不一样吗？

生：这个比不是倍数关系。

师：是呀，这个不是倍数关系。前项是总价，后项是数量。总价和数量是什么关系？（得到 50∶5＝50÷5＝10 元/千克）

师：原来，这个比的比值有了新的意义，表示单价。确实不是倍数关系，而是产生换一个新的量了。（板书"产生新量"）

师：以前我们说"总价÷数量＝单价"，今天学了比，我们还可以说"单价就是总价和数量的比"。

3. 认识"速度就是路程和时间的比"。（略）

● **课堂总结，加深理解**

通过这节课的学习，你对比又有了哪些新的认识？（生答略）

【教后反思】

小学数学教学，一边是数学的理性，一边是儿童的天性。理性是对数学的理解和把握，天性是对孩子的了解与关注。一直以来，我的小学数学教学更加侧重理性，更加侧重对数学本质的揭示。而这样的理念，往往会带来与孩子"相隔甚远"的教学。在"认识比"这节课的准备过程中，自己的小学数学教学逐步向儿童的天性靠拢，努力寻找使数学的理性和儿童的天性两者保持平衡的支点。这就有了上述基于"学生立场"的"认识比"的思考和实践。这样，从儿童原有的经验出发，只需做两件事情：把"比分""请"出去，把"非同类量"的比"请"进来。

感触特别深的是：因为借班上课，课前斯苗儿老师建议给每位学生做姓名签，课堂上无论是个别回答还是互动交流，老师都叫着学生的名字，且姓名签做成红蓝两面，没有回答过问题的学生翻出另一种颜色朝教师，以获得发言机会。正因为从框架到细节秉承了浙江一以贯之的教学理念，因此这节课反映了我省以"改课"推进课改所取得的成果。这节课倡导并践行：基于"学生立场"，深入研究学生的起点，真实暴露学生的疑点；立足单元视角，重新分割课时内容，定位每一课时教学的核心内容；编制有结构的学习材料，给予学生学习的空间与时间，追求扎实而灵动的课堂。在这次的观摩课上，继续呈现出温暖、灵动而真实的画面，获得了专家和同行的认可。

所以，课的准备过程，从教学目标到材料选择，再到环节构建和细节落实，哪怕是课前给每个学生做的姓名签，都是课堂的有效教学资源，逐渐明白了究竟什么是"学生立场"。磨课，更磨人。磨课，是为了学生更好地成长。磨人，则是教师的成长。在3个月的准备过程中，经历了从迷茫、焦虑到清晰、兴奋的心路历程。这节课凝聚了浙江小学数学研究团队的智慧和心血，得到了特级教师俞正强、朱国荣和顾志能等的指导，也借鉴了义乌龚哲荣老师的经验，同时还得到了省外一些专家的倾心点拨和引领。一路走来，在尴尬中收获着、成长着。

致广大而尽精微

管小冬

全国第十三届小学数学教学改革观摩交流展示培训活动(南海体育馆会场)一等奖第一名获得者。

在二十三年的教学生涯中,我参加过很多次比赛,小到校级,大到国家级,有数学学科的,有电脑学科的,有上课,有说课,还有号称七项全能的基本功比赛。但是,从没有哪次比赛像全国赛课这样,带给我如此大的历练与成长,赋予我如此长久、不竭的前行动力,帮助我、推动我在教育之路上不断奔向更远方。

我想,并不是因为时间长。虽然准备的时间确实很长,近九个月时间。而是因为长时间做一件事,备一节课,思考与之相关的问题,让我由此深度触及教与学的诸多方面,获得了更为广远的成长。

我想,并不是因为级别高。虽然比赛级别确实很高,全国小数界顶级。而是因为高级别之下带来的高要求、高期待,让我由此深度经历区、市、省各级专家的悉心指导,获得了更为持续的生长。

我想,并不是因为我能力强,而是因为我身处"情境数学"团队之中,大家一起连点成线、织线成网,共同托举、共同向上。如果一定要用一句话来形容这个团队的特点,我以为"致广大而尽精微"是再恰当不过的了。

管小冬

　　高级教师，高级程序员，"李吉林情境数学"团队成员，"华应龙名师工作室"核心成员，南通市名师培养第一梯队（四期）成员。曾获江苏省小学数学教师基本功比赛一等奖第一名、江苏省小学数学优课评比一等奖。先后获评南通市学科带头人、南通市226人才第三层次培养对象、崇川区十佳园丁，被授予南通市"五一劳动奖章"。《小学教学》杂志封面人物，《小学教学设计》杂志专栏作者。现任江苏省南通市崇川区教育体育局副局长。

| 第一回 | 幸运与不幸运

　　我的几次赛课经历让我确信,哲学家们说得很正确,"世界是辩证的"。当前一秒你觉得自己幸运时,或许后一秒你就会发现,幸运中还有不幸运。而当你感觉不够幸运时,其实幸运恰恰蕴藏其中。

◎ 获悉,这回我是主力

　　2017 年 2 月的一个中午,我接到了时任南通市教育科学研究院小教科科长、小学数学教研员丁锦华老师的电话,让我下午去他的办公室一趟。丁老师是小学数学的资深专家,从南通走向全国的众多知名数学特级教师,如华应龙、贲友林、张齐华、许卫兵等都曾得到过他的培养与指导。新课改以来,在丁老师的带领下,南通小数团队更是持续在全省、全国小学数学课堂教学评比中获一等奖。因为信息技术方面的特长(我是高级程序员),在工作的第二年,我就有幸加入了丁老师组建的数学团队。在一轮轮的磨课活动中,与丁老师也逐渐由相识到熟稔。

　　当时,我并没有意识到下午之行会是我教育生涯中一段重要历程的起点,因为丁老师时常会邀我们去他那里聊课、磨课。挂断电话后,我与往常一样,继续批改作业,辅导有困难的学生,等处理完手头剩余的事情后,就骑着电瓶车出发了。

　　说实话,我已经记不清当时的一些细节了,只记得我们崇川区的数学教研员顾娟老师也在场。坐下后,丁老师没有过多寒暄,直接就告诉我,经他们商量,省里同意,决定选派我代表江苏参加全国第十三届小学数学课堂教学评比。

随后,就布置我回去研究教材,确定几个备选课题,下一周再碰头讨论上哪节课。

那天下午,从丁老师告知我这个信息,直至离开他的办公室,我都是懵懂的。后来回想起来,当时应该是欣喜、紧张、压力等诸多心绪交织杂陈,整个人被这突如其来的讯息、任务撞击得反应迟钝。

对两年一届的全国小学数学课堂教学评比,我其实是比较熟悉的。2009年,我的同事顾娟老师代表江苏参加第九届活动,执教"认识负数"一课获得了一等奖第一名;2013年,我的另一位同事吴冬冬老师代表江苏参加第十一届活动,执教"认识长方体和正方体"一课也获得了一等奖第一名。这两届比赛,我都作为团队首席技术支撑,亲历了他们磨课、赛课的全过程。当时我的主要任务是制作课件,所以对他们磨课过程中每一稿的调整、变动,以及背后的原因都了然于胸。因为只有像执教者那样,对教学内容有深刻的理解,对学生学情有深入的洞察,对师生互动生成有充分的预见,制作出的课件才能契合学与教的需求,助力学与教的精彩。

也正因为两次陪伴同事参加全国赛课的经历,让我深知这样的机会殊为不易、机不可失。是的,对一名小学数学教师来说,能有机会代表全省登上全国比赛的舞台,展示地区、团队以及自己在小学数学教学方面的探索与实践,不仅是一生中的幸事,更可为自己后续的教育人生刻下新起点、注入新动力。

与欣喜相比,更多的是紧张与压力,我知道这不仅是给我的一次机会,更是一项艰巨的任务。一方面,两次亲历团队成员参加比赛的全过程,让我深知其中的艰辛,每一个环节、每一处细节、每一种可能出现的课堂生成,唯有在极致的打磨中才会蜕变、发光;另一方面,江苏的课在历届比赛中都处于领先位置,我的两位同事更是都获得了一等奖第一名,虽然刚刚丁老师并没有提及这方面的要求,但作为后来者的我,心中其实是明确的。

以上这些,都是我从丁老师办公室离开后,于家中书案前,独自静坐、梳理后的反思。我知道,接下来会是一段艰辛的旅程,但我心中无畏,因为在我之前工作的十九年中,多次陪伴团队成员参赛,及至自己参加全省课堂教学比赛、基本功比赛的经历,让我知道自己所在的这支小学数学团队会是我奋勇向前的力量源泉。

◎ 选题，偏向虎山行

随后的几天，按照丁锦华、顾娟两位老师的要求，我又细细地翻阅了一遍全套苏教版小学数学教材（以下提及教材时，如未特别指明，均为苏教版小学数学教材）。当时，比赛的具体时间还未确定，但一般会在 11 月中旬左右。因为是带课去上，又因为是比赛课，所以课题的选择至关重要，通常应该从各年级上册中 11 月中旬之后的学习内容，或下册独立单元中选取。

所幸的是，2015 年 11 月，我参加江苏省小学数学教师基本功比赛，其中课堂教学的内容是现场抽签确定。在前期准备中，我曾按照这样的时间节点梳理过小学数学的全套教材，对可能抽到的课都做了精心准备，包括教学设计、设计意图和课件等。

在回顾、梳理这些内容后，我确定了三个备选课题。

一是五年级下册第四单元的第一课时"分数的意义"。2004 年，我参加江苏省小学数学课堂教学评比时，执教的就是这一内容。虽然间隔了十多年，教材版本、教学内容都发生了一些变化，但之后在一些教研活动中，我多次执教过这节课，为此也根据教材的变动对教学设计、课件等做过调整。可以说，这是我研究时间最长的一堂课，也是团队导师、成员熟悉的一堂课。

二是四年级上册第八单元的第一课时"用数对确定位置"。因为这是四年级上册的最后一个单元，教学内容又相对独立，不凑巧时还可以在三年级上这节课，所以在教研活动中常能见到老师们的公开展示。也因为听得多了，过程中便产生了一些自己的想法与认识，一直想在自己的课堂上进行尝试，可惜一直未能落实，这回正好可以尝试一番。

三是六年级下册第二单元的第一课时"认识圆柱和圆锥"。这是我的第三选题，当时也是在犹豫中决定将这一课也作为备选对象的。犹豫的原因是这节课不仅学习内容较多，需要准备的教具学具也多，课件制作更是费神。放进去的原因很简单，估计老师们也是基于前面这几方面的考虑，所以很少会选择这节课来做公开展示。在我的印象中，几乎没有在哪次大型教研活动中听过这节课。而选择一节"新课"去参赛，相比那些专家、评委都听过几十次、甚至上百次的"老课"来说，会有一定优势。

带着这三个备选课题,我在丁老师办公室向他跟顾娟老师汇报了我的想法。意料之外但似乎又在意料之中,在随后的交流中,两位老师都不约而同地倾向于我的第三选题"认识圆柱和圆锥"。记得当时丁老师说:"小冬,我认为还是上'认识圆柱和圆锥'这节课更好。当然,如果选'分数的意义',我们大家都可以轻松些,但这节课跟'用数对确定位置'一样,做过公开展示的老师很多,其中名师也不少,这表示大家对这两节课的研究已经有了较大的深度和高度。全国比赛跟一般教学活动中的公开展示不同,如果没有让来自全国各地的专家、评委眼前一亮的设计与表现,只是感觉似曾相识的话,是不可能取得好成绩的。而'认识圆柱和圆锥'这节课恰恰相反,上过的老师少,可供参考的文章少,这些都表示可研究、可挖掘的内容多,可提升的空间大。教具、学具的准备虽然会比较繁琐,但只要有利于学生的学习与探究,有助于教学目标的达成,这点付出还是值得的。至于课件制作,你自己就是这方面的高手,还担心什么,这更应该成为你课堂教学中的出彩之处。"

在确定了参赛课题后,丁老师让我回去先自己研读教材、教师用书,查阅相关资料,拿一份初案出来。我们约定,半个月后进行第一次试教。

插段题外话,其实在这之后我一直都心心念念着"用数对确定位置"这一内容,在听课、阅读的过程中,有时会冒出一些新的想法,有时又会勾连起曾经的一些念头,让自己忍不住想去尝试一番。2021年,在时隔四年后,我终于有机会,也下定决心要去上这节课。但真正开始备这节课时,才发现想法很好,但突破真的很难。以下是我在这节课"课前慎思"部分的一些片断,与大家分享。

早在2017年,我就有过上这节课的念头。因为这一内容常被大家用作公开展示,听得多了,便有了些自己的思考,有了将思考付诸实践的冲动。好事多磨,这几年中,拾起又放下,放下又拾起,虽未能真正成行,但总心心念念着。

所以,这次选择课题时毫不犹豫地便定下了,就是它。

然而,真正潜下去研究时,却又发现"好难!"

"难"是因为师父华应龙要求徒弟们"上新课,上展现自己新想法、新思路的课"。在知网以"确定位置"为关键字搜索,会发现:包括师父华应龙在内的一众名师,顾志能、周卫东、张齐华、包静娟……都执教过这节课。自己的那点小想法,只是大师们的璀璨智慧光芒中的一小束。

真是幸而不幸啊!我想,一定有着众多与我一样的"相怜"者。在课改二十年后的今天,上好一节课不难,但上好一节"新课"真的挺难!

……

由此,也让我再次感受到当初丁锦华、顾娟两位老师决策的正确性。

当然,2017年我执教"认识圆柱和圆锥",2021年我执教"用数对确定位置",共同的出发点都是力图有突破和创新,但前者是比赛,后者是展示,前者前人研究不多,后者佳作如云。如果两相倒置的话,估计2017年我的备课、磨课过程会更添众多苦恼,而"认识圆柱和圆锥"则未必会有属于我的版本。

| 第二回 | 憧憬与现实

作为教师的我们,在每次深入研究、深度思考后写下的第一份教学预案,都满怀着我们对美好教学的憧憬。然而,很多时候,现实会告诉我们,美好憧憬与现实之间,是儿童与学习。让我们慢慢地走近,走进,美好就在前方!

◎ 初稿,做中学

备课时,我的习惯是先认真研读教材及教师用书,一边仔细推敲,一边记下过程中自己的想法,包括对数学内容的理解,临时想到的一些处理方式等。读教师用书时,不仅字斟句酌地读这节课、这个单元的内容,对于和这部分内容前后关联的其他内容,如果自己不是很熟悉,也会翻出来仔细阅读。然后将过程中自己的思考进行梳理,形成课堂教学的初步框架。这样做的好处是,既能深入了解编写者的意图,又能葆有自己的想法,不至于在一开始就受到他人教学设计的影响。

接着,我会从知网搜索与这节课教学内容相关的文章(教学设计类除外)进行阅读。比如,"认识圆柱和圆锥"这节课,我搜索的关键词是"空间观念""空间想象""图形与几何""旋转体""圆柱""圆锥"等。这些文章往往出自专家、名师、教研员之手,阅读可以帮助我更成体系、更深层次地理解相应内容的数学本质,以及蕴含的数学思想与方法,进而尝试将之体现到我的课堂中。

经过一周左右的阅读与思考,2月26日,我拿出了"认识圆柱和圆锥"的第一份教学预案。虽然与正式比赛时的教学设计相比,这份预案几乎十不存一,但其中确实包含了我最初的一些原始、朴实的想法,分享出来,也是便于老师们在阅读、比对中了解我这节课教学设计的演变过程。值得一提的是,预案中包含了当时我标注出的一些存疑之处,或是暂未想到合适的处理方式之处,这也是我在备课时的习惯。

Ⓜ "认识圆柱和圆锥"教学预案

课前谈话

师生交流"有关梦想"的话题。

引入新课

播放"神舟五号"发射的视频,交流中引出活动任务——制作长征五号火箭模型。

初制模型、认识特征

1. 观察结构

明确:要制作长征五号火箭模型,先得研究它的构造。

活动:学生先独立观察,再在小组内交流。

出示:长征五号火箭结构图。

引导:长征五号火箭的各部分接近于圆柱和圆锥。

追问:圆柱和圆锥分别具有怎样的特征?

2. 尝试制作(在制作中提取经验、思考发现)

学生开始制作,教师巡视,参与小组讨论,引导反思。

【存疑】(1)对学生活动的具体要求如何细化?(2)教师在参与学生制作过程中的作用如何发挥?

3. 组织交流(在交流中明确特征、加深认识)

(1) 圆柱的制作(认识圆柱的底面、侧面)

交流:我们是怎样制作圆柱部分的?

追问:过程中有什么注意点?

相机板书:上下一样粗、两个一样的圆。

(2) 圆锥的制作(认识圆锥的底面、侧面)

交流:我们是怎样制作圆锥部分的?

追问:过程中有什么注意点?

相机板书:底部圆形、侧面是曲面、越往上越尖。

4.操作验证(在验证中深化认识、直观抽象)

(1)验证圆柱、圆锥的特征

学生利用手中的圆柱形(圆锥形)物体,看一看、摸一摸、量一量,验证自己的想法。

(2)组织交流

(3)小结(课件同步演示):圆柱上下两个面是两个一样的圆,侧面是一个曲面,圆柱的上下是一样粗的。圆锥的底面是一个圆,侧面是一个曲面。

【存疑】在交流、归纳、验证后,是否要让学生据此对自己制作的圆柱、圆锥进行再加工?

5.辨析巩固

下面哪些物体的形状是圆柱或圆锥?哪些不是?为什么?

组装模型、描述大小

【存疑】是否要给学生时间,对各部分作进一步的加工?

1.用数据描述圆柱及圆锥的大小

出示:要判断每个部件的大小是否标准,需要测量圆柱和圆锥的哪些数据?如何测量?先想一想,然后在小组内交流。

学生小组讨论、交流,教师巡视、指导。

(1)圆柱的底面直径(半径、周长)和高

结合学生的交流,课件演示:

① 圆柱直观图,底面直径;

② 测量圆柱高的方法;

③ 转动圆柱,换一个位置测量高。

追问:这时测量的其实是从哪里到哪里的距离?

追问:转动一下再测量,行吗? 圆柱的高有多少条?

指出:(课件同时出示)圆柱两个底面之间的距离叫做圆柱的高。

(2) 圆锥的底面直径和高

结合学生的回答,课件演示:

① 圆锥图,先展示底面直径;

② 圆锥高的测量方法。

出示:从圆锥的顶点到底面圆心的距离是圆锥的高。

【存疑】此环节中是否还要加入根据长征五号火箭的实际数据来测算自己制作的模型的相关数据?

2. 加工后组装模型

【存疑】此部分会耗费不少时间,课上难以完成。

练习巩固、丰富认知

1. 根据从前面、上面和右面观察到的图形,判断制作的圆柱、圆锥部件是否符合要求。

2. 根据给出的线段及数据判断是什么物体。

3. 给圆柱配面。

在思考、设计这份教学预案时,我着重考虑了以下几方面内容。

一是情境创设。我所在的学校——江苏省南通师范学校第二附属小学(以下简称通师二附),是情境教育的发源地,著名儿童教育家、情境教育创始人李吉林老师在这里工作了几十年。在李吉林老师的指导下,在情境教育理念的熏陶与滋养中,我们这批小数人早已有了"情境自觉",教学时总会去思考"怎样的情境更有利于建立数学与周围世界的关联,更有利于激发儿童的学习热情,更有利于理解具体知识的数学本质"。

在教学某一具体内容前,通常我们会先进行学生访谈,除掌握真实学情外,也侧重了解他们中间最近的热门话题是什么,比如喜欢的游戏、电视节目、卡通人物等,力图从学生的周围世界、身边事物出发,寻找与当前学习内容的关联,进而创设学生感兴趣的、易于激发探究欲望的、有数学味的情境。因为这样的情境会"让数学走进儿童的生活,让儿童亲近数学"(李吉林)。

通过访谈,我发现当时学生们中间正有一股"航天热",因为长征五号运载火箭于2016年11月3日在文昌航天发射场成功发射升空,这可是我国航天史上的大事件,它标志着中国运载火箭实现升级换代,是由航天大国迈向航天强国的关键一步。孩子们及时关注到了这一重大事件,对此津津乐道,充满着自豪,更有不少孩子由此成为航天迷,对神舟系列、长征系列、天宫系列如数家珍。

说实话,在这之前我对长征系列火箭并没有太深的了解,但既往参与团队磨课的经历告诉我,学生们热衷的话题,其中往往会有我们创设情境的最佳素材。带着这样的想法,我在网上查阅了相关资料,又在网上购买了"长征五号火箭"模型,因为我想到长征五号运载火箭的主体部分恰可看做是由若干个近似的圆柱、圆锥组成,这或许可以成为贯穿这节课学习的主要话题。

在仔细推敲后,我设计出了这节课学生学习的主线:由热衷讨论的"航天"话题,到"长征五号火箭成功发射",再到"自己动手制作长征五号火箭模型",进而展开对圆柱、圆锥特征的研究。

虽然在后续磨课中,这一设计被逐渐舍弃,但这种项目式学习的设计思路,"做中学"的教学理念却对我教学主张的形成有着深远的影响。正如蒙特梭利在《童年的秘密》一书中所说:"我听过了,我就忘了,我看见了,我就记得了,我做过了,我就理解了!"

二是学生的认知与经验基础。对课的设计而言,这是最重要的一点。情境的创设、学习活动的展开,如果忽视了学生已有的认知与经验基础,就可能会因为定位过低而无法有效激发他们的探究热情,也可能会因为定位过高让他们失去了"跳一跳,摘果子"的欲望。

通过访谈,我发现学生们对圆柱与圆锥其实有着丰富的生活经验。低年级时,他们在数学课上认识过圆柱,生活中也接触过不少圆柱、圆锥形的物体,多数学生都能用半生活化、半数学化的语言简单描述圆柱、圆锥的特征。对教材练习中的第一题"说说哪些物体的形状是圆柱或圆锥",学生鲜少出错。这表明,学生们对圆柱、圆锥有着较为清晰的整体感知,所以这节课学习的重心就应是引领学生从整体感知走向精细化、深刻性、数学化的理解与表达。

教学预案中,学生从"观察长征五号火箭模型"到"制作长征五号火箭模型",正是力图引导他们在观察、操作、思考、交流的过程中不断提取已有的认知经验,进行数学的加工,形成数学认知。比如,在制作圆柱部件的过程中,学生会用橡皮泥搓,会将它放在桌面上滚,会用小刀切除两端的多余部分等,在这种多感官参与的活动中,他们逐步认识到圆柱的侧面是一个曲面,上下应该一样粗,圆柱的两个底面是一样的圆。再如,在部件制作完成后的拼装过程中,在相互作品的对比观察中,它们会逐步认识到决定圆柱、圆锥形状与大小的关键因素就是它们的底面半径和高。

在我的设想中,这种经过动手、动脑、动眼,"做"出来的数学认识与理解,对学生而言才是最有意义的,是真正属于他们自己的数学。

三是空间观念的发展。空间观念是《义务教育数学课程标准(2011年版)》中的十个核心概念之一,而"圆柱和圆锥"又是小学阶段除"长方体和正方体"外仅有的立体图形学习内容,必然承载着培养、发展学生空间观念的任务。通常情况下,我们会用"点动成线、线动成面、面动成体"来示范、引领学生理解点、线、面、体的关系,但圆柱、圆锥虽与长方体、正方体同属基本立体图形范畴,但又有长方体、正方体所不具备的类属性,即圆柱、圆锥都是旋转体。

在备课过程中,我还有个习惯,会以与这节课有关的数学概念为关键词,在百度中进行搜索。因为教材、教师用书中的数学概念,有些是编写者立足学生的认知水平,依据当前的教学目标作了通俗化的处理,让学生更能接受和理解。但对教师而言,却不能停留于此,而应追根溯源,了解数学概念的本质含义,甚至对与之相关联的其他数学概念也要有深入的理解。如此方能使自己立足"高观点","深刻把握教学内容在相应数学知识体系中的地位与价值,在促进儿童数学学科思维模式形成、数学核心素养发展等方面的作用""熟稔儿童现有认知发展水平与可能达到的发展水平,并据此确定契合儿童发展需求的教学目标,进而组织学习材料、展开教学活动"。

这次备课时,我首先搜索的关键词就是"圆柱""圆柱体"。在百度百科中,圆柱的定义是:圆柱是由两个大小相等、相互平行的圆形(底面)以及连接两个底面的一个曲面(侧面)围成的几何体。圆柱体的定义则有两条:一是旋转定义法,即一个长方形以一边为轴顺时针或逆时针旋转一周,所经过的空间叫做圆柱体;二是平移定义法,即以一个圆为底面,向上或向下移动一定的距离,所经过的空间叫做圆柱体。

对此,我的理解是:前者是从静态的视角描述圆柱的特征、组成,告诉你圆柱是一个怎样的几何体,是对圆柱的整体认知;后者是从动态生成的视角描述如何以长方形、圆这样的基本平面图形构建出圆柱体空间,是对圆柱的生成认知。显然,后者为学生认识立体图形,沟通平面图形与立体图形间的联系,发展空间想象力提供了一个崭新的视角与途径。

当时,在读到圆柱的旋转定义法时,我的脑海中一下子就蹦出了在蛋糕店看到糕点师制作蛋糕的场景:给烘烤好的蛋糕原坯抹上一层鲜奶,然后将刀竖立在蛋糕侧面,快速地转动,刮去多余的鲜奶,形成一个标准的圆柱侧面,接着再将刀横置于顶面,继续转动,一个标准的圆面就形成了。

能立刻联想到这样的场景,是因为我曾不止一次见到过。但奇怪的是,从没有哪次现场观摩像这回浮现出的画面这样,有着明确的数学的意味,让我充满着发现数学的欢愉,迫不及待地想分享给孩子们。于是,我从网上找到了相同场景的视频,把它放在了"练习与巩固"板块第2题的最后一个环节,引领学生通过一个全新的视角观察、发现。

以上是在这份初稿形成过程中我的一些思考与做法,课堂中实际效果如何呢? 孩子们会是怎样的表现与反应? 团队中师父、同伴们又会有怎样的建议? 我满心期待着。

◎ 首试,现实很"骨感"

3月8日,初稿形成一周半后,我进行了第一次试教。间隔时间比较长,主要是准备学生活动材料和课件制作花了不少时间。丁锦华老师是个格外注重细节的人,倡导"工欲善其事,必先利其器"。在他的影响下,我们团队的所有成员在做课件时都养成了这样的习惯:但凡教学中涉及的,事无大小,一应都需考虑周全。

因为初稿设计中有学生动手制作长征五号火箭主要部件的活动,考虑到课堂时间有限,使用的材料要让学生易于上手制作,在咨询过美术老师后,我决定使用橡皮泥。但即使这样,橡皮泥的选择也颇费了一番功夫,因为橡皮泥的规格不同,软硬度有差别。开始时,我从学生处借用了他们常用的橡皮泥,尝试后发现这种橡皮泥过软,虽然搓起来很方便,但切割、拿取、移动时很容易变形。随后,我又从网上购买了多种规格的橡皮泥,逐一尝试后才找到了硬度适中的一款。

课件制作花费的时间主要在两个方面。一是立体图形在呈现时要"立体"起来,这需要制作时在每一个面的色彩、明暗上下细功夫,在动画的呈现上逐帧调整;二是糕点师制作蛋糕的视频,虽然搜索网络总能给我们满意的答案,但要寻找一个特定场景,符合课堂教学具体要求的视频还真不容易。那段时间,我几乎搜遍了各大视频网站,才终于找到了一条基本符合要求的视频,下载后进行剪辑,放入课件中。

试教是在通师二附情智楼五楼的微格教室进行。通师二附有多个公开课教室,放在这里是因为这间教室可以全程自动录像。磨课结束后,我可以结合大家的建议,再去反复回看自己的教学视频,细致揣摩每一个环节、每一处细节。这也是我们团队磨课时的习惯,之前学校还没有微格教室时,我们都是用两台摄像机分别拍教师和学生,再拷到电脑上看。跟以往磨课一样,市、区两位教研员丁锦华老师、顾娟老师,还有团队的所有成员都参加了这次试教活动。

想象总比现实更美好,这第一次试教,我上了足足一个多小时,上得浑身大汗。一方面是因为首次试教,所有设计的教学环节都要过一遍,以了解学生的课堂反应;另一方面则因为设计的几个学生活动都花费了很多时间。制作长征五号火箭部件时没有预想的那么利索;交流制作方法及注意点时,对特征的归纳没有预想的那么顺畅;"用数据描述圆柱及圆锥的大小"环节中,学生测量圆柱、圆锥的"高"没有预想那么准确。

试教结束后,大家围坐在一起,开始辩课、磨课。跟往常一样,丁锦华老师笑眯眯地说:"小冬啊,前几天看你这份教学设计,我就知道你的设想很美好,但有些想法却未必实用。但我没有跟你提,因为只有你自己试过后才会有深刻的体会,才能根据学生在课堂中的真实反应作出调整。接下来,关于大家的意见,你做好记录,回去后再细致回看今天的录像,结合大家的建议和你的思考,再做调整。"

看来,丁老师的想法和顾文彬老师是一致的。顾文彬老师是李吉林老师最早的一批数学学科的徒弟,也是我们这支情境数学团队中师父辈的成员。在这之前,我在备课时跟他有过交流,当时他就对我"让学生在动手制作的过程中提取关于圆柱、圆锥的已有经验"提出过质疑,但也没有坚持,只是对我说"你先试试"。

随后的磨课中,大家的意见主要集中在以下几个方面:

一是长征五号火箭这个素材,对学生而言,虽是最近热议的话题,但还不够贴近生活,不够有趣,且比赛是在下半年十一月份,到时未必有时效性。顾文彬老师认为:"正因为这节课是学生第一次正式学习圆柱、圆锥这两个含有曲面的立体图形,所以提供给他们观察、对比、思考的学习素材应该简单,便于学生归纳与抽象。日常课中老师们经常会让学生在课前搜集家里有的圆柱、圆锥状物体,带到学校,作为课堂学习的素材,正是因为这些素材既是学生熟悉的,又足够简单。长征五号火箭这个素材,更适合于学生学完这个单元后,作为综合实践的素材。"

二是学生活动时间过长,教师的主导作用未能充分发挥。长征五号火箭这个素材过于复杂是其中一个原因,更重要的原因是在我设计的学生活动中,学生对活动目标、意图是不清晰的,以至于仍停留于经验层面。其实,这一点也是我在设计中的存疑之处,即"对学生活动的具体要求如何细化""教师在参与学生制作过程中的作用如何发挥"。

三是学习活动的层次性未能凸显。顾娟老师认为,这也是这次试教足足花了一个多小时的原因之一。她说:"这节课的容量很大,要同时认识两个立体图形。如何处理呢? 我们要认识到,圆柱、圆锥的认识虽然都是本节课的学习重点,但两相比较,着力点应在圆柱上,到圆锥时,就应该引导学生利用认识圆柱时的经验来认识圆锥。这样不仅课堂的时间更紧凑,学习活动的层次性也体现出来了。"

过程中,大家还谈到了不少细节。比如,既然学生有较丰富的生活经验,那么"哪些物体的形状是圆柱或圆锥,哪些不是,为什么"这个环节是否可以移到课的开始? 又如,丁锦华老师特别强调课堂中预设与生成的关系,要求我在问题抛出后,设想学生可能出现的所有应答,并思考如何应对。再如,课件中用到的字体、颜色,呈现的布局,等等。

对于大家的意见与建议,我都一一进行了记录,也进行了全程录音,以备需要时再次回听。团队的每次磨课都充满着欢愉,大家各抒己见,畅所欲言,有赞同,有争论,想到就说,无需等到思考周全。

临近结束时,丁锦华老师又特别提醒我:"小冬,今天大家的建议很多,但不一定要全盘吸收,重要的是你自己要梳理清楚,这节课的教学目标是什么? 其中最核心的又有哪些? 只有目标定位准确了,才会有好的设计,才会有适切的活动,才会有学生充分的发展。"

第三回 | 课堂重塑

很多时候,我们自认为已经足够了解儿童,了解儿童的学习。但唯有真正蹲下身,贴近、走进儿童学习现场,近距离观察儿童学习过程,我们才会真正发现想象与真实间的距离。我想,这就是我们不断重塑课堂的价值所在。

◎ 再阅读、再思考

首次试教"失败"并未让我沮丧,多次参与团队磨课的经历让我清楚,思路会越辨越清,课会越磨越好。丁锦华老师结束时的提醒更是让我意识到:前期我的阅读、学习与思考还不够深入与全面,仅是围绕着"如何上好这节课""如何引导学生'认识圆柱和圆锥'"进行。我自以为的"高观点",仅做到了对教学内容数学本质的自我认知,对学生过往经验的自如把握,还需更进一步去学习、思考当前教学内容"在促进儿童数学学科思维模式形成、数学核心素养发展等方面的作用"。

带着这样的认识,围绕大家的意见与建议,我再次进行阅读与思考。

宋代诗人陆游有诗云:"纸上得来终觉浅,绝知此事要躬行。"虽然仅是一轮磨课,但因为有了课堂中对学生学习过程的切实把握,又得益于磨课过程中大家的交流与碰撞,再次阅读后我的感受与思考比之前又精进了许多。

"认识圆柱和圆锥"一课属于小学数学"图形与几何"领域中四项基本课程内容之一的"图形的认识",它是小学阶段学生认识立体图形的最后一部分内容,也是学生第一次认识含有曲面的立体图形。《义务教育数学课程标准(2011

年版)》中特别提出,这部分内容的教学,应当注重发展学生的空间观念。我思考,作为一节认识图形的课,自然应该关注空间观念的培养,而空间观念的培养归根结底又指向于学生数学思维的发展。所以,我为这部分内容的教学确定了统领性的教学目标:"立足思维发展,培养空间观念"。

《义务教育数学课程标准(2011年版)》中关于"空间观念"的阐述是:"主要是指根据物体特征抽象出几何图形,根据几何图形想象出所描述的实际物体;想象出物体的方位和相互之间的位置关系;描述图形的运动和变化;依据语言的描述画出图形等。"这显然不是一个定义,而是对空间观念外在表现的具体描述。我们可以据此判断具有了怎样的能力意味着空间观念的形成,也能从中发现培养学生空间观念的具体路径。落实在这节课中,就是要让学生亲历实物与立体图形间互相转化的观察与想象,对立体图形与相应组成要素(点、线、面)关系的观察与想象、对平面图形通过运动形成立体图形的观察与想象这一系列的具体活动。

阅读中,我又首次接触到了荷兰数学教育家范·希尔夫妇提出的几何思维发展水平理论。他们指出:儿童空间观念的形成大致会经历具体—半具体—半抽象—抽象这四个阶段,这是一个渐进的过程,每后一阶段都是以前一阶段为基础逐步形成的,换言之,前一阶段的达成水平直接影响着后一阶段。

这段话启发了我的思考,在第一稿的设计中,我注意到了学生已有的知识与经验基础,但让学生在观察"长征五号火箭"模型、尝试制作模型部件的过程中提炼与总结圆柱、圆柱的特征,恰恰跳过了半具体、半抽象阶段,这就是这个环节费时较长而收效甚微的原因所在。由此我领悟到,在半具体、半抽象层面上,引领学生基于经验,经历比较、分析、综合、推理等思维过程,进而建构圆柱、圆锥的概念,应该是教学活动的重心所在。同时,对学生在认识图形过程中所体验到的数学思维方法,也应引导他们及时反思与提炼,让学习从具体知识层面上升到数学学习方法与研究方法层面。

带着这些收获,结合大家提出的具体意见与建议,我决定舍弃长征五号火箭这个素材,重塑我的课堂。

◎ 童年游戏——抽陀螺

什么素材符合"既与圆柱、圆锥高度关联,又是学生熟悉的,同时还相对简洁"这样的要求呢？首次试教后，我一直在寻找着。直到一天晚上在家里聊课时，我的爱人柳小梅提醒了我，她也是我们情境数学团队的成员。她说："正式上课是在十一月份，进入冬天了。"

是啊，冬天孩子们喜欢玩什么呢？顺着这句话，我回想着。踢球？滑冰？堆雪人？对了，打陀螺！这是冬天的课间，孩子们喜欢玩的游戏之一。作为当年的"孩子王"，空闲时我也曾与我们班的孩子们一起玩过，还把我的拿手绝活——"脚蹉陀螺"教给了他们。想想，寒冷的冬天，不用拿鞭子，把手直接揣在兜儿里，仅靠脚就能让陀螺一直旋转，是不是很酷？恰巧，孩子们玩的陀螺里，就有一种上面是标准圆柱，下面是标准圆锥，这不正是认识圆柱和圆锥的绝佳素材吗？

哈哈，真是"踏破铁鞋无觅处，得来全不费功夫"。想到这里，我兴奋不已。这时，柳小梅又提醒我："上课是在佛山，南方的学生冬天会玩陀螺吗？"我一个激灵，赶紧上网去查。还好，虽然南方的冬天不太冷，但抽陀螺也是传统游戏之一。这下妥了！

紧接着，我又想起，2013 年 6 月 20 日，我国第一位女航天员王亚平在"神舟十号"飞船上为全国中小学生带来的第一次太空课堂，其中一个环节正是借助陀螺展示失重环境下物体的运动特性。当年，这些孩子正处于懵懵懂懂的一年级。时隔四年多，再次重温这个神奇的片段，一定很有趣。而这又跟最近的"航天热"联系到一起。想到这里，我不禁兴奋起来，赶紧上网再去找跟陀螺有关的素材。这一找，又有了意外的惊喜。我找到了来自武汉鞭陀协会的"中华陀螺王"，它重达 1368 斤，由 4 名壮汉同时拉动长达数十米的鞭绳启动，32 名壮汉轮番上阵，用长鞭抽陀螺。真是世界之大，无奇不有！

趁热打铁，我立即按这个思路重新设计了课前谈话的内容。

课前谈话

孩子们，你们平时喜欢玩什么？

今天这节课，我们也是玩，只不过我们一起玩的是——（数学）

说到玩，老师这儿有一样东西。

（出示陀螺图片）瞧！这是——（陀螺）玩过吗？怎么玩的？谁能演示一下？

确实！地球人都这么玩！见过在太空中玩陀螺吗？想知道吗？

看！神舟十号的宇航员们是这么玩的！（播放视频）

是不是很神奇？前两天，我还在网上看到了这样一个陀螺（展示最大陀螺图片）。它重达 1368 斤，号称"中华陀螺王"！怎么样？是不是很有趣？

孩子们，生活中有很多有趣、好玩的东西，如果你们能用数学的眼光去看它们，就一定会有新的发现。

好了，时间差不多了，该言归正传了，上课！（课件回到课题）

◎ 第二稿顺利出炉

课前谈话重新设计后，第二稿的教学设计我写得异常顺畅，就如同那个神奇的陀螺，经过点拨后便自如地转动起来。我想，应该是舍弃了长征五号火箭这个素材后，便少了很多原本关联度不大的羁绊，课的设计便又回到了数学学习本身。当然，这并不是对"情境"在学生数学学习过程中所起作用的否定，而是代表着对于每一个学习内容的展开、深入而言，情境的适契性特别重要，它必须是与学习内容高度关联的，是简洁而又寓意深远的。

M "认识圆柱和圆锥"教学预案

引入新课

1. 揭示课题"认识圆柱和圆锥"。

2. 出示图片，认一认哪些是圆柱，哪些是圆锥。

3. 小结：这节课，我们一起从数学的角度进一步去研究圆柱和圆锥。

认识圆柱、圆锥的特征

1. 讨论：根据你们的经验，可以从哪些角度来进行研究？

2. 小组活动：利用圆柱和圆锥形实物，先看一看、摸一摸、比一比，进一步认识它们的特征；再到小组中交流你的发现。

3. 交流圆柱的特征。

（1）学生交流自己的发现及思考、验证的过程。

（2）教师结合学生的交流，介绍圆柱面的名称并板书特征。

（3）课件演示：将圆柱实物抽象为直观图。

（4）学生根据直观图指出圆柱的底面和侧面。

4. 交流圆锥的特征（同上）。

……

5. 小结：经过刚才的操作与交流，你对圆柱和圆锥都有了哪些认识？

认识圆柱、圆锥的高

1. 认识高。

思考：这些圆柱和圆锥，除了这些共性特征外，这些圆柱一样吗？圆锥呢？都有哪些不一样？

引导学生在交流中发现，圆柱、圆锥的形状与大小跟它的底面直径和高有关。

追问：圆柱、圆锥的高分别是指什么呢？

学生交流后出示圆柱、圆锥高的定义。

2. 测量高。

学生根据圆柱、圆锥高的定义，利用实物开展小组活动。

看一看：圆柱、圆锥的高在哪里？

想一想：应该怎样去测量圆柱、圆锥的高？

量一量：小组分工合作测量圆柱、圆锥的高，并分析测量中的注意事项。

3. 交流、理解。

学生交流后课件展示圆柱、圆锥高的测量方法，并指出圆柱有无数条高，圆锥只有一条高。

4. 小结。

在观察、想象中丰富认识

1. 思考圆柱制作方法。

学生活动：如果给你一些纸，能做一个圆柱吗？你打算怎么做？

2. 交流。

（1）围成一个圆柱：把一张长方形纸卷起来，再配上两个一样大的圆。

（2）叠圆成柱：用很多同样大的圆片叠起来形成一个圆柱。

（3）圆动成柱：课件播放视频，引导学生发现"一个圆沿直线运动也会形成一个圆柱"。

（4）长方形旋转成圆柱：课件出示"旋转门"动画，引导学生发现"一个长方形以它的一条边为轴，旋转一周就形成了一个圆柱"，并分析长方形与圆柱之间的关系。

练习巩固

1. 根据提供的数据，判断圆柱形物体是什么。

2. 根据不同方位看到的图形，判断圆柱是否标准；想象从不同方位观察圆锥时看到的图形。

3. 想象平面图形通过运动可以形成的立体图形。

全课总结

孩子们，回顾今天的学习过程，你有哪些新的认识和收获？

在这一稿中，有几个环节的设计我自己还是挺满意的。

一是在学生探究圆柱、圆锥的特征前，我设计了这样的提问："根据你们的经验，可以从哪些角度进行研究？"同时，又为学生提供了研究方法的提示，即"看一看、摸一摸、比一比，进一步认识它们的特征"。这样的设计，源于我对学生在前期"认识图形"板块学习中的经历与经验的回溯和梳理。在此之前，学生已经认识过基本平面图形，认识过长方体和正方体，有着较为丰富的认识图形的经验。比如，认识平面图形时，是从边、角、顶点这些维度进行研究的；研究长方体、正方体的特征时，主要研究的是它们的面、棱、顶点。这样的提问，意在帮助学生激活已经积累的图形研究经验，引导他们按照一定的目标有顺序、有重点地去观察、分析与比较，进而发现圆柱、圆锥的特征。在这样的过程中，学生获得的就不仅是数学知识的发现与理解，更有研究方法的再次经历与巩固，对他们的后续学习与研究也将起到潜移默化的引领作用。

二是在呈现圆柱、圆锥高的含义后，我设计了"测量高"的活动，意在引导学生在测量活动中进一步理解圆柱、圆锥的高，知道圆柱的高有无数条。经过第一次的试教，我发现学生在测量时往往方法不尽准确，测量结果也不尽精确。解决这个问题时，我参考了北师大版教材的处理方法——给出正确测量的示意图。这也是我们备课时的一个习惯，把几种不同版本的教材、教师用书对比着看,在编排与设计的相同和不同中增进对这部分教学内容的理解,寻找契合自己教学的设计。

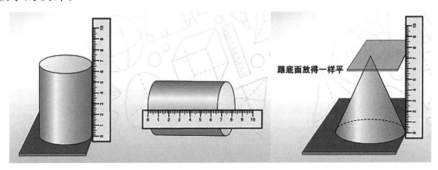

跟底面放得一样平

三是延续了我在第一稿中"做圆柱"的想法,在学生掌握圆柱、圆锥的特征,认识圆柱、圆锥的高后,设计了"我能做圆柱"的活动。不过,名为"做圆柱",其实是只想不做,是在出示材料(一些长方形纸和圆片)后,引导学生紧扣圆柱的特征,展开想象活动,进行分析与思考。在这里,我预设了学生的三种可能方式:根据圆柱面的特征,用一张长方形纸和两个一样大小的圆片围成圆柱;用若干个一样大小的圆片叠成圆柱;一个圆片其实就是一个高非常小的圆柱。也为学生进一步认识、理解"面动成体"提供了两种拓展:圆做平移运动形成圆柱体;长方形以一边为轴旋转一周形成圆柱体。我想,让学生只想不做,或者说让学生在大脑中制作,既是综合考虑学习内容与时间之后的最佳选择,也可推动学生进一步理解特征,进而沟通平面与立体间的联系。

随后,在这一稿的基础上,我根据丁锦华老师的要求,形成了我的执行教案,即对课堂中的每一次提问、交流都预先设想好学生可能出现的回答;对每一次的学生活动都预先设想好可能出现的情况,进而提前做好相应的准备。

|第四回| 广大与精微

我们团队一直奉行这样的理念,在设计教学时要立意高远,不拘泥于当前具体的教学内容,而是将之放置于整个单元、整个知识体系中,务求指向学生素养的长远发展;在具体教学时,又关注每一处细节,力求以全方位全过程的充分准备,引领学生的思维走向深刻与开放。

◎ 再试,获得肯定

3月27日,我再次试教。除时间外,地点、人物都没有变化。当然,变化的还有我的教学流程。与上回相比,这次试教的整个过程顺畅了很多,除个别环节外,多数时候学生的反应都在我的预料之中。这也是丁锦华老师一直强调的,一定要在课前把功夫做足,课上才会从容、淡定,尽在掌握之中。我想,丁老师强调的课前的"功夫",应该就是指教学内容与学生这两个方面。

课后交流时,团队老师们也表示这一稿跟之前相比,学习的脉络更清晰了,各环节的活动都有了明确的指向,学生的观察、思考、交流都比较聚焦,教师的主导作用发挥适切,学生的主体地位也得到了较充分的彰显,能积极主动地观察、思考、表达、追问与质疑,在探究圆柱和圆锥特征的同时,积累数学活动经验,发展数学思考,培养空间观念。

教学流程基本确定后,照例大家开始对各环节细细推敲、打磨,这也是我们团队磨课时的习惯,先确定整节课的大框架,再从教与学两方面的细处着手,力求尽善尽美。

《礼记·中庸》云"致广大而尽精微",意思是"既要致力于达到广博深厚的境界,又要尽心于精细微妙之处"。我们团队一直奉行这样的理念,在设计教学时要立意高远,不拘泥于当前具体的教学内容,而是将之放置于整个单元、整个知识体系中,务求指向学生素养的长远发展;在具体教学时,又关注每一处细节,力求以全方位全过程的充分准备,引领学生的思维走向深刻与开放。

在国内小数界,对江苏的课,特别是南通的课,一直有"精致、缜密"的评价。其实,这仅是课堂的外在样态,众多南通小数人的课堂教学给观课者的感受是"几近滴水不漏",由此在感叹"精致、缜密"之余,便会生出教师是否预设过多,课堂把控过强的疑问。殊不知,这正是执教者在设计时,基于各种真实学情、可能场景提前做好了引导预案。现实的课堂中,我们无法预料可能出现的所有生成,但这并不妨碍我们极尽所能,打有准备之仗。正所谓,任你千变万化,我自有从容应对之法。

课堂的细节打磨,源自试教过程中团队每位成员的细致观摩与深入思考,源自课后我对教学视频的反复回放与仔细推敲。那么,在这一轮的磨课中,大家提出了哪些建议?我又是如何调整与改进的?

◎ 小组活动提示单

"认识圆柱、圆锥的特征"是这节课中的第一个学生活动。在这轮试教中,我们发现,虽然在活动前带领学生一起回顾、梳理出"可以从面、棱、顶点等角度来进行研究",课件也给出了研究方法与步骤的提示"看一看,摸一摸,比一比,圆柱和圆锥分别具有哪些特征,再在小组中交流",但在汇报交流时,仍然显得有些杂乱无序,缺少层次。

在谈到这个环节时,丁锦华老师提醒:"学生交流时的'杂乱',根源仍在前面的特征研究,这说明教师的指导还不到位。我发现,学生在研究时,只知道要研究面、棱、顶点,但面、棱、顶点又应该具体研究什么呢,不同学生之间、小组之间差别很大。"

确实,在试教中我也发现学生虽然从这几个角度进行研究,但随性的成分较多,有明确指向的少。为什么会这样?我再次梳理自己在设计这一稿时的想法:学生在六年级第一学期时学习过"长方体和正方体",经历过立体图形特征的探究过程,积累了一定的研究经验,在本节课中,只需唤醒、提取之前的经验就可以了。

"学生的探究经历一定会积淀为经验吗? 积累的经验一定是数学学习、研究的经验吗?"生家琦老师也是我们团队中师父辈的成员,早在我工作前她就获得过全省数学青年教师基本功比赛的第一名,向来严谨、笃实。她的这段追问点醒了我。

对啊,学生之前仅经历过一次长方体和正方体特征的研究,积累的数学活动经验本就不算丰富。而且,在研究时,学生置身其中,更多关注的是通过研究得出的结论。正所谓"不识庐山真面目,只缘身在此山中",如果教师没有有意识地引导学生及时对研究内容、研究方法作结构性的回顾与梳理,相应的活动经验,特别是面与棱的具体研究方向,就会随着时间而逐步淡化。

如何解决呢? 在课堂中专设一个环节,就"怎样研究"进行具体的回顾与梳理? 这显然不妥。一方面这不是本节课教学的重点,另一方面比赛课对时间有着较高的要求。

讨论中,有团队成员提议:那就再提供一份"研究提示",既是激活学生的既有经验,又可以就具体研究方向给出提示。于是,一份"研究提示"就在大家的讨论诞生了。

研究圆柱和圆锥的特征

研究提示:

• 圆柱有几个面? 分别是什么形状? 面与面之间有关系吗? 动手验证一下。

• 圆锥有几个面? 分别是什么形状?

• 圆柱和圆锥有什么不同?

• 你还发现了什么?

我想,这份"研究提示"给我的提示是:对学生的数学学习而言,经历不等同于经验。数学活动经验的积累,既需入乎其内的全身心投入,全过程参与,充分经历与体验;还需出乎其外的回顾与梳理,建立起对活动全程的结构性、方法性认知。如此,在后续的数学学习活动中,学生才能逐步摆脱感性的羁绊,更为理性地,更具方式方法地,更自如地,进行数学的观察、思考与表达。

◎ 煞费苦心的学具

前面我曾提到过,在初始确定课题时,曾因这节课准备工作的繁琐而不想选。确实,在准备过程中,仅学具一块,就让我们煞费苦心。

初稿中,因为安排有学生制作长征五号火箭模型部件的活动,筛选了多种材料,从网上购买了多种规格的橡皮泥,方才从中确定了适用的一款。

第二稿时,起初是想请学生从家中带圆柱、圆锥形状的物品。为了了解学生自带物品的情况,我分别请两个班的一部分学生帮忙,结果发现学生带来的物品中,圆柱形状的物品居多,圆锥形状的物品较少,且圆柱形状的物品中茶杯、茶叶筒、化妆品瓶子等居多,品种相对单一,有些还不尽规则,不利于学生的观察与测量。从范·希尔夫妇的几何思维发展水平理论中,我又了解到培养、发展儿童的空间观念,要特别重视半具体、半抽象这两个阶段。于是,我决定为学生准备学具,准备圆柱、圆锥模型,因为相较于真实物品而言,模型近乎是半具体的。

于是,我继续在网上搜索。可惜的是,除了一些规格相似的教具外,其他适用的规格都比较小。二轮试教后,丁锦华老师便指出:学具相对单一,除常见的规格外,还应该有一些特殊规格的圆柱与圆锥。比如,细细长长的、矮矮扁扁的。这样才有助于学生的观察、对比与感知。同时,我们还发现,在"测量高"的活动中,规格较小的圆柱、圆锥测量时都极为不便。

怎么办?我向美术老师蒋利民请教这个问题,他建议我找家具厂家定制,因为木制品既轻便又不易损耗。随后,顾文彬老师又跟我一起商定了具体规格,圆柱、圆锥各4种,分别是底面直径4厘米、高12厘米,底面直径6厘米、高8厘米,底面直径10厘米、高15厘米,底面直径12厘米、高4厘米。相同规格的圆柱和圆锥制作好后漆上同一种颜色。顾老师还细心地提醒我,为学生发放学具时,要注意相邻小组最好规格不同。

学校总务处崔洁清主任是个热心人,在知道我要定制木圆柱、木圆锥后,她主动为我联系了熟悉的厂家,请工人师傅按照我给定的尺寸专门在车床上做出了这些学具,并按要求刷了油漆。后来我才知道,即使是用车床,木圆锥的制作也殊为不易,因为顶部尖的部分一不小心就容易出错。在内心充满感激的同时,我又想到,教学中也是如此,一些在我们教师看来很小、很容易的事,在学生眼中、手中、脑中或许并不容易,只有教师真正俯下身来,走近儿童,尝试以儿童的方式去观察、操作与思考,才能有深入的了解和体会,才能引领着他们克服困难,不断前行。教学中,我做到了吗? 我这样追问自己。

或许有老师会想,为了一节课,耗费这样的精力值得吗? 一节比赛课可以这样,众多的日常课还能这样吗? 我想,比赛课,"赛"在其次,展示、观摩、研讨为首要。如果在我执教后,这些"煞费苦心"的学具,其用意能被更多老师所理解,进而在日常课的学具准备上,也会从学生的"学"出发,更多一番心思;如果有厂家能据此生产出更多契合学生学习的、价廉物美的学具,那就是善莫大焉了。

李吉林老师在她的散文《我用孩子的眼睛去看啊》中写道:"我只是记着,我是小学生的老师。我必须知道孩子眼里的世界是什么模样。"于是,为了给孩子们优选"观察日出"这一在野外情境说话的场景,她天不亮就起床,"单身骑着车,飞奔在乡间小路上",只为了"赶在日出之前,到达预先选定的开阔地,观察日出前后的景象"。

作为李吉林老师指导、引领下成长起来的情境数学团队的成员,我们当如是,亦向来如是。我想,日常教学中,或许我们无需课课如此"煞费苦心",但不妨多些"几度思量"。

◎ 从浅尝辄止到逐次深入

"我能做圆柱"是我在这一稿的设计中较为满意一个活动,试教中也得到了大家的肯定,认为这个环节"立足想象运动,注重相互联系与发展",在培养和发展学生空间观念上指向鲜明,打磨后可以成为这节课的亮点之一。

当然,团队的师父们向来会培养年轻人,通常都是先表扬与鼓励,再提出自己的意见与建议。丁锦华老师更是擅长通过打比方,通俗形象地指出你的不足。他说:"小冬啊,这个环节的创意很好,就像一盘色香味俱全的美味佳肴。但你只是端上来让学生看了看、闻了闻,他们刚准备吃,你却把它端下去,又换了另一盘上来。"

交流中,大家都认为这个环节目前只是蜻蜓点水,浅尝辄止,还需逐次深入,进一步引导学生立足空间想象,更深层次理解圆柱特征,更为理性地贯通平面与立体间的关联。

在谈及具体如何改进时,顾文彬老师提醒:"要从每个细小环节中数学知识之间的联系着手,思考可以做到哪一步,应该做到哪一步。"他举例说:"比如,学生最容易想到的就是用一张长方形纸和两个相同的圆片围成一个圆柱,这是根据圆柱面的数量、形状想到的。但是,到这个程度还不能算真正意义上进行了空间想象。试想,如果学生在头脑中真正经历了把长方形纸和两个圆片围起来的想象过程,会有什么发现? 其实,你只要再追问一句'长方形纸与圆片有什么联系',就能推动学生的想象与思考落到实处,走向深度。"

随后,大家和我一起重新梳理了这个环节的所有内容,做出了如下调整。

在学生发现"用若干个一样的圆片可以叠成一个圆柱"后,追问"叠的时候有什么注意点",借此说明"目前我们研究的都是像这样的直圆柱",再引导学生想象"叠得越多,这个圆柱就……(越高)叠得越少,这个圆柱就……(越矮)",进而发现即使只有一个圆片,也是一个高非常小的圆柱。

"面动成体"这个环节的两个内容,大家认为"圆作平移运动形成圆柱体"可以进一步简略处理,学生了解即可,重心应放在"长方形以一边为轴旋转一周形成圆柱"上。因为这是圆柱、圆锥区别于长方体、正方体的一个本质特征,同时在具体的想象、思考与剖析中可以进一步增进学生对圆柱特征的深度理解,形成对"旋转体"的初步认知。

不过,由长方形联想到圆柱,对学生而言无疑是非常困难的。所以,在我的设计中,是通过呈现旋转门的动画来启发学生思考与想象,但也就到此即止。丁锦华老师认为,还应引导学生在观察与想象中思考、发现长方形与圆柱间的关系,进而更好地理解圆柱的"旋转体"特征,即学生可以借此进行推理,初步验证先前观察、归纳出的圆柱特征的合理性。比如,因为长方形的对边相等,所以旋转一周所形成的上下底面是大小相同的圆;因为是长方形绕一边旋转一周形成圆柱,所以圆柱上下是一样粗的,它的高无论从哪里测量,都应该是相等的。

这个环节的调整与改进给我的启示是:在教学设计与实施中,我们应更为深入地思考数学知识间的相互联系,在立足当前教学目标与真实学情的基础上,为学生搭建更广阔、更开放的思维发展空间。对此,郑毓信教授也曾指出:"联系,是几何研究的核心思想。"他特别强调,在几何图形的认识中,应突出"联系的观点"，"应当通过深入揭示它们的内在联系帮助学生很好地建立'网络式结构'这样一种整体的心理图像"。

我想，调整后的设计，正是以这种"联系的观点"和动态视角，将学生的学习带入了一个新的天地。而这又可以给我们另一个启示：在数学学习中，"应努力超越简单归纳，从更一般的角度去培养学生的推理能力，不应满足于由简单归纳去提出各种可能的结论，而应更加重视相关结论的理解与证明，也即应当更加深入地去思考相关结论是否真有道理。"这也是郑毓信教授所强调的，"数学并不停止于实验，而必须把它与理性的解释联系起来"。

| 第五回 | 好课多磨

何谓好课？丁锦华老师一直强调："一节课不是在一时一地上成功了就是好课，而是无论在什么场合，不管面对怎样的学生，都能上成功，这才是一节真正的好课。"

◎ 如东试教

第三次试教比以往任何时候来的都更早些。时隔三天，3 月 30 日，南通市小学数学"有效教学·高效课堂"教学模式专题研讨活动在如东县掘港小学举行。活动中，我进行了第三次试教，这是丁锦华老师早就做好的安排。事实上，丁老师带领的南通小数人在省赛、国赛前的磨课中，总会有这样的经历，被丁老师带着在多个不同学校、不同场合试教。有时是在县城中心小学报告厅的大舞台，有时则是乡镇小学的一间小教室。丁老师一直说，"一节课不是在一时一地上成功了就是好课，而是无论在什么场合，不管面对怎样的学生，都能上成功，这才是一节真正的好课。"所以，在教学设计基本定稿后，他总会带着我们出去试教，去面对在各种不同环境下可能发生的"意外"事件，去处理不同学生在课堂情境中的各种生成。

如东县是黄海之滨的一座小县城，是我的家乡。童年时，每逢暑假，住在县城掘港的三姨妈总会接我到她家住上一段时间。那是我儿时的快乐时光，不仅有乡下孩子居于县城，各种见识的新奇与喜悦，更有姨妈家姐弟俩带着我各处闲逛、四处嬉戏的欢乐。

3 月 29 日，我住在碧霞如东大饭店，它的前身是如东县委第二招待所。至今我仍清晰地记得,童年时姨妈家的表姐在河对岸指着告诉我,这是如东最好的招待所。可惜的是,第一次入住的我无暇去找寻此处是否留有童年时看到的印迹,因为课件尚有部分未完全调整好,修改后的教学设计还未记熟。

我的试教安排在第二天上午第三节课。因为这次来的任务就是试教、磨课,所以第二天到达学校后,我没有去听其他老师的课,而是在会场外的一个角落里,找到一把椅子,一个人静静地坐在那儿,开始放电影般回顾我的教学流程,想象课堂中学生可能出现的即时生成,思考我该如何处理。其间,如东的小学数学教研员冒金彬老师看到了,热情地邀请我到会场里去,我也只是木讷地回了声"不用不用"。

试教还比较顺利,记得下课时老师们都热情地报以掌声。但我知道,这次来的目的还是找问题,力求更好。果然,丁老师召集全体教研员坐下后,首先就和大家强调:"今天我们主要就是谈问题,提改进建议,让这节课能充分展现南通小数的教研水平,在全国比赛中取得优异成绩,所以好的方面就不说了,直接谈问题。"

事实上,这也是丁老师让我在这次专题研讨活动中进行试教的主要目的,请各地教研员把脉问诊,他们都是看课、评课的行家里手,第一次听后一定会有建设性的意见与建议。

事实也证明,这次的磨课确实卓有成效。

◎ 重在对"高"的意义的理解

启东市小学数学教研员蔡宏圣老师率先评课,对我这节课中"认识圆柱、圆锥的高"部分的处理提出了不同意见。

课堂中,我是在引导学生发现圆柱、圆锥的形状、大小与它们的底面直径和高有关后,追问学生"圆柱、圆锥的高分别是指什么"。在此基础上再出示圆柱、圆锥高的定义,随后学生测量高,交流方法。

蔡宏圣老师认为,学生对圆柱、圆锥高的认识与理解是有一定难度的。同样是立体图形的高,在认识长方体、正方体时,我们是借助竖直方向的棱这个外显的可观察的对象来帮助学生认识、理解它们的高,而圆柱、圆锥的高并没有这种外显的、可直观观察的便利。同时,长方体、正方体、圆柱都是柱体,它们的高本质上都是一组平行面之间的距离；圆锥是锥体，它的高本质上是顶点到底面之间的距离。这其中涉及的平行面间的距离、点到面的距离，都是属于高中立体几何的内容，对六年级的学生而言有很大的认知难度。

蔡宏圣老师是全国知名的特级教师，在教研员岗位上多年。我知道他的评课向来犀利，总是面带微笑，字正腔圆，但毫不留情。

果然，他紧接着又强调：正因为有难度，所以我们就要把着力点放在学生对高的理解上。但今天小冬在这个环节的处理上，重心明显不对，明显不符合认知的一般规律。小冬是在学生简短交流后直接给出圆柱、圆锥高的定义，然后安排学生测量圆柱、圆锥的高。但这时学生只是从字面上知道了高，能正确测量吗？所以课上又不得不花费不少的时间、精力去讨论正确测量的方法。我认为，可以让学生尝试去测量，但应该放在高的定义出示之前，也无需花费太多时间。也可以这样理解，测量是为了让学生在操作活动中尝试去寻找高的数学存在与数学表达，形成自己的初步理解，然后我们通过呈现规范的定义去帮助他们修正、完善对高的正确认识。当然，除了测量活动外，我认为在圆柱、圆锥高的理解上，还需要进一步去思考还有什么更符合学生认识特点、更易为学生理解的方式。

确实，这两次试教中，我也发现学生在测量时会有方法不正确、表述不准确、结果不精确等问题。我是抱着容错、融错的心态，等学生充分交流后再给他们呈现正确的测量方法，觉得经历这样的过程后，学生会对圆柱、圆锥的高有更深入的理解。

听了蔡宏圣老师的点评和建议后，我又反思，测量高这个环节，我借鉴了北师大版教材的设计（下图），究竟是哪里出了问题？

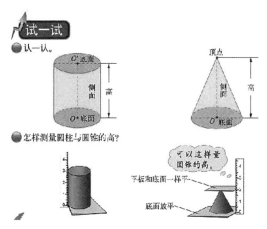

回去后,我再次翻阅北师大版教材,发现自己阅读时囫囵吞枣,不求甚解,犯了新手教师在阅读教材时常有的错误。北师大版教材确实是先认识高,再研究怎样测量高,但这是两个前后承接的教学环节,即应该在学生真正理解圆柱、圆锥高的含义后,再据此去思考如何进行测量。即教材是立足数学知识的内在逻辑与学生认知的普遍规律,给我们提供了教与学的主线与方法,但每条支线的任务如何完成,还需我们结合现实学情去丰富与实践。

丁建强老师紧跟着进行了点评,他是南通小数界资历最深的教研员,特级教师。"在蔡特(蔡宏圣老师)的基础上,我再补充一点。在这个环节中,有个细节,管老师在小结时说'圆柱的高有无数条',我认为这句话有些不妥。圆柱的高是它两个底面之间的距离,这个定义的外延是'圆柱两个底面间的垂线段',它们的长度都是圆柱的高。我们可以说'圆柱两个底面间的垂线段有无数条',但不能说'圆柱的高有无数条'。就如同我们在教学平行线时,带领学生认识的是'平行线之间的距离处处相等',不能说'平行线之间的距离有无数条',这是一样的道理。"

丁建强老师的点评解决了我一直留有的一个疑惑。其实,在初稿设计时,我就曾做过备注,但前两次试教大家都未关注到这个细节,我自己也没有足够重视,没想到还是被火眼金睛的丁建强老师指出来了。

那么,如何帮助学生深刻理解圆柱高的含义?如东试教结束后,我一直试图解决这个问题,直到我读到了无锡市江南实验小学顾晓东、黄淑颖两位老师的文章《学生经验的激活、丰盈与系统化——"圆柱的高"二度教学探索》(发表于《中小学数学(小学版)》2014 第 11 期)。教学中,他们借助生活中常见的牙签筒巧妙地解决了这个问题,这真是个绝妙的创意,在赞叹的同时,我第一时间进行了学习与借鉴。后面的试教中,这个细节一直是大家称赞的亮点,这真是"他山之石,可以攻玉"。

◎ 正例、反例与多样性

如东磨课中,还有一处看似细微、实则重要的环节进行了调整,那就是课始我出示的一组图片(下页图),请学生从中辨认哪些是圆柱,哪些是圆锥。

这组图片来自课本"练一练",第一稿、第二稿中都用到了,只是位置进行了调整,第一稿是放在新授结束后巩固环节,第二稿改到了课始。哪知道,就是这样一个细微的调整,几位教研员就发现了其中的问题。

说实话,我已经不记得到底是哪位教研员在评课中首先提到了这个环节。原本在我每一稿教学设计的最后,都整理了试教后大家的建议、我的思考,以及后续阅读中的摘录。遗憾的是,2020年5月份,办公室电脑外接的硬盘盒中,两块硬盘同时损坏,经南通、上海多家数据恢复公司开盘尝试,断定无法修复,里面保存的我近20年的教学资料就此荡然无存。经此大劫的我,从此就养成了在本地电脑和网盘同步保存资料的习惯。这次写作中的一些材料,都是那次之后将散落在家中台式电脑、笔记本电脑以及学校老师处的资料收集整理所得。

大家首先指出的是,将课本"练一练"的这组图片用在课始不合适。因为其中有些是圆柱、圆锥,也有些不是,课本选用这组图,是在学生认识了圆柱、圆锥的特征后,让他们应用特征进行辨别,所以既有正例,也有反例。但在课始引出要研究的对象时,一般不使用反例,因为这样反而会干扰学生的观察、思考与归纳。

过程中,有教研员直接将课本翻开,让我看例1的这组图片(下图),提醒我:"仔细看,这里不仅只出示了圆柱、圆锥状的物体,它们的样态也很丰富。"这一提醒我才发现,确实是这样,五个圆柱状物体、三个圆锥状物体不仅规格上有很大差别,涉及的现实领域也不尽相同,甚至连摆放的姿态也各异。

这一处的调整真的很细微,我甚至无需过多改变教学设计中的语言,直接

换成上面这组图片就可以。但真的又很重要,除了大家提醒的正例、反例的作用及适宜运用环节外,也因为在全国赛课中,将会面对来自全国各地的专家、评委、同行的审阅与评议,这样一处细节反映的不仅是对教学内容的认识与处理,更有对基本教学方法、学习规律的了解与掌握。同时,这也是对我的又一次警醒,任何时候都不能忽视每一个细节的设计与处理。

所以,如东试教结束后,我没有简单地将之替换为课本例1的这组图片,而是结合我的教学设计,对要呈现的每一幅图都进行了斟酌,确保既是学生熟悉甚至是喜爱的物品,又兼具各种样态,同时还能尽量发挥更大的作用。此外,我还给这组图片编上了序号,便于学生指认与表达。

调整过程中,也有一样物品——腰鼓,让我不忍舍弃。因为它除了上下不一样粗外,近乎符合学生归纳出的圆柱面的所有特点:有3个面,上下两个底面是一样的圆,侧面是一个曲面。试教中,在课始辨认时,也曾有部分学生认为它是圆柱或存有疑惑,这也表明在完善学生对圆柱特征的认识上,腰鼓有其独特的价值。

如何处理呢?使用第一稿中的处理方式,继续将原来这组图片放在巩固环节?细细思考后我又觉得不妥,两组图片虽作用不同,但总有同质之感,且巩固环节再去辨认一组图片,耗时较多而作用甚微。

在就这个问题与顾娟老师交流时,她提醒我:腰鼓可以看作是这部分内容学习中的一个反例,它的作用更多是在与正例的对比中进一步凸显概念的本质特征。她建议我再看看近几次试教的视频,关注学生观察、交流、总结圆柱特征的过程,往往在学生认知的障碍处,就是运用反例的绝佳时机。

听从顾娟老师的建议,我回看了前几次试教的视频,回想在"研究圆柱和圆锥特征"这个环节中我在组间巡视、指导时看到的场景。我发现,"上下一样粗"这个特征并不是每次都能被学生顺利发现并总结,或者说每次试教的班级中,多数小组都不能发现这一点。

深入剖析后,我发现背后的原因并不简单。

一是小学阶段,限于学生的年龄特征与认知水平,我们在研究几何图形时,多数并不会给出图形的定义,而是采取特征描述的方式来界定。比如,长方体的特征是"有6个面,都是长方形,相对的面完全相同;有12条棱,分为3组,每组相对的4条棱长度相等;有8个顶点"。其中,仅依靠面的特征就可界定某一立体图形是否为长方体。但在圆柱这儿就不行了,"有3个面,2个底面是一样的圆,侧面是曲面"并不能将圆柱与其他立体图形完全区分,比如腰鼓。因为"侧面是曲面"这个描述中,"曲面"是一个非常宽泛的,不具备唯一性、排他性的数学概念。所以,还需要用"上下一样粗"来补充描述。

二是我们在研究几何图形特征时,平面图形多从点、线、角的维度研究,立体图形则多从点、线、面三个维度。但"上下一样粗"超出了这几个维度,是对圆柱的一种整体的、直观的感知与描述,运用的是生活语言,而非数学语言。事实上,所有的柱体都具备这样的特征,但如果在之前认识长方体、正方体时,教师没有有意识地引导学生经历、积累这种观察与研究的经验,学生此时是很难主动发现、概括这一点的。

理清原因后,我明白了腰鼓呈现的最佳时机,应该是在学生对形态各异的正例进行观察、交流,并初步总结出圆柱的特征之后。此时,腰鼓这个反例的呈现将会与圆柱形成强烈对比,进而充分凸显"上下一样粗"这个特征。

为此,立足课堂的不同生成,我预设了两种处理方式。

方式一:学生提到圆柱"上下一样粗"这个特征

追问:你是怎么发现的?大家怎么认为?

引导:想一想,如果上下不一样粗,还是圆柱吗?见过这样的物体吗?瞧,我这儿就有一个!(出示腰鼓图)

方式二:学生未提到"上下一样粗"这个特征

课件出示:腰鼓图片。

提问:认识吗?这是——(腰鼓)它是圆柱吗?

在学生否定后,追问:怎么就不是啦?(指板书)它不是也符合刚才你们发现的圆柱的这些特征吗?

| 第六回 | 精进，无止境

　　一节课打磨的时间长了后，执教者、团队往往会产生一种错觉，似乎已改无可改，无从精进了。是课真的到了止境吗？其实，我们都知道，"课堂教学永远是一门遗憾的艺术"。此时，我们最需要的就是第三者视角、专家视域的点评与指导。

◎ 南京过关

　　如东试教结束后，这节课便进入了细细打磨阶段，除了在校内试教外，市、区两位教研员丁锦华、顾娟老师也会时不时带着我到其他地方去，适应不同的环境，面对不同的学生，从课堂提问、应答，课件布局、配色、出示方式，板书位置、颜色等各种细节上指导我不断进行完善。期间的种种细节，如果没有亲身经历过丁老师带领下的南通团队的磨课过程，是绝对想象不出的。丁老师一直教导我们：课堂中有怎样的动态生成，主动权在学生，会受学生知识基础、生活经验、思维方式，甚至是现场环境等诸多因素的影响，作为教师的我们对此无法掌控，也不应去掌控，因为课堂就是学生敞亮思维、充分表达的地方，真学习没有对错之分。但如何巧妙应答，主动权在教师。既然我们无法准确预判课堂中学生会有怎样的动态生成，那就要做万全的准备。只有"胸有丘壑"，方能应对自如。

　　我想，正是因为这样的理念，于我、我们而言，磨一节课胜过上千百节课，是一种触及教学全方位的蜕变与成长。当然，因为时间拉得较长，我也逐渐没有了初始时的那种紧张、急迫与焦虑感，准备中反倒有种淡淡的享受与期盼。

时间很快就到了 9 月,我们收到了活动的正式通知,时间定在 11 月 8 日到 10 日。在过去的这几个月里,也发生了两件于我的教育生涯而言可算得上的大事。一是暑假中我的工作发生了变动,从工作了 19 年的南通师范学校第二附属小学调至南通师范学校第一附属小学,磨课团队也因此进一步壮大;二是四月份我被推荐参加江苏省教育厅组织的英国教育考察团,经过申报、递交材料、考核、公示等诸多环节,终于等到了出行通知,定在 11 月 9 日从上海浦东国际机场出发。是的,出行时间恰在全国赛课的第二天,这让我懊恼不已。因为全国赛课中,上课顺序是比赛前抽签确定,我还幻想着如果自己能抽到第一天上课,上完课即前往上海跟团出发。丁锦华老师知道我的这个想法后,微笑着跟我打比方:"小冬啊,去英国呢,我想,如果我自己出钱请你一起去,任何时候都是可以的。但要想把全国的专家、评委和好几千的小学数学同行再次集中起来听你上课,这就不是出钱能解决的问题了。"其实,我自己心里也清楚,鱼与熊掌不可兼得,只是挣扎着聊以自慰罢了。而丁老师更是以他独特的方式让我明白能参加全国赛课的机不可失与时不再来,让我安心、全力备赛。

10 月 11 日,正式比赛前一个月,江苏省中小学教研室小学数学教研员郭庆松老师安排我前往南京市龙江小学试教,这也是江苏省参加国赛前的惯例,我们称之为"南京过关"。

10 月 10 日,我们提前一天到达南京,丁锦华老师要求,从熟悉学校、接触学生到适应场地,一切都要按照正式比赛的流程进行全真模拟。

第二天上午,我早早就到了龙江小学。学校在江苏省中小学教研室附近,看规模应该是一所小区配套小学,占地虽小却处处用心,墙壁、走廊处处展示着学生的各种作品,满溢着儿童的童真、浪漫气息。我一路走过,一路欣赏,心里想着,如果有机会,可以带学校的年级组长、美术老师们来参观学习。

按例我先去接触学生,学校负责接待的老师告诉我试教的班级是六年级(1)班。上到教学楼三楼,进入六(1)班教室,我发现小小的教室里坐满了学生。一问才知道,龙江小学是小班化教学,一个班的学生不到 20 人。学校为了让我试教,将六(1)、六(2)两个班的学生合并到了一起。孩子们很热情,主动告诉我如何接 U 盘,如何使用实物展台,三两句后便开始跟我熟稔起来。接触过程中,对我提出的一些问题,组织的一些互动,学生们也都很积极。时间虽短,却让我对随后他们在正式课堂中的表现充满信心与期待。

试教在学校录播教室进行,进入后我发现,除郭庆松老师外,苏教版小学数学教材的主编王林老师(原江苏省中小学教研室小学数学教研员)以及教材编辑部的黄为良、褚平、侯正海等老师都在,还有张齐华、蔡宏圣两位特级教师,这绝对是江苏小数界的顶级专家阵容了。

试教很顺畅,学生的反应近乎都在我课前预设的范围之内。下课后,看到几位专家都面带笑容,我想"估计不会有什么大问题",因为之前这么长时间的打磨让我近乎有种"无处可改"的感觉了。及至评课才发现,专家们明察秋毫,几处我们未曾关注到的细节,或者说是觉得如此设计尚可之处,都被他们一针见血地指了出来,更是在他们的指导下,从问题转变为设计中的新的亮点。

◎ "圆柱大变形"与数学语言

"圆柱大变形"是"研究圆柱、圆锥特征"和"认识高"之间的一个过渡环节。9月初,我们在对这节课各环节的细致梳理与分析中发现,这个环节的设计过于平淡,未能有效凸显"教"的意图,实现"学"的聚焦。

Ⓜ 南京试教前的设计

课件出示:课始呈现的那组圆柱、圆锥形物品(分两行,上面圆柱,下面圆锥),随后均抽象为直观图。

提问:再看看这些圆柱和圆锥,除了刚才我们找到的这些共性特征外,这些圆柱一样吗?圆锥呢?都有哪些不一样?

引导学生在交流中发现,圆柱、圆锥的形状、大小跟它的底面直径和高有关。

追问:圆柱、圆锥的高分别是指什么呢?

······

这样设计的目的是为了让学生在掌握圆柱、圆锥的特征,能将之与其他物体区分后,聚焦于几何体本身,通过观察、对比发现,虽然同为圆柱或圆锥,但形状、大小并不相同,进而去思考、发现,形状、大小与其底面直径和高有关,并展开对圆柱、圆锥高的研究。

几次试教中,这个环节也基本实现了过渡作用。但一次聊课中,顾娟老师感觉这个环节还不够吸引学生,作用还不明显。她认为,既然这是个过渡环节,那就要起到承上启下的作用,不仅是对前面学习的小结,更重要的是要引出后续的学习内容、研究方向,而这种引出如果能做到形式生动、本质凸显,就会起到事半功倍的效果。

如何达到顾娟老师所说的效果呢?在后续的磨课中我想到,这个环节是要凸显底面直径与高的不同所带来的圆柱或圆锥形状与大小的变化,原设计中有这个意味在,但因为呈现的都是学生之前看过的静止图片,因而变化还不够明显,对比还不够鲜明。这个问题其实好解决,因为我有着多年制作课件的经验,自然就想到了做个小动画,让圆柱动起来、变起来,直观呈现底面直径与高改变后所带来的形状与大小的变化,由此"圆柱大变形"便应运而生。我请学校美术老师蒋利民根据我的意图,制作了"圆柱大变形"的动画(下图),连续性呈现了一个圆柱陆续变化的几种形态。

由此,这个过渡环节的教学设计也做了相应调整。

南京试教时的设计

课件播放圆柱变形动画,依次变成内陷状、圆台、圆锥,变细长、变粗矮。同时请学生判断变形后是否还是圆柱。

提问:前两个为什么都不是圆柱?

追问:后两个大家认定都是圆柱。不过,它们一样吗?与原来的圆柱相比,发生了哪些变化?

……

在到南京之前的几次试教中,大家都对这个环节的调整比较满意,认为较之前有了明显的突破。但南京试教后的评课中,张齐华老师对这个环节的调整建议,不仅让我们始料未及,更是起到了化腐朽为神奇的作用。

课堂中,"圆柱大变形"的动画一方面是让学生利用之前概括出的圆柱的特征进行观察、判断和辨析,在应用中进一步巩固对圆柱特征的认识;另一方面则是通过圆柱的动态变化,给学生带来强烈的视觉冲击,将他们的目光聚焦在三个圆柱间的差异上。对此,学生基本都是用"变粗了变细了""变高了变矮了"来描述圆柱的变化过程,南京试教时亦是如此。

评课时,张齐华老师认为,学生形象化的描述源自他们的生活语言,是不加思索,未经数学加工的。这样的表述本身没有问题,但我们要注意到,这是在数学课堂之中、在数学学习之中,教师的作用便在于让学生学会"用数学的语言表达现实世界",因此此处绝不能满足于学生形象化、生活化的表达。他建议在这之后继续追问:"变粗了变细了,变高了变矮了,这是我们在生活中的说法,回到数学的角度,粗细、高矮分别是指圆柱的什么呢?"如此,学生的观察与思考方能从具体、形象层面提升至抽象、理性的高度,进而在这种逐次提升的学习过程中更好地理解和掌握数学的观察、思考与表达。

我至今仍对当时张齐华老师点评时的场景记忆犹新,不仅是因为"数学王子"那独具个人魅力的语言,绘声绘色的表达方式,更是因为他让我更为清晰地认识到数学学习中教师的作用。在一个月之后的正式比赛中,这个细节也多次在课后交流、点评中被专家、评委们提及与称赞。

◎ 课堂总结,怎一句话了得

通常比赛中,当课堂教学到了尾声时,我们总会松一口气,自然而然地画上一个句号。在南京试教前,课堂总结这个环节大家都未提及,后来想来,应该是"理当如此"的缘故吧。但评课中,王林、郭庆松老师等一众专家却对此处的设计提出异议。

南京试教时的设计

谈话:不知不觉,这节课就快结束了。今天的学习有收获吗?

学生交流发言,多为课堂板书内容,教师也据此有意识地引导学生。

小结:看来,你们的收获真不少!今天这节课,我们在观察与操作中探究圆柱、圆锥的特征,试着用数据来精确描述它们,还通过想象进一步沟通了平面与立体间的联系,大家的表现都很棒!这堂课就上到这里,下课!

王林老师在点评时,一上来就指出这个环节流于形式,相比之下有"虎头蛇尾"之感,未能真正从课堂总结如何引领学生学会学习这一角度去深入思考。

他提醒我们,"今天的学习有收获吗"这句话几乎是老师们在课堂总结部分的"标配"。时间长了后,学生对这样的"标配"也心领神会,会配合着将课堂学习中提炼出的要点(课堂板书)一一道来。似乎这就是他们最重要的收获,似乎大家都有这样的收获,今天的课堂亦是如此。但仔细揣摩就会发现,虽然在学生发言之后,教师的总结指向了课堂学习的全过程,涉及数学探究方法、知识展开逻辑、知识间的相互联系等多个维度,但我们仍需自我追问,"课堂学习的收获仅止于板书吗?""除此之外还可以指向哪些维度呢?""如何在'课堂总结'中引导学生学会自我总结与反思?""学习是为了'学会学习',对于今天的研究过程,学生有清晰的认识吗? 能进而将之积淀为自身的数学活动经验,并运用到其他内容的学习中去吗?""如何引导每位学生理性评价自己在学习中的表现,进而增进继续学习的信心、兴趣,取得更大的发展?"

这是南京试教之后,这节课中改动最大的环节,因为王林老师对课堂总结的几个追问不仅意味着以他为代表的省教研室专家对参加全国赛课的目标要求,更促使我和团队成员们再次回到课堂总结"是什么""为什么""怎么做"这三个维度,重构自己的认识与理解。

从南京返回后,有很长一段时间,我都在思考如何带领学生把课堂学习的过程总结好。经过回顾、梳理、反思,我认识到"课堂总结"这一环节必不可少且意义深远,原因大抵在这几个方面。

一是四十分钟的课堂学习中,学生接收的信息是众多而繁杂的,有教师讲解、同伴交流、自身思考,有课件呈现、板书记录、教具演示。信息呈现的时间节点、方式、时长,学生思维的参与程度,个体不同的记忆特点都会影响学生的学习效果。因此,在课堂学习结束时,我们应据此引导学生"闻""见""知""行",促成学生对学习内容的深度理解。同时,因为信息呈现强度的不同、学生大脑擅长记忆方式的差异、学生情感投入的强弱等众多原因,学生对课堂学习的记忆往往是片断式的,甚至是支离破碎的,往往缺乏对学习活动的整体性认知。因此,在课堂学习结束前,必须通过有效的课堂总结活动,引导学生回顾、梳理课堂学习过程,理清知识发生、发展的脉络,并将之融入已有的知识体系,进而达成对知识的深度理解。

二是课堂学习时,教师会根据数学知识发生、发展的逻辑,结合儿童数学学习的特点,引导学生展开学习活动。而置身其中的学生,即使全程积极思考、充分活动,仍会有"不识庐山真面目,只缘身在此山中"的现象。他们往往会注重于课堂学习的某个片断、某一结论,缺乏对课堂学习全过程,特别是贯穿其中的解决问题的方法、思想的整体感受与把握。因此,在课堂总结环节,我们应引导学生回顾课堂学习过程,在更好地理解知识、掌握技能的同时,进一步获得方法、思想、情感态度层面更为清晰的认识,进而更好地积累数学活动经验,并将之主动运用至后续学习过程中。即,课堂学习,置身其中;课堂总结,置身其外。

三是数学知识是相互联系的。与已知关联,可以让学生更好地梳理知识脉络,完善知识框架,及时将本课学习内容融入自身的知识体系中,促成对知识的深度理解;与未知关联,可以促发学生生成更多的新问题、新思考,激发进一步研究的动机,增强数学学习的兴趣,感受数学学习的乐趣。因此,课堂总结虽时间短暂,但我们仍应引导学生初步感受当堂学习内容与旧知、未知间的联系,引发学生在课后将探究、思考、交流进一步延续、延伸,使得"课虽终,思未了,趣不尽,味更浓"。

在此基础上,我为这节课的总结环节确定了这样的教学目标:引导学生回顾学习过程,反思自身学习行为,巩固课堂学习成果,进而更好地明晰数学学习方法,积累数学活动经验,逐步"学会学习"。然后据此目标进行了重新设计。

Ⓜ 南京试教后的调整

师:不知不觉,这节课就快结束了。(课件出示课堂学习的主要环节)让我们一起回顾一下今天的学习过程,有收获吗?

师:像圆柱、圆锥这样可以由平面图形旋转得到的立体图形,我们称做旋转体。(板书)

师:今天我们是通过哪些方法来进一步认识圆柱和圆锥的?

师:是的,从数学的角度观察、操作和交流,我们的思考就会更深入,就一定会有更多新的认识和发现。

重构后的"课堂总结"不仅在正式比赛中获得了评委、专家们的肯定,后来更是被众多老师运用至自己的数学课堂,几近成为"课堂总结"的新范式之一。我想,这就是比赛课的作用之一,以赛课者团队、个人对一节课的研究来带动教学的普遍提升与发展。

| 第七回 | 一群人的赛场

　　备赛、磨课、比赛的过程中，我从未感到过孤单，因为任何时候，导师、团队成员都陪伴在我的身旁。因为，从一开始，这就不只是我的比赛，更是我们这一群人的赛场。我，我们始终都在跟随团队一起成长。

◎ 赛前诸事

　　进入 11 月后，团队和我的工作重心就是"佛山比赛"，一切都在围绕着最终的正式比赛有条不紊地准备着。丁锦华老师亲自制作了一份任务表，详细记录着从月初到比赛结束这中间每一个时间节点所要完成的工作，其中有我的任务，更多却是清晰地列出了需要团队成员协助完成的相关事项。

　　我的爱人柳小梅在《解密情境数学十连冠》一文中曾这样写道："成功，源于团队的合力托举与智慧奉献。"（"情境数学十连冠"是指自 2001 年至 2016 年，在第一轮课改后的十多年中，江苏省小学数学优课评比共举办了十届，每届中，我们情境数学团队均有成员通过层层选拔参加比赛获得一等奖。）是的，从备课、磨课到最终的正式比赛，我最强烈的感受便是"我不是一个人在比赛"。

　　佛山比赛前，我的主要任务是在教学设计的基础上再整理一份现场执行教案。什么是现场执行教案呢？其实就是将课堂教学中每一个环节的语言、动作、事件都详细地整理出来。对此，丁锦华老师强调，比赛课中，要在 40 分钟内完美呈现执教者及背后团队对教学内容的数学理解，对学生学习活动的巧妙设计与适切指导，对课堂生成的充分把握与妥善处理……这需要我们细致研究课堂的每一个环节，每一处细节。比如，在课堂各个环节中教师的行走路线，课堂语言中语音语调及重音的把握,课堂板书的时机、位置、颜色,学生活动时的教师活动,教具学具的摆放、拿取,等等。他还以中国国家跳水队为例,告诉我们之所以能取得辉煌成绩,不仅是因为团队力量强大,成员能力突出,更重要的是不管是平时训练还是正式比赛,他们在每一个细微动作上都力求完美。

顾娟老师感觉我在课堂中的一些语言还需进一步凝练,语音、语调、重音还需进一步把准,专门花了一个下午的时间,带着我逐字逐句推敲执行教案的内容。同时,还将她自己 2009 年参加全国比赛时的经验传授给我,那就是在执行教案中用加粗加黑字体将一些语句中的重音凸显出来,再反复练习,找到课堂中自然、准确表达的感觉。

在他们的指导下,这份执行教案整整有十二页,近一万字,是我有史以来最长的一份教案。即使这样,在到达佛山后,根据现场环境,结合课前接触学生了解到的信息,我们又进行了再次修改与完善。或许有老师会问:课堂中的诸般细节都无一遗漏,按部就班之下课堂的开放与生成何以实现? 其实不然,精彩课堂中的开放与生成,不仅是教师及时、充分地将学习自主权、话语权交给学生,更应是预设与生成的美丽邂逅。而要做到这一点,教师就必须胸有丘壑,腹有乾坤。

以下是这份执行教案中课前谈话的部分内容,供大家参考。

课前谈话:

孩子们好! 今天**很特别**,把你们请到**体育馆**来上课了。平常来体育馆是……你们喜欢什么运动? ……老师小时候喜欢**玩这个。**

(出示陀螺图片)瞧! 玩过吗? 怎么玩的? 谁能**演示**一下? (请 1 位表现力强的学生)

确实! **地球人都**这么玩! 见过在**太空**中玩陀螺的吗? 想知道吗?

看!"**神十**"的宇航员们是**这么玩的!** (播放视频) 是不是很神奇? 前两天,我还在网上看到了**这样一个陀螺**(先播放最大陀螺图片,再播放下一幅陀螺图片) 它大约有 **2 吨重**,号称"**中华陀螺王**"! 是不是**很有趣!**

孩子们,生活中有很多**有趣、好玩**的东西,如果我们还能用**数学的眼光去看它们**,一定会有**新的发现**。

那我们准备上课? (站在讲台中间) (课件回到课题)

11 月 6 日是组委会规定的选手与评委报到时间。到达佛山之后,我前往组委会所在的酒店报到,领取比赛的相关材料。郭庆松老师约我报到结束后到他的房间聊课,了解近期的修改与调整,指导我比赛过程中的一些注意事项。

与往届一样,32位参赛选手分两处会场上课,一处是南海体育馆,另一处是佛山体育馆,江苏的课在南海体育馆。

晚上七点半,张丹老师、刘延革老师等代表组委会召开全体参赛选手会,抽签确定上课顺序,告知第二天接触学生的时间、地点及相关要求。非常幸运,我抽到了团队成员一致认为的上上签——11月9日上午南海体育馆会场的第一课,这让我更添了几份信心。之所以这个时间段被我们认为是上上之选,一是因为根据组委会安排,7日上午选手接触学生,下午适应场地、调试课件,8日到10日上午为课堂教学和互动点评,10日下午进行大会总结并颁奖。这样的话,8日的一天中,我们可以在听课时进一步观察南海体育馆会场的现场环境与硬件设施,了解上课学生的现场反应(南海体育馆会场的学生多来自佛山市南海实验小学),及时对教学预案做针对性微调;二是因为我用到的教具、学具较多,在上午第一节课上课,我们就可以更从容地做好课前准备。当然,在来之前我们也做好了万全的准备。在丁锦华老师的那份任务表中,对课前准备工作进行了细致的人员分工,可以确保在前一课下课后的五分钟内完成准备工作。

在前期提交参会报名表时,我们团队没有选择由组委会安排入住的宾馆,而是预订了一家离南海体育馆较近的宾馆,步行大约不到十分钟时间。在我报到、抽签时,大家也办好了入住手续,按既往经验完成了对周边环境的勘察。选手会结束后,我没有在报到的宾馆入住,而是赶过去与大家汇合。因为距离我上课还有两天时间,过程中大家还会根据会场情况、接触学生的情况等再次一起打磨相关细节,住在一起会更方便。

对周边环境的勘察有三项重点内容。一是在宾馆周边找一家干净卫生、价廉物美的饭店,整个活动期间大家都在这儿用餐。二是找一家洗衣店。前面也多次提到,丁锦华老师是个特别注重细节的人,他对服装也有着很高的要求。不过,男教师相对要简单得多,大方、得体、正规即可。为了这次比赛,我带了白色和粉蓝色的长袖、短袖衬衫各一件,准备到时再根据现场的气温、环境确定。经过行李箱托运,这些衣服都需要再次熨烫。郭里园小学的严威老师专门负责这件事,他在宾馆到南海体育馆的路上找到了一家洗衣店。让我感动的是,7号下午拿到熨烫好的衣服后,为了不再出现折痕,他让老板不要折叠,自己一手骑共享单车,一手举着拿回了宾馆。三是找一家理发店,在赛前再次将头发打理一遍。

当然,诸如此类的"小事"还有不少。我想,没有经历过我们团队磨课的老师,是绝对想象不出在丁锦华老师的带领、指导下,我们的准备细致到何种程度。在这样的过程中,你绝对能体验到身处一个强大、凝聚的团队中的幸福。任何时候,任何成员都不会是一个人在战斗。

◎ 课堂全是你们的了!

"课堂全是你们的了!"

这是佛山上课时,当我从学生手中接过话筒后对他们说的一句由衷之言。虽然已有五年多时间,课堂中的诸多细节早已模糊不清,但这个场景我一直历历在目。

在学生独立探究、小组交流圆柱的特征后,我们进入了全班交流环节。学生非常积极,纷纷举手想到前面来进行展示、交流,我首先请的是第三组第一桌的一位女生。她大方、自信地走上前,举起她的圆柱说道:"请同学们听我说,我是这样想的,圆柱有两个面是一样的圆,这两个圆决定圆柱的大小……"说完后,她并没有像惯常课堂中上台发言的学生那样,立刻就回到自己的座位,而是继续问大家:"这是我的想法,大家还有什么要补充或提问的吗?"随即,就有不少学生举起了手。我们知道,即使在研究之前教师对研究方法、角度等进行了指导,但还是鲜少有学生个体甚至是小组能获得全面、准确的结论,并将之清楚地表达出来的。这位女学生也不例外,但这不并妨碍学生之间的交流,甚至更是推动了大家交流。接下来,她陆续请到几位学生发言,过程中又有孩子跑到了前面来,可能是他觉得在座位上发言不利于他同步的演示。更有意思的是,还有学生并不是将自己的发现直接陈述出来,而是以提问的方式呈现,引发其他同学思考。

要知道,这是比赛课,是不能拖课的。前面我也介绍过,在我的教学设计中,每个环节的大约用时也是有所预设的。当我发现学生几乎要将我置于一边,继续进行他们更深入、生动、详实的讨论时,我觉得我该适时地站出来了。我知道,对于五十多位主动积极、会思考、敢交流的学生而言,即使再给他们十分钟、十五分钟……时间或许还会不够。终于,在一位学生发言完毕后,我找到了机会,从学生手中接过了话筒,说出了上面那段话:"如果我不发声,这课堂全是你们的了!"

在后续环节中,学生的交流精彩不断,也让我再次觉得如果课堂学习的内容再少些,他们的观察、思考、交流、辨析就可以有更多的时间、更大的空间。在上午四节课结束后的互动交流中,鲍建生、张春莉、何凤波三位教授也多次提及、称赞我这节课中学生的表现。也有参会代表向我提出了"教师如何处理学生生成与预定计划的关系"这样的问题。我猜想,提出问题的老师一定和我有同样的愿望——把更多的课堂时空还给学生,让他们更自由、深入地思考与交流下去。是的,如果不是比赛课,如果是常态课、展示课,我真的会这样去做。

可以说,这节课中学生的精彩表现既在我的意料之中,又有些在意料之外。因为通过前一天的现场听课,大家都发现学生都有些拘谨,大胆表达、主动表达和相互交流少了些。其实这也不难理解,你想啊,如果是你,陡然从小教室来到了大会场,还是坐在舞台上上课,下面还黑压压坐着几千位老师、专家,都等着看你的表现,你能不紧张吗?还有胆量站出来流畅、清楚地表达吗?更何况是孩子们!

对于这个情况,其实我们也有所预估。我自信在我的课堂中,即使在体育馆这种大空间中,即使有数千的旁观者,学生照样能投入地思考、自信地表达。但学生的表现如此精彩,却也有些在我的意料之外。课后我细细回想,除了前一天南海实验小学的领导发现这一情况后,当即安排老师们对上课学生再次就小组合作、发言、交流互动进行指导与鼓励外,还与团队和我所做的相应准备——对学生小组活动、交流环节的细致研究有重要关系。

这里得提到比赛课的一个惯常规则。通常情况下,我们都是在承办学校借班上课,组织方一般会给大家一节课的时间来接触学生。对于之前完全陌生的师生双方而言,这段时间就显得珍贵而重要了。

那么,课前接触学生,具体要做什么呢?经验丰富的丁锦华老师、顾娟老师这样指导我们:借班上课与用自己的班上课有什么不同?常态课与特定环境下的比赛课有什么不同?把这些梳理清楚,就能得出在这短短一节课的时间内我们应该做什么。

在他们的指导下,我专门设计了课前接触学生时用的执行教案。这里可以分享几个小妙招。

在简短的相互介绍后,我把学生按座位快速分成四人组,选出组长,请组长起立后拍下全体照。一般而言,学生选出的组长都是四人组中数学成绩相对出色并乐于表达的。拍照是为了接触学生结束后,我可以继续加深对他们的印象。这样做的目的是为了能在课堂上准确地找到他们吗? 也对,也不对,我们的想法其实更多是要让其他同学在课堂中能有更多交流、展示的机会,让不同的意见甚至是错误的想法暴露出来,呈现学习的真实状态。当然,组长是四人组的核心,对小组活动的积极、高效开展有着至关重要的作用。所以,在接触时间结束后,我还会再给他们人手一份小纸条,上面写着小组活动的一些建议,如让每位组员都有表达想法的机会,小组介绍时让谁先发言,如何完整表述小组的研究过程等。

分完组后,我会请几位学生用他们的一件物品模拟话筒。这也是我们团队的一个创意。因为正式上课时,舞台上的发言只有用上话筒才能让全场都听清,而传递话筒是需要时间的,如果不熟练,往往会出现学生先没用话筒发言,然后又用话筒重复一遍,或者是站起来后找不到话筒在哪儿的情况。所以,在接触学生的过程中,我们都会有这样的设计,让他们适应发言先找话筒,周围的同学被请到时以最快的速度把话筒传递过去。

比上面两点更重要的是,在这短短的四十分钟内让学生感受到你的包容、宽容与鼓励。接触学生时,我会更多请那些没举手的学生发言,从他们的发言中寻找闪光点,请全班同学及时送上热情的掌声。我随身带着印有南通风光的精美明信片,第一张总是会送给这样的学生,即使他的发言不全面,甚至有错误。因为我知道,只有这些学生也能大胆地表达自己的观点时,课堂才会因思考、交流、辨析而走向精彩。

当然,以上在接触学生时的一些细致设计,还只是让精彩有了潜在可能。我们明白,在时隔两天之后,孩子们课堂学习的表现,更多仍在于教师的唤醒、激活与点亮。为此,我们团队在如何高效组织课堂交流上也进行了细致深入的研究。

比如,在学生开展探究活动时,教师做什么? 习惯性的做法是行间巡视。但我们清楚地想过行间巡视的方式、方法、目的与作用吗? 如果仅是满场巡视却"目中无人",或状似聆听却如风过耳,未能及时、深度地参与到学生的活动中,缺乏对学生真实活动过程的深入了解,就无法有意识地对后续交流作即时性的调整与优化,就可能与课堂的精彩失之交臂。

比如,在"研究圆柱和圆锥的特征"这一活动中,我就为自己的巡视确定了如下几个任务:一是尽可能多地关注各组学生的活动状态,了解他们的研究进程,及时表扬好的研究方法,鼓励他们在后续交流中积极表达本小组的观点;二是对认为圆柱有三个面的小组,追问他们"有哪三个面",引导他们思考"侧面与以前我们认识的面有什么不同";三是寻找有代表性的小组,了解他们是怎样发现"圆柱上下两个面是一样的圆"的,对停留在直观认识层面的小组,鼓励他们尝试验证,对测量验证的小组,引导他们思考可否从其他角度来说明;四是关注学生中可能出现的一些极具个性化的思考与表达(即使是有瑕疵的),大力表扬,并约定后续交流中会请他们发言,如时间允许,协助他们把自己的想法说清楚。

除此之外,我们在活动前期对学生的精细指导,对课堂生成的智慧应答也尤为重要。这些在前文中都有所提及,感兴趣的老师还可参阅我的另一篇小文《精细指导　深度参与　智慧应答——例谈如何高效组织课堂交流》(《小学教学设计》2020 年第 7 - 8 期)。

◎ 结果揭晓,踏上征程

11 月 9 日上午 9 时,我准时下课。快速整理好教具、学具后,我走下舞台,与丁锦华老师还有团队成员们汇合,我发现大家都如释重负,脸上满是轻松、惬意。当我在台上比赛时,全身心投入之下就会逐渐忘记比赛,忘记他人,眼中只有课堂与学生。而坐在下面的大家,因为置身事外,反而洞察秋毫,知道哪里处理得还不够好,哪个细节未关注到,哪处的用时偏多了……这样,他们反而比我更紧张。

因为我是上午第一课,在我后面还有三节课,然后是上午的互动交流与专家点评,所以我跟大家一起坐下来继续听课。第一次,我如此清晰地感受到听课是如此的轻松、愉悦。是的,从 2 月底到 11 月上旬,近九个月的时间,到此时才算是真正到了尾声。在欣赏一节节好课的同时,我满怀期盼与忐忑地等待着10 号下午的到来。

10 号下午,两个分会场的总结都集中在南海体育馆进行。马云鹏教授负责对南海体育馆的十六节课进行点评与综述,坐在下面的我期待着点评中出现

"认识圆柱和圆锥"的课题以及我的名字,希望能从专家口中得到肯定,而看到、听到时又惴惴不安,患得患失。可惜的是,马教授的点评中,十六节课均被提及,均有表扬有建议,甚至有几节课被提到的次数比我的还要多。这让我根本静不下心来聆听佛山体育馆十六节课的点评,心里翻来覆去地想着,到底会是第几名呢?希望至少能是第二名。如果连第三名、第四名都不是,那该怎么面对大家呢?

终于等到了最后的颁奖环节,当主持人第一个读到"江苏,管小冬,认识圆柱和圆锥"时,我心中的那块大石头终于落了下来。心中无比庆幸着,终于,拿到了南海会场的第一名。前文中我曾提到,我的同事顾娟老师、吴冬冬老师分别在第九届、第十一届全国比赛中获得了一等奖第一名,作为亲历者,我深知其中艰辛。作为后来者,身处这样的团队,压力与动力无限并存,我唯有以不懈努力去换取最终的可能。当时,脑海中闪过的都是"所幸,未曾辜负'江东父老乡亲'"。

活动结束后,搭王林老师、郭庆松老师的车一起去机场,他们飞南京,我飞上海。路上一阵攀谈,印象最深的是王林老师的提醒与勉励:"往往第一名的老师后续的成长速度不及后面的老师。为什么?回去后还要继续努力!"

我明白,从此刻起,我踏上的不是归程,而是又一个新的征程。

|附| "圆柱和圆锥的认识"教学实录

发展数学思维 培养空间观念

——"圆柱和圆锥的认识"教学实录与评析

【教学内容】

苏教版《数学》六年级下册第 9～10 页。

【教学目标】

1. 在观察、操作、比较等活动中认识圆柱和圆锥,了解圆柱和圆锥的底面、侧面和高的含义,掌握圆柱和圆锥的基本特征。

2. 在探索圆柱和圆锥的基本特征的过程中进一步积累认识图形特征的学习经验,初步体会平面图形与立体图形之间的联系,发展数学思考能力,增强空间观念。

3. 在参与数学活动的过程中进一步体验数学与生活的联系,感受立体图形的学习价值,提高数学学习的兴趣和学好数学的信心。

【教学重点】

认识圆柱和圆锥,知道圆柱和圆锥的底面、侧面和高的含义,掌握圆柱和圆锥的基本特征。

【教学难点】

感受圆柱、圆锥的旋转体特征,初步体会平面图形与立体图形之间的联系。

【教学准备】

课件,圆柱和圆锥学具若干。

【教学过程】

● **唤醒经验,引入新课**

师:今天这节课我们来认识圆柱和圆锥。(出示课题)

师:圆柱和圆锥是我们生活中常见的立体图形。比如,我们看到的这个好玩的陀螺,上面这部分和下面这部分分别是什么形状?

课件出示:

生:上面这部分是圆柱,下面这部分是圆锥。

师:这里还有一些物体,你知道哪些是圆柱、哪些是圆锥吗?

课件出示:

生:1 号、2 号、3 号、6 号、7 号是圆柱,其余的都是圆锥。

师:这是他的看法,你们都同意吗?

生齐:同意。

【评析】课始即揭示课题,使学生的注意力直接聚焦于学习主题。通过向学生呈现陀螺、金箍棒、冰淇淋等生活中常见的圆柱、圆锥形物体,引导学生在观察、辨识中唤醒已有的感性经验,为后续从直观感知迈向理性思考打下基础。

● **操作交流,探究特征**

1. 自主活动,探究特征。

师:大家找得都很准,看来你们对圆柱和圆锥已经有了初步的了解。今天,我们就从数学的角度来进一步认识它们。

师:根据你们的经验,认识一个图形一般先要去研究它的——

生:特征。

师:根据我们以往研究图形的经验,你们准备从哪些角度来研究呢?

生:面、棱、顶点。

师:可以用哪些方法进行研究?

生:可以看。

师:你说的"看",就是从数学的角度去观察。(板书:观察)

生:还可以摸一摸、数一数、量一量。

师:也就是动手去操作。(板书:操作)

生:还可以说一说。

师:对,交流可以增进我们的理解。(板书:交流)

师:同学们真了不起,能自己找到研究问题的思路和方法。下面,我们就以小组为单位,用你们想出的方法来研究。

学生小组活动,教师巡视指导。

【评析】在小组活动之前,引导学生在回顾中进一步明晰图形的特征研究是认识图形的起点。进而通过交流,梳理出研究立体图形的特征的一般角度与方法,为学生后续的小组研究指明了方向,确保了小组活动能有序而高效地开展。

2. 汇报交流,归纳特征。

师:有发现吗? 我们一起来交流一下。

(1) 圆柱的特征。

生:我们发现,圆柱有 3 个面,上、下两个面是圆,还有中间这一圈也是一个面。

师:这是他们的发现。你们的圆柱也有这样的特征吗? 举起你们的圆柱互相看一看!(每个小组内有形状不同的圆柱,小组间的圆柱也各不相同)

师:有什么想提问或质疑的地方吗?

生:你们是怎么发现上、下两个面是一样的圆的?

生:(指圆柱)它的上、下两个面与侧面是垂直的。

生:我们组是量了这两个圆的直径,都是 10 厘米,说明它们是一样的圆。

师:真好,在研究时我们就要像这样,不仅要善于观察和发现,必要时还得学会用数据来说话! 这两个面我们把它们叫做圆柱的底面。你们的圆柱的底面在哪里? 举起来摸一摸。〔板书:2 个底面(一样的圆)〕

师:他们组认为,圆柱的这一圈也是一个面,大家是怎么想的?

生:把这一圈展开后就是一个长方形。

生:这一圈没有棱,所以也是一个面。

师:这个面和我们以前认识的面有什么不同?

生:以前我们认识的都是平面,这个面是弯的。

师:确实,就像你们想的那样,围成圆柱的这一圈也是一个面,不过它不是平面,而是一个曲面。再摸一摸感受一下。这个曲面我们把它叫做圆柱的侧面。〔板书:1 个侧面(曲面)〕

师:这样圆柱就一共有几个面?

生:3 个。

师:真好!(指板书)刚才我们是从圆柱的面的数量、形状及相互关系上进一步认识了它的特征。还有补充吗?

生:圆柱没有棱。

生:也没有顶点。

师:行,根据这些特征老师也找到了一个物体。

课件出示腰鼓。

师:看,它是圆柱吗?

生:不是。

师:咦,怎么就不是啦?(指板书)它不是也符合刚才你们发现的这些特征吗?

生:腰鼓的中间是鼓起来的,而圆柱应该上下一样粗。

师:看来,"上下一样粗"也是圆柱的一个重要特征。(板书:上下一样粗)

师:经过刚才的讨论、交流,我们又进一步加深了对圆柱的特征的认识。根据这些特征(指板书),我们可以像这样把圆柱画出来。能看明白吗?

课件出示:

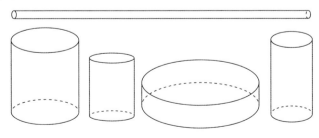

生:能。(师板贴:圆柱直观图)

师:能找到它们的底面和侧面吗? 咱们挑一个来试一试!

【评析】教师在小组活动后的全班交流中充分发挥了组织者、引导者的作用:一方面,让学生畅所欲言、充分表达,在相互追问、质疑、补充与启发之下不断丰富和完善对圆柱的特征的认识;另一方面,又在学生交流的关键之处适时地加以点拨、肯定与揭示,让学生在发现特征的同时不断获得研究方法上的提升与数学思考的发展。

(2) 圆锥的特征。

师:交流了关于圆柱的研究成果,我们再来说一说圆锥。哪一组想来介绍一下?

生:圆锥有 2 个面,1 个面是圆,还有 1 个面也是曲面。圆锥还有 1 个顶点。

师:这是他们的发现,你们的圆锥也具有这样的特征吗? 举起来互相看一看。

师:圆形的这个面,我们可以把它叫做圆锥的——(底面)〔板书:只有 1 个底面(圆)〕那另一个面就叫做圆锥的——(侧面)圆锥的侧面也是一个——(曲面)〔板书:1 个侧面(曲面)〕

师:真棒,不仅说清了圆锥的面的特征,还根据刚才的经验对它们进行了命名。

师:圆锥还有一个顶点,你们找到了吗?(板书:1 个顶点)

师:瞧,有了刚才圆柱的研究经验再来说圆锥就方便多了! 如果我们也像刚才那样把圆锥画出来,会是什么样呢? 用手比划一下。

课件出示:

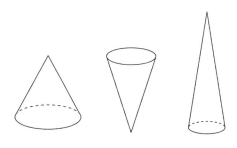

师:和你想的一样吗?

生:一样。(师板贴:圆锥直观图)

师:那你能指出这个圆锥的底面、侧面和顶点分别在哪儿吗?

学生上台指出后,教师课件出示圆锥各个面的名称。

【评析】圆锥的特征的交流环节,充分展现出学生在之前交流过程中的收获与成长——语言更简洁,表述更准确、更完整。也正是因为对学生学习力的充分把握,教师在此处才未着太多笔墨,而是在顺应、归纳的同时,通过简短的评价与小结,让学生更为清晰地感受到这种立足于经验之上的数学学习的成长。

● **观察对比,精确刻画**

1. 认识圆柱的高。

师:同学们,(指板书)通过刚才的观察、操作与交流,我们从数学的角度进一步认识了圆柱和圆锥的特征。现在来考一考你们的眼力,玩一个"圆柱大变形"的游戏。

课件出示:

下面的圆柱变形后,还是圆柱吗?

师:看清楚,要开始变了! 当变化停止后,请大声说出你的意见:是或者不是!

课件播放圆柱变形动画,依次变成内陷状、圆台、圆锥、变细长、变粗矮。

学生判断。

师：前两个为什么都不是圆柱？

生：它们上下不一样粗。

生：第二个图形的两个底面不一样。

师：真棒！紧扣圆柱的特征，判断得非常准！

师：后两个大家认定都是圆柱。不过，它们一样吗？和原来的圆柱相比，发生了哪些变化？

生：前一个变细、变高了，后一个变粗、变矮了。

师：你说得真形象！不过，粗细、高矮都是生活中的说法，回到数学的角度，粗细是指什么？高矮呢？

生：粗细就是指圆柱的底面直径，高矮就是指圆柱的高。

师：圆柱的底面直径我们都很清楚，但究竟什么是圆柱的高呢？这样，拿出你们的圆柱，在小组里说一说你的想法，再试着指一指、量一量。

学生小组活动。

师：找到你们手中的圆柱的高了吗？谁来指给大家看一看？你们是怎么量的？

学生上前演示用三角尺从圆柱的侧面测量它的高。

师：他们认为这样量出的就是圆柱的高，大家同意吗？

生：同意。

师：量的时候有什么注意点？

生：三角尺要与底面垂直。

师：（课件出示牙签筒）瞧，这是刚才我们看过的圆柱形牙签筒。想象一下，如果把它装满牙签，让每一根都笔直地竖在里面，就像这样。现在你有什么新的想法？

生:每一根牙签的长度就是牙签筒的高。

师:真会思考。不过,刚才这些还只是我们的想法,到底对不对呢? 我们来看一看数学上是怎么说的。

课件结合直观图出示圆柱的高的定义。

师:看明白了吗? 和大家的想法基本一致! 来,为会思考的自己鼓鼓掌!

2. 认识圆锥的高。

师:认识了圆柱的高,再来看一看圆锥,它有高吗? 如果有,又在哪儿呢?

生:圆锥的高应该是从顶点到底面之间的距离。

师:真是这样吗? 我们来看。

课件出示圆锥的高的定义。

师:大家真厉害,经过思考又自己发现了圆锥的高。

【评析】借助"圆柱大变形"的游戏,一方面,引导学生根据圆柱的特征思考、判断和表达,在应用中进一步巩固对圆柱的特征的认识;另一方面,引导学生在观察、对比中发现不同圆柱之间的差异,进而引出圆柱的高。在学生独立思考、尝试测量、相互交流的基础上,又巧妙地借助牙签筒帮助学生理解圆柱的高的本质——两个底面(平行面)之间的距离。在此基础上,学生再思考、发现、理解圆锥的高也随之水到渠成。

● 练习巩固,丰富认知

师:通过刚才的思考与交流,我们又认识了圆柱和圆锥的高,知道了它们的形状、大小与底面直径和高有关。现在你们觉得自己掌握得怎么样?

生:更好了!

1. 试做圆柱,增进特征理解。

课件出示:

如果给你提供下面这些材料,你能选一选,再试着做出一个圆柱吗? 先想一想,再到小组中交流你的制作过程。

一张纸　　　　　　　　一些大大小小的圆片

学生小组活动。

师：有办法吗？你们打算怎么做？

生：用两个完全一样的圆片做圆柱的底面，再拿一张长方形纸沿着圆卷起来。

师：行吗？和他们的方法差不多的举手！是不是就像这样？

课件演示围成圆柱。

师：有什么要注意的地方吗？

生：这张长方形纸的长要和圆的周长相等。

师：看来，圆柱的侧面和底面之间也有一定的联系。掌声送给制作成功的小组。

师：还有其他办法吗？

生：还可以用一些完全一样的圆片叠起来形成一个圆柱。

师：明白他的意思吗？是不是就像这样？

课件演示很多大小一样的圆形纸片叠成圆柱。

师：想象一下，叠得越多，这个圆柱就——（越高）

师：叠的时候有什么注意点？

生：要完全重合。

师：是的，目前我们研究的都是像这样的直圆柱。

生：其实，一张圆片就是一个圆柱，只不过它的高非常小。

师：想一想，是这样吗？你们可真有数学的眼光。

2. 想象旋转，沟通平面与立体。

师：看来，大家掌握得确实挺不错，都能根据圆柱的特征思考圆柱的制作方法。再加大点难度，行吗？

师：刚才给大家的都是这些实际的材料。这回，只给你一个平面图形——

151

一个长方形,你还能想办法让它也形成一个圆柱吗?

学生独立思考。

师:看来,确实是有些难度了。这样,给你们一个提示。

课件出示:想象、运动。

师:想象一下,长方形可以怎么运动呢?

生:可以把长方形快速旋转,这样看上去就像是一个圆柱。

师:明白他的意思吗?(课件出示旋转门)瞧,有启发吗? 如果把这一扇门看作是一个长方形,以一条边为轴旋转,用手比划一下,能形成圆柱吗?

生:能。

师:是不是就像这样?

课件演示长方形旋转形成圆柱。

师:观察一下,这个长方形与它旋转形成的这个圆柱之间有怎样的关系?

生:旋转轴所在的边就是圆柱的高,另一条边就是圆柱的底面半径。

师:真好,想象长方形的旋转让我们从平面走向了立体。不过,只能以这条边为轴旋转吗?

生:还可以以宽为轴旋转。

师:明白他的意思吗? 用手比划一下,形成的圆柱跟刚才一样吗?(课件演示)看来,选择的旋转轴不同,形成的圆柱可能也不同。

师:继续,你能想象出下面的平面图形旋转后会形成哪种立体图形吗?

课件出示:

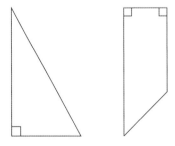

生:第一个直角三角形旋转后会形成圆锥。

师:大家想到了吗? 是不是这样?

课件演示直角三角形以竖着的直角边为轴旋转形成圆锥。

生:第二个旋转后上面是圆柱,下面是圆锥。

师:大家能想得出来吗? 用电脑来验证一下!

课件演示梯形以较长底边为轴旋转。

师：真棒！为你们超强的想象力鼓掌！同学们，这个图形熟悉吗？其实，就是课前咱们看到的那个好玩的陀螺。

师：当然，这两个图形如果以其他边为轴，还会形成另外一些不同的立体图形。

【评析】根据圆柱的特征思考圆柱的制作方法，无疑是综合考虑本节课学习内容与时间之后的最佳选择。因为即使不动手去做，学生的思考、讨论与交流依然是紧扣圆柱的特征而进行的，无形中又给学生赋予了更为广阔的想象空间；还因为不动手去做，可以为学生节省出更多的时间换个角度去思考、发现平面图形与立体图形之间的奇妙联系，进而获得认识的丰富和空间观念的提升。

● **全课回顾，总结收获**

师：不知不觉，这节课就快结束了。（课件出示课堂学习的主要环节）让我们一起回顾一下今天的学习过程，有收获吗？

师：像圆柱、圆锥这样可以由平面图形旋转得到的立体图形，我们又把它称做旋转体。（板书）

师：今天我们是通过哪些方法来进一步认识圆柱和圆锥的？

师：是的，从数学的角度观察、操作和交流，我们的思考就会更深入，就一定会有更多新的认识和发现。

【评析】课末，通过带领学生完整回顾课堂学习的主要历程，引导其进一步梳理、总结课堂学习的收获，使之对圆柱、圆锥的认识更趋结构化。同时，对研究方法的再次追问，也促使学生进一步明晰研究立体图形的特征的脉络与途径，进而获得数学学习的经验与数学学习能力的提升。

【总评】

"圆柱和圆锥的认识"是小学阶段认识立体图形的最后一部分内容，同时也是学生第一次认识含有曲面的立体图形，学习这部分内容对学生空间观念的培养与发展有着较为重要的意义。本节课，管老师围绕概念的核心内涵，精心设计教学过程，注重预设与生成的和谐共生，引导学生立足直观感知发展数学思考，通过观察、操作、想象等数学活动培养空间观念。具体来说有以下三个突出特点。

1. 准确把握起点，经历探究过程。

在教学本节课之前,学生对圆柱和圆锥并不陌生,能根据自己的生活经验和直观感知对它们各自的特征作出一些初步的数学化的描述。正是基于对学习起点的准确把握,在本节课中,管老师并未急于让学生开展探究活动,而是通过两个问题——"你们准备从哪些角度进行研究""可以用上哪些方法",来帮助学生激活已有的图形特征的研究经验,思考研究方法,引导学生注重从数学的角度观察、操作、交流。

在随后的活动与交流过程中,课堂的空间及话语权真正属于学生,教师真正成为学生学习的组织者与引导者。比如,在学生上台交流自己发现的圆柱、圆锥之后,管老师均未急于评价,而是追问其他学生:"你们的圆柱(圆锥)也有这样的特征吗?举起来互相看一看。"让学生通过多样的观察与对比自主归纳特征。随后,管老师又通过追问"有什么想提问或质疑的地方吗",激起学生更深层次的交流,引导学生明确数学探究的过程中"必要时,还得用数据来说话"。

受限于年龄、经验等因素,学生的观察、思考往往不尽全面,表述也往往不够准确。正是管老师在关键处的点拨、肯定与揭示,巧妙地、不露痕迹地推动着数学学习的深度进行。在学生认为已经归纳出圆柱的特征后,管老师适时地抛出反例——"腰鼓",反问学生:"它不是也符合你们发现的这些特征吗?怎么又不是啦?"引导学生在对比中进一步完善对圆柱的特征的概括。在此过程中,学生收获的不仅是认识上的发展,更有探究经验的积累与丰富。

2. 巧设数学活动,发展数学思考。

如果说"有3个面,2个底面(一样的圆),1个侧面(曲面),上下一样粗"是将圆柱体与其他立体图形进行区分的定性描述,那么底面直径与高则是将不同圆柱体进行区分的定量刻画。同时,这也是我们在认识图形时两个应有的维度。

因此,在学生归纳出圆柱、圆锥的特征后,管老师精心设计了"圆柱大变形"的数学活动。一方面,借助"圆柱大变形"引导学生应用圆柱的特征观察、思考、判断,进一步加深对特征的认识。另一方面,圆柱的这种动态变化,也让学生强烈地感受到不同圆柱之间的差异,并尝试用"变粗、变细""变高、变矮"来形象地描述圆柱的变化。在管老师的追问中,学生又回到数学的角度思考、交流:"圆柱的粗细是指什么?高矮呢?"在这样的数学活动中,学生逐步学会用数学的眼光观察,用数学的思维分析,用数学的语言表达,也越来越近地触摸到圆柱、圆锥的高的本质。

3. 适度拓展延伸,培养空间观念。

"空间观念"是《义务教育数学课程标准(2011 年版)》中提出的 10 个核心概念之一,是学生在对周围事物直观感知的基础上,对平面与空间相互关系的理解和把握。认识图形这部分教学内容正是培养、发展学生空间观念的重要载体之一。

本节课中,在学生认识圆柱、圆锥之后,管老师设计了"做圆柱"这一活动,引导学生根据圆柱的特征观察、思考、想象、分析,从"用一张长方形纸和两个一样的圆片围成圆柱",发现圆柱的底面和侧面之间也有着一定的联系,到"用若干个一样的圆片叠成圆柱",再到发现"一个圆片其实就是一个高非常小的圆柱",学生的思考越来越深入,思维越来越开放,空间观念也随之不断形成、发展。

在此基础上,管老师又进行了适度的拓展延伸,追问学生:"只给你一个平面图形——长方形,还能想办法让它也形成一个圆柱吗?"借助教师搭建的两级阶梯——"想象、运动"及"旋转门",学生的视角由静态的观察、发现转至动态的想象、运动,发现长方形以一边为轴旋转会形成圆柱。当学生有意识地分析平面与立体间的联系、想象其他平面图形的旋转时,空间观念无形中也得到了进一步的发展与提升。

(评析:顾娟、郭庆松)

挑战自我，做最好的自己

王丽兵

全国第十二届小学数学教学改革观摩交流展示培训活动（黄山体育馆会场）一等奖第一名获得者。

2015年10月28日，本人有幸代表浙江省，登上了由中国教育学会小学数学教学专业委员会主办的"全国第十二届小学数学教学改革观摩交流展示培训活动"的赛课舞台（以下简称全国赛课），并凭借在"体积与容积"一课教学中的出色发挥，最终非常幸运地获得了黄山体育馆主会场赛课的第一名。

时隔多年，今天再次回想起2015年的全国赛课，我依旧感到心潮澎湃、热血沸腾。因为这对于一名普通的一线小学数学教师来讲，这无疑是个人职业生涯的高光时刻，人生能拥有一次如此难忘的经历和体验，这是一件何等的幸事。因此，即便已经过去多年，这次全国赛课所经历到一切，收获和感悟到的，仍在深深地影响着我、改变着我，为我追寻职业理想、实现教育梦想，不断提供着无尽的动力源泉。

有幸得之，终生铭记，感恩于心。

王丽兵

　　浙江省杭州市竞舟小学副校长,浙江省特级教师,高级教师,浙江省教坛新秀,浙江省教育科研先进个人,杭州市"131"中青年培养人才,杭州市高层次人才,杭州市名师乡村工作室导师,西湖区第一层次学科带头人,西湖区首席项目制工作室导师,浙江省新思维教育科学研究院兼职研究员,《小学数学教师》杂志封面人物。曾先后多次应邀前往北京、广西、福建、湖南、山东、山西、贵州、四川、江苏以及浙江省内上课讲学200余场。出版个人数学拓展课程专著《换个角度,学不一样的数学》。2021年7月,应邀参加第十四届国际数学教育大会并作专题发言。先后主持或参与省、市、区课改课题10余项,获奖和发表教学论文、案例50余篇。

| 第一回 | 机缘巧合：机会始终是给有准备的人准备的

虽然今天我是以一位赛课者的身份，与亲爱的读者们分享我的成长经历和赛课感受，但是我想说的是，其实我并不是一个真正意义上的赛课者，最多算是一个"兼职"赛课者。但即便如此，多年的省、市、区、校的各级教学赛课经历，确实对于我的专业发展、个人成长，起到了非常重要的助推作用。

因此，亲爱的老师，如果今后有某一次不管什么级别的赛课机会来到你面前时，请你一定要珍惜，并且努力把握好这次机会。倒不是因为最后获得的结果有多少重要，而是因为整个赛课过程的经历，对我们来说就是一笔宝贵的财富。它很有可能就会成为你专业发展的一个重要拐点，它也很有可能助推你向着更高的专业水平发展。我的感受是，赛课就是一个高温高压的淬炼过程，凡是经历过赛课的老师，一定能够在他（她）的身上感受到不一样的个人气质。

那我的这次全国赛课，又是如何缘起的呢？

说起来非常具有故事性，那是源自于一次偶然的"蹭课"。

2014年10月20日，来自浙江东阳的葛敏辉老师正在为准备当年下半年参加"华东六省一市小学数学课堂教学观摩研讨活动"的比赛做准备，而执教内容就是"体积与容积"，试教的地点放在了浙江省教研室附属小学录播教室。浙江省小学数学教研员斯苗儿老师为了这次活动，邀请了多位省内专家一同为葛敏辉老师的课会诊。这里面，就有我的师父袁晓萍老师。有这样高规格的听课学习活动，我自然不愿错过，于是我抱着非常虔诚的学习心态，跟随着师父前去蹭课——听葛老师的试教，听专家的会诊和引领。

当然，当时葛敏辉老师前期已经在东阳智囊团队的帮助下，对"体积与容积"有了一个初步的设想,今天是特意来接受省里专家们的会诊的。

葛老师第一次试教时,大致的教学设计和过程如下。

环节一:认识什么是体积

教师板书课题"体积"并提问:认识吗?谁来说一说你是怎么理解的?

生:体积就是面积。

生:体积就是某一个几何体的总面积。比如,长方体、正方体之类。

师:看来,大家对于体积都有自己的想法。底面积也好、总面积也好,这个想法对不对呢?咱们带着这个问题,翻开课本先自学一下。

学生自学课本。

师:通过刚才的自学,谁再来说说你的观点?

生:物体所占空间的大小,叫做物体的体积。

师:这句话你们理解吗?有没有看不懂的地方?谁来举一个例子?

生:我在一个大的教室里,我就占了一定的体积。

师:你能找一个体积比你大的物体吗?

生:老师。

师:除了老师之外呢?

生:我旁边的××同学,体积比我大。

众生大笑。

环节二:体积大小比较

1. 体积差异明显的物体比大小

教师出示黑板擦:这个黑板擦有体积吗?谁来说说它的体积?

生:它那么大,所以它是有体积的。

师:那你们能找一个体积比它大的物体吗?

生:铅笔盒。

师:那还能找一个体积比它小的物体吗?

生:橡皮。

师:看来也没问题。接下来,老师希望你们同桌合作,找两样物品来比较一下它们体积的大小。然后我们来交流汇报。

学生同桌两人举例交流,结束后汇报。

生:铅笔盒的体积大,修正带的体积小。

师:你是怎么比较出来的?

生:因为修正带可以装在铅笔盒里,所以说铅笔盒的体积大。

生:铅笔芯和橡皮比。我觉得橡皮的体积大,铅笔芯的体积小,因为铅笔芯很细。

生:修正带和橡皮比,修正带的体积大。一眼就能看出来了。

2. 体积大小接近的物体比大小

(1) 封面相同比厚薄

教师出示一本红书和一本蓝书,提问:这两本书比较体积,哪一本体积大?

生:红色的书体积大。

师:为什么?

生:因为这两本书的封面是一样大的,而红的这本书要厚,所以它的体积要大。

(2) 厚薄相同比封面大小

教师再补充出示一本紫色的书:如果这两本书比较体积,哪一本体积大?

生:紫色的书体积大。

师:为什么? 你是怎么比较出来的?

生:因为这两本书差不多厚,但紫色书封面大,所以紫色的书体积要大。

师:我们来验证一下。

师生操作演示。

师:果然是这样。

师生小结:在厚度一样的情况,看封面的大小就能判断体积的大小。

(3) 厚薄和大小都不相同

教师补充出示一本绿色的书和一本作业本。

师:这两本书,封面大小不一样,厚薄也不一样,哪一本书的体积大? 你们现在还能比较它们的体积大小吗?

生:我们可以把作业本对折,现在两本书的封面一样大,再看厚薄就可以了。

师:看来,比较体积的大小,同学们一定是有办法的。

（4）不规则物体比体积大小

师：这是鹅卵石，这是土豆，这两个不规则的东西，你能比较体积的大小吗？

生：根据阿基米德原理，可以把它们放进水里。

生：准备两个烧杯，放些水……

师：我们一起来看一下这个实验的视频。（播放实验操作视频）

师：为什么水面会升高呢？究竟哪一个物体的体积更大？为什么？

师：通过刚才的学习，反思原先对体积的认识，你有什么看法？

师生小结：体积不是面积，体积也不是总面积。

环节三：什么是容积，和体积有什么不同

师：我们在自学的时候还有一个好朋友——（容积）容积和体积有什么不一样呢？请你们在小组里交流一下，待会准备汇报。

生：体积的意思就是占的地方有多少，容积就是它能容下多少东西。

生：容积就是指里面装东西的大小。

师：老师这里有个茶杯，是不是这里水的体积就是茶杯的容积？

生：不是。现在只有半杯水，要把这个杯子的水装满，装满的时候水的体积才是茶杯的容积。

师：通过刚才的交流，他们组想要表达的体积与容积，不同在哪里？

生：体积就是一个东西所占的位置。

师：这个位置，也就是课本里所说的"空间的大小"。

生：容积就是像杯子内部的空间大小。

生：所有的物体都是有体积的。空气也是有体积的。但不是所有的物体都有容积。

生：比如，教室就是一个容器，我们就在教室里。

师：你能不能举一个例子，它有体积但没有容积？

生：课本、土豆……

教师出示泡沫实心长方体：这个物体有体积吗？它有容积吗？你能想办法让它变得有容积吗？

生：把它挖一块出来。

师：老师带来了一把刀，我们现场试一试。

教师操作。

师:这个物体现在有容积了吗? 它现在的容积有多大?

生:老师你切下来有多大,那么它的容积就有多大。

师:能不能让这个物体的容积变得更大? 怎么切?

生:把它切得长一点、宽一点、深一点,它的容积就变得越来越大。

环节四:课堂独立练习(略)

那么,葛老师初次试教的效果如何呢?

从效果来看,整节课结构设计大气,师生互动频繁,学生学习的热情也在葛老师亲切幽默的语言激发下被充分调动起来了。

这说明,这样的设计思路是具有现实的可行性的。那么,以往是怎么教学的呢? 两者相比,哪个更符合当下教改的方向呢? 经过仔细地梳理和比对,我们发现,"体积与容积"以往一般都是按照下面的几个板块来开展教学的——

第一板块:认识空间。在生活中寻找空间,体会空间的意义和大小。

第二板块:归纳体积的意义。即物体所占空间的大小,叫做物体的体积。

第三板块:比较体积的大小。运用观察法、计数法、实验法等方法比较。

第四板块:认识容积。通过容器灌水实验,说明容器的容积。

第五板块:沟通容积与体积的联系和区别。

两者最大的区别在于,葛敏辉老师的教学是从演绎推理的角度进行设计的,而后者则是以归纳推理的角度进行设计的。因此,是从两种不同的角度切入课堂教学,再逐步推进课堂教学的发展。

当然,对于大赛磨课,浙江小数团队一直以来都是以比较严苛的标准来审视的。因此,从不足的角度来讲,大家对葛老师课堂教学的意见和建议也都是毫无保留,比较直接的。整体认为,虽然已经有了"以生为本"的味道,但上着上着又回到了"教"的老路上。因此,前半节课学生的学习情绪是在高位持续发展的,而后半节课却呈现了非常明显的走低下降;在体积大小的比较环节,热闹的表象背后有种散乱和随性的感觉;容积和体积联系的阐述还有待进一步加强。但不管怎么说,葛老师已经颠覆了原来一般的"体积与容积"的教学常态,朝着生本课堂向前迈了一大步,同时课堂结构也是作了较为有益的改进。

事后,回顾整个"体积与容积"磨课历程,我估计,其实从一开始斯苗儿老师对于"体积与容积"心中就有了一个大概的轮廓,但她更喜欢大家一起磨课的过程和氛围,即便是她知道具体应该怎么做会更好,她也希望老师们自己去探索和发现。她的"私心"就在于,通过这样的磨课形式,能够带动更多的教师卷入进来,这是她作为教研员一直以来坚持的教师培训理念。

因此,对于如何改进"体积与容积"一课的教学,斯苗儿老师没有给答案,而是给方案。她在引领时提了这样一个要求:"今天所有听课的老师一定都会有或多或少的启发和感想,每一位老师都要说一说,如果这节课换成你来上,你会怎么上?"当然,作为听课老师来讲,这样的评课往往是最开心和最激动的,因为终于有了一个"建言献策"的平台和机会,这就是一个非常好的学习和交流的机会。

在大家各自表达完观点以后,斯老师可能觉得这样用言语进行建议还不够直观形象,最好有位老师能够把大家提的一些好的建议或设想,通过课堂展现出来给大家看。

由谁来上呢?答案其实大家都已经知道了。没错。斯老师把这个光荣的"陪练"任务交给我了。由此,我也正式从一个"旁听生",转为了"体积与容积"磨课团队的关键一员,开启我与"体积与容积"一课的不解之缘。

幸福来得如此突然。这说明什么?机会往往都是给好学的、有准备的人准备的。

| 第二回 | 万里长征：任何一节课都是从不完美开始的

那么，课到底该怎么上呢？

这就是接下来我所要考虑的最为重要的一个问题。即便是陪练，我也觉得非常的幸运，因此我心中暗暗告诉自己，一定要努力设计和演绎一节最为满意的"体积与容积"。

如何更好地寻求突破？

这是接下来摆在我面前的一个非常现实的问题。既然要有所突破，那就一定要有所思考和创新。

于是，我站在葛敏辉老师对于"体积与容积"一课的研究基础之上，努力思考改进与突破的方向。

● 寻找突破方向：找到当前教学存在的问题

1. 是不是教的基调过重了一些

从以往课堂的教学特点来看，似乎仍旧停留在以"教"为主导的样态，学生都是在教师精心预设下，被动地进行知识的学习。因此，呈现出了"扬教抑学"的课堂生态特点。教师往往考虑更多的是如何"教"的问题，而比较少地去考虑如何更好地促进学生的"学"。因此，对于强调如何教的课，即使再精致，最多只是一节过时的"好课"。

那么，如何能够更好地体现出学生的"学"呢？很重要的一点就是，我们要把握学生对于体积的认知起点。从现实起点来讲，学生不仅从小就知道"孔融让梨"中大梨与小梨的区别，也知道"捡了芝麻丢了西瓜"的寓意所指。为求实证，我们围绕几个核心问题，对五年级的学生展开了前期的调查，获得数据如下：

听说过体积的	能正确地选取生活中的物体举例的	能正确比较两个物体体积大小的	其他
95.6%	91.3%	97.8%	8.7%

从调查数据来看，对于五年级的学生而言，其实已经为本课学习积累了足够多的经验。从某种角度来说，以学生现有的知识与能力基础，已经为本课的学习提供了诸多的选择可能性。因此，如何挖掘和使用这些资源，成为"体积"能否有突破和创新的关键所在。

2. 是不是知识教得过难了一些

体积是什么？它是表示物体所占空间的大小。那么，是不是一定需要通过先认识空间、感知空间、比较空间大小等一系列学习探究活动，才能再来认识体积？

从难易程度来说，空间的理解和体积概念的建立，究竟哪一个更难呢？我们认为，是不是以往更多的是把一件简单的事情搞得越来越难了？

斯苗儿老师就对此提出了自己的观点。她说："这个实验难道学生原来不知道？学生的起点已经很高了，我们干吗还要从头教起呢？学生在什么位置，我们先把这个问题搞明白，或许我们就能明白应该怎么教了。"随后，我查阅了大量资料，发现张奠宙教授在《从体积的定义说起》一文中，也曾直接表达过对于教材体积定义类似的观点。他认为："这样的定义，可能越说越糊涂，把本来简单明白的事情搞复杂了。""（书本体积定义）这句话重要吗？我觉得教学中不必过分重视它，更不必去展开探究。"

对于"体积与容积"一课而言，一般经典的教学都会从"乌鸦喝水"或是排水实验操作入手，首要关注的都是学生对"空间"表象的建立，感知"空间"的存在。虽然实践可行，但在"空间"表象建立之初，还要依赖容器排水（容积）帮助说明体积的问题，不仅有逻辑悖论之嫌，而且也忽视了学生已有生活经验的存在，做法值得商榷和讨论。

3. 是不是教学过于精细了一些

从当前我国的实际情况来看，无论哪一个版本的教材，为帮助学生深化对体积意义的理解，无一例外地都注重了体积或空间的大小比较，以此来强调由于物体所占空间大小不同，因此体积的大小也不同。正是在这样的主流教学认同背景之下，有很多教师对于体积比较的方法给予了更多的关注和挖掘。观察法、排水法、计数法等体积大小比较的方法，也正是在这样的背景之下产生。

但无论是哪一种具体的方法，从某种角度来讲，对于体积大小比较方法刻意地提炼和归纳，反倒降低了学生对体积概念本质的理解和关注度。这些比较判断体积大小的方法，如果不教，学生会不会呢？如果是不教也会的，那么教的意义又在哪里呢？这些问题都值得我们进一步去思考和研究。

因此，基于上述对于体积的研究和思考，我开始着手对"体积与容积"重新进行塑造和改进，力求能构建一节基于以学生为视角的生本课堂。

● 实践磨课改进：同课异构，相互照镜子

有了大致的设想和思考之后，我在袁晓萍老师的指导之下着手准备。于是，选择什么材料，练习如何设计，如何评价与反馈等，一个个非常具体的问题成为我和团队反复研磨和思考的问题。

在经过了第一阶段一个月左右时间的准备之后，时间来到了2015年1月。我带着我的"体积与容积"来到了浙江诸暨。根据斯老师之前的计划和安排，我们要在这里进行第二次的团队磨课交流活动。但和前一次不同的是，这次是我和葛敏辉老师进行同课异构。斯老师希望我们两个相互可以成为对方的镜子，取长补短，以进一步完善"体积与容积"的教学设计。

从本次同课异构的效果来看，虽然我们主题相同，但由于两人教学风格不同，又有各自差异化的落实，因此两节课呈现出了两种不同的课堂效果，但似乎我们又能在对方身上看到自己的影子。

那么，我是在哪些地方做了改进呢？以下是我教学的主要环节。

【教学片断一】任务驱动，统整体积大小比较

师：物品是有体积的。在我们这个场地里，你觉得谁的体积肯定要比谁的大？

生：桌子比书本体积大……

师：老师这里也带来了一些物品，有纸盒、餐巾纸和橡皮泥（下页图）。

师：这些物品有体积吗？哪个物品体积最大？哪一个体积最小？

生：它们都是有体积的。纸盒的体积最大，橡皮泥的体积最小。

师：一目了然，看一下就知道。

师：如果将所有物品按照体积从大到小的顺序排一排，你会排吗？同桌合作讨论一下，排序的时候遇到什么困难了？怎么解决的？

生：我们认为体积大小的顺序是①＞②＞③＞⑤＞④。

师：你们是怎么区分出来的？

生：比如，②和③看着大小差不多，数包数就可以了。一个 27 包，一个是 24 包。

师：只要每包一样，数量多的体积就大。那橡皮泥呢？好像也很难区分。

生：我们可以把它们各自搓成柱状，粗细一样，比长短就可以了。

生：我们也可以把它们压成厚度一样，再来比较面积的大小。面积大，体积也就大。

师：都有道理。尽可能改造成统一的形状，比较起来就方便很多。

师：餐巾纸可以数，橡皮泥可以捏，那要是鸡蛋和橘子比体积，既不能数，也不能捏，怎么办？

生：可以用排水法，测量水面上升的高度。

师：那我们就一起来做一下这个实验，看看是否真的可行。

师生一起操作实验。

【教学片断二】巧借学具，深化体积与容积辨析

师：你们知道什么叫容积吗？在老师刚才带来的物品中，哪些物体有容积？

生：纸盒有容积。

师：餐巾纸有容积吗？

生：没有。

师：你有办法让它变得有容积吗？

生：中间挖掉一包。

师：如果挖掉中间这包，现在容积有多大？

生：一包餐巾纸的体积。

师：那橡皮泥呢？它有容积吗？怎样能够让它变得有容积呢？

生：把橡皮泥捏成一个碗，它就有容积了。

师：老师请位同学来捏一捏，使它变得有容积。

学生操作演示。

师：现在这块橡皮泥有容积了吗？为什么？

生：它有容积了，因为它里边有空间了。

师：到底什么是容积？你觉得容积和体积有什么不同？同桌交流讨论。

生：容器所能容纳物体空间的大小叫做容积。

生：好像所有物体都是有体积的，但未必所有物体都是有容积的。

师：容积是用来装物体的空间，体积是物体占了空间的大小。它们都是和空间的大小有关系。

师：这个纸盒，如果我们在里边不断加厚它的壁，什么会变？什么不会变？

生：体积不变，容积会变小。

师：想象一下，如果一直这么加厚下去，体积和容积会怎样？

生：体积仍旧不变，容积会变得越来越小，甚至可能为零。

师：如果在这个纸盒的外部，给它的壁加厚呢？什么会变？

生：体积会变大，容积不会变。

师：对于容积和体积，你还有什么发现和体会？

生：有可能体积很大，但容积很小；也可能是体积很大，但容积也很大。

生：物体的体积总要比它的容积大。

显然，我所执教的"体积与容积"已经与葛敏辉老师的"体积与容积"有了较大的不同。尤其在比较物体体积大小时，我采用任务驱动的方式，要求学生将所有的物体按照体积大小排列起来。这样设计的好处就在于，使得整个体积大小比较整合成为一个整体，驱动性和自主性也会更强。同时，运用叠套纸盒的方式来说明体积与容积的变化关系，学具朴素但却十分形象。当然，要是没有葛老师前一次的研究基础，所有的这些创新和改进其实也很难做到。

但从问题来说,通过试教我发现,学生对于某一个具体物体的体积认知竟然还存在着明显的分歧。具体地说,对于一个纸盒的体积,学生还存在两种不同的主张。一方认为,所谓纸盒的体积,就是不论它是否有盖子,连同材料及内部空间都是纸盒体积。另一方则认为,纸盒的体积要分盒子是打开着还是关闭着,两者指向的体积应该是不一样的。这说明,对于物体体积的描述我们应予以重视,不然容易出现知识性的错误。

之所以会有认知冲突,实际上是我们将两个体积概念混淆在一起。一种是纯粹纸盒的体积,一种是纸盒材料的体积。前者无关盒子是开着还是关着,材料和内部空间都应该算作盒子体积的一部分;后者具体是指材料所占的空间有关,尤其当盒子打开,那它所指向的空间就是材料所占的空间大小。因此,这次磨课让我们对于概念有了更加清晰的认识。

对我来说,这次磨课还有另外一个重要的意义:可能斯苗儿老师看到了我在课堂当中所表现出来的某种塑造潜力,最终选定我作为下半年参加全国赛课的正式选手。

由此,我也正式从一名"陪练"转正成为国赛的正式选手。

多年以后,我在一次和斯苗儿老师的私下交流中,才终于明白了她的育人与用人之道。她说:"你 2011 年就获得浙江省优质课一等奖,我为什么没有马上让你代表浙江省去参加全国赛课呢? 我认为,那个时候你即便已经获得了浙江省优质课比赛的一等奖第一名,但那还不能代表你实际真实的水平。你只有经过一段更长时间的实践与沉淀,才有可能更加深刻地感悟到课堂教学的真谛。因此,你是我在'池子'里又放养了四年,才让你代表浙江去参加全国赛课。"

| 第三回 | 修炼内心：在各种实战环境下练心态

孟子曰："天降大任于斯人也，必先苦其心志，劳其筋骨，饿其体肤。"作为赛课选手，要想在赛课活动中有较好的表现，必须要克服对比赛现场的恐惧心理。尤其是全国小学数学的现场赛，对于参赛选手的心理素质和临场应变能力都提出了非常高的要求。为了提前适应这样的比赛环境和氛围，2015 年上半年，我在斯苗儿老师和袁晓萍老师的带领下，走南闯北，上山下乡，通过教学实践积累经验，磨炼内功。

● 福建交流，让我提前感受大型比赛现场环境

2015 年 6 月，我们来到福建泉州，参加"第三届闽浙小学数学教学交流研讨会"，并第一次在一个陌生的舞台（现场大约 600 余人）展示"体积与容积"一课的教学。我知道，这次是斯老师刻意安排的，不仅是要帮助我完善"体积与容积"的设计，还有一个目的就是训练我在大型赛场的心理，这大概就是所谓的"苦心志、劳筋骨、饿体肤"吧！

斯老师说："如果在这样的场面能够稳定地发挥，那么参加全国比赛 3000多人的大场面，你大概也能够驾驭了。"

事实证明，这样的历练的确是非常有效的。因为后来在全国赛课的现场，虽然听课人数众多，但并没有让我感觉到现场的压迫感。我想，可能就和此次福建泉州之行有着非常大的关系。

当然，此次福建练课，不仅让我积累了实战经验，更为重要的是，我非常荣幸地得到了福建省小学数学教研员彭晓玫老师的指导。

彭晓玫老师在听了我执教的"体积与容积"以后，给予了较高的评价。她认

为,各板块的活动设置和目标定位是非常清晰的,想法也很大胆,与以往学习体积与容积有了很大的不同。她同时指出,虽然学习材料从规则的到不规则的,形态从可变化的到不可变化的,都蕴含着非常丰富的方法与深度的思考,但是教学时呈现出来的层次感却不是十分明显,这说明活动的展开还要尽可能再充分一些。

斯苗儿老师认为,要实现"以生为本"的教学理念,就要促使我们常常去思考学生的位置,他们的思维水平在什么层面。我们尤其不能把一个原本简单的问题变换花样上得太复杂。有些物体的体积大小一目了然,我们是否要刻意花大力气去研究。我们要充分相信学生,要让学生尽可能多说,老师关键时候还要能忍住,不能过于着急和强势。

袁晓萍老师认为,通过书本阅读材料的学习,做法虽然简单,但对于概念教学来讲却是一种大胆的创新,不拖泥带水,值得肯定。在后续学习中,是否仍旧可以沿袭这种风格? 有些功能重复性的问题和材料是否可以进行整合? 比如,挖餐巾纸和捏橡皮泥,都是在把原先没有容积的物体变成有容积的物体,在功能定位上有些重复。一方面,体积概念教学的过程中,还是需要一定的笔头作业,以进一步丰富概念教学的形式。另一方面,橡皮泥材料的使用虽然用意非常好,除了比较体积的大小之外,还可以改造成容器,学生对于这样的操作活动也非常喜欢,但是由于橡皮泥在揉捏的过程当中始终会存在一定的缝隙(空间),因此在描述这个材料的体积或容积时容易产生歧义。

因此,福建的这次磨课体验,实际上是具有非常重要的意义。不仅让我提前感受了大型比赛的现场感,更为重要的是,这次异地磨课使得我在设计框架基本确定的前提下,将更多的精力放在了教学细节的处理和改进上。我也结合各方专家的意见和建议,再次对"体积和容积"进行了完善和调整,力求做到环节设计上大气开放,细节之处又能细腻到位。

● 山顶送教,感悟"生本课堂"的教育真谛

2015 年 9 月,全国赛课前一月,斯苗儿老师带着我来到浙江台州石梁小学送教。

这所学校位于台州石梁山顶之上,学生都非常淳朴。原本以为,这只是一次非常普通的送教下乡活动,但教学实践下来,发现了不少问题。

首先是关于"生本课堂"的理解。正是这次石梁之行，似乎有所顿悟让我对"以生为本"的真谛有所顿悟。这得益于斯老师对我的点拨。

"检验某个教学环节设计得好不好，我就看学生的神情：是积极的、喜悦的，还是沉闷的？"

为什么她会这么说？因为当时教学时，她看到学生在某一个环节时突然变得沉默和情绪低落起来。这就说明，这样的教学设计或者提问一定是有问题的，我们要进行反思和改进。

其次是关于教学语言的应用问题。

"老师不能高高在上，皇恩浩荡，我们心中要始终装着学生。"

斯老师之所以会提出这个意见，那是因为我在课堂上一句无意间说的话，让她感到似乎我没有完全转变观念。在邀请某个举手的学生回答问题时，我说："下面，我允许你来讲。"也就是这"允许"二字，暴露出我在思想上的问题——老师仍旧是高高在上，师生地位并不平等。

从整个磨课过程来看，"体积与容积"也在斯老师的引领下，在浙江小数团队的帮助下，经历了从确立课堂结构框架，到课堂教学环节和学具材料的优化，以及组织用语的雕琢，等等，终于越来越接近我们心目当中最理想的样子。

| 第四回 | 百家争鸣：黄山论剑，展示最好的自己

黄山论剑，即将正式鸣锣开赛。

根据中国教育学会小学数学教学专业委员会的安排，2015年10月26日至30日在安徽省黄山市屯溪区召开"全国第十二届小学数学教学改革观摩交流展示培训活动"。全国有31个行政区共32节（东道主可以多一个名额）参赛课齐聚黄山，这绝对是一次小学数学教育界的盛会。

作为当年浙江省小学数学唯一的参赛教师，我在斯苗儿老师和时任浙江省杭州市学军小学校长（现任杭州市西湖区教育局党委书记、局长）汪培新的带领下，终于来到安徽省黄山市，参加这项全国小数届的顶级赛事。

● 比赛抽签，让"体积与容积"提前受到关注

报到当晚，大赛组委会就召集我们所有的参赛选手和领队召开会议。吴正宪老师、马云鹏老师、张丹老师作为组委会的主要负责人，在介绍了各省、自治区、直辖市的参赛选手之后，还按照省份进行了分组，分为A、B组。浙江省被分在了B组，赛课场地是黄山体育馆，传说中的三千人主会场就设在了那里，而与我分在同一组的还有来自江苏、江西、湖南、天津等地的16位参赛老师。

为了让比赛更有序、更公平，选手的上课时间也是自己抽签决定的。我记得，我当时抽到的上课时间是第一天（2015年10月28日）上午的第三节。巧合的是，江苏省的参赛选手杜老师，不仅和我所报的课题"体积与容积"相同，而且抽到的上课时间也是在这一天的上午。而且，我俩的课还是连着的，杜老师第二节，我第三节。这就意味着在如此重要的全国顶级赛课现场，将有两位优秀教师要进行一场同课异构教学的比赛。

显然，对于听课老师来讲，这样的抽签结果无疑是最好的福利，两节课摆在一起比较和欣赏，不仅可以看出各自不同的教学设计理念，而且可以看出两个团队各自解读教材的能力和水平。但对于上课教师来讲，无疑比赛压力就会更大，因为大家越是关注，就会对参赛教师的课堂展示越抱期待。

● 临阵改课，向着理想数学课堂不断改进

斯苗儿老师是我这节课的主要指导老师，为了更好地帮助我展示"体积与容积"这节课，斯老师要求我尽可能在课前做好充分的预设，不能放过对任何一个细节的思考和准备。为此，哪怕到了全国赛课正式比赛的前一天晚上，她还建议我要调整教案，对内容环节进行删减。

这一次赛前的临阵改课，主要聚焦在以下两个方面：

一是四十分钟的内容设计太满了，起码要砍掉三分钟，因为在赛课现场，学生相互间传递话筒回答问题也是需要时间的。

二是无论什么课，都要尽可能避免产生歧义的环节和内容，优质课比赛尤其要注意这一点。

那么，砍什么呢？第二天要进行正式大赛，对于我来讲，临时调整教案无疑是非常巨大的挑战，我内心是非常不愿意在此时去调整教案的。之前的教案我已经非常熟悉了，可以说已经不用刻意去思考和记忆，每一处的提问、每一处的预设与生成可能，可谓了然于胸。如果此时再调整和删减，比赛时出现意外的风险就会增加。但为了尽可能呈现我们期待的理想状态，最终还是决定忍痛割爱，将改造长方体成为容器的环节删掉。因为这个活动虽然具有一定的开放性，但有可能会对容器和容积概念的理解产生歧义。但我迅速告诫自己，必须立即稳定自己紧张的情绪，尤其大赛在即，不能患得患失，自乱阵脚，我必须把所有的注意力放到课上。

● 相信自己，我并不是一个人在战斗

当然，斯老师的厉害之处绝不在于出奇招，更在于她能细心地观察到这样的改动可能给我带来的心理压力。赛前，斯老师宽慰我："王丽兵，只要你放开上，别管成绩，正常水平发挥，前十名的成绩我们都是可以接受的。"也正是斯老师的这句话，让我非常感动，也让我信心大增，突然有了一种能把黄山体育馆当

成自己主场的气势。因为我相信自己拿前十绝对是没有问题的,毕竟在此之前,我也是经过省、市、区的各级比赛一场一场历练过来的。即便是如今全国的顶级比赛,即便高手云集,即便现场有 3000 多位听课老师,我的内心是笃定的,信心是满满的。

我专业发展的经验之一,就是做任何事情之前要对自己有信心,要坚信自己一定能够做好。当然,前提是我们要有充分的准备。

除此以外,同伴的帮助和陪伴也是非常重要的。当时,为了让我在比赛过程中有出色和稳定的发挥,汪培新校长特意放下手头所有的工作,在黄山全程陪了我三天时间,在精神上给予了我极大的支持。同事陈映老师帮助我统计完成了所有的学生调查数据。还有一大批从浙江赶来的老师,他们也用自己的方式默默支持着我。从内心来讲,我切实感受到了我不是一个人在战斗,而是有一群人陪着我一起战斗。

● 享受比赛,相互成就,奉献经典一课

2015 年 10 月 28 日,正式比赛日来了。

印象里,这一天天气不错,秋高气爽。第一场的主持人是著名特级教师华应龙。

当天我印象非常深刻。第一位老师上完课以后,第二节重量级的课就是江苏杜老师的"体积与容积"。近几届赛课江苏的参赛老师一直是该项比赛的第一名,从这个角度来讲,杜老师是代表江苏前来卫冕的。

确实,杜老师的课逐层深入,环环相扣,精致细腻,就连所使用的材料学具看得出也都是精心准备的。课从体验空间引入,以装有橡皮的杯子是否还可以加入水为问题引入,引出空间这个概念,进而引导学生找生活中的空间,指一指、摸一摸,再通过想象感知生活中空间的存在。在此基础上,再来揭示体积概念。通过材料的选择和比较,引导学生感受体积的大小与质量、形状无关。再引导学生进行体积大小比较方法的比较,在一组一组材料的比较中揭示出不同的比较方法。最后认识容器和容积。

毫无疑问,这是一节高质量且非常成功的数学课。杜老师上完以后,会场热烈的掌声也说明了这一点。

看到如此情景,我也由衷地为杜老师喝彩。

也许有读者会问，看到其他参赛选手课上得那么精彩，你不紧张吗？

说实话，我来不及紧张。不是因为下一个即将上台展示的就是我，而是我将注意力放在了如何让自己兴奋上。从实践效果来看，适度的兴奋的确能够令人有更加出色的表现。

于是，在所有听课老师余兴未了之时，我走上了讲台……

在整个教学演绎过程中，黄山实验小学五年级的孩子展现出了非常高的学习状态和水平。师生不仅配合默契，而且开放大气的教学设计将"生本课堂"的教育理念完全地展现了出来。

当然，从最终的比赛成绩来看，两节"体积与容积"其实上得都非常成功，赢得了评委们的认可。最终两节不同的"体积与容积"分获黄山体育馆主赛场的第一名和第三名。事后有位北京的听课老师评价："没想到黄山比赛第一天，浙江的课和江苏的课就把赛场氛围给燃爆了，太有看头了。"

| 第五回 | 做回自己：心怀感恩继续前行

当然，我深深知道，这份无上荣耀不只是属于我个人的，它同时属于我们整个优秀的浙江小数团队。我在整个磨课和准备的过程中，得到了很多省内外专家的指导和帮助，才使得"体积与容积"朝着"生本课堂"越走越近。

我也深深知道，一节课的成功也仅仅代表一节课而已，并不代表你全部的、真实的专业水平。因此，如何从这节课当中充分吸取营养，并以此为锚点，促进自己专业整体的提升，这才是接下来我们每一位参赛老师所要思考的重点。

我更深深知道，要由衷地感谢小数专业委员会四十年来为探索中国小学数学教育改革所做的不懈努力，令无数像我这样的一线教师有机会登上全国小数界的顶级舞台，去追求和实现教师专业成长的梦想。

赛课以后的这几年里，我继续潜心研究教学，出版了一本 37 万字的个人专著《换个角度，学不一样的数学》，发表文章十余篇，2021 年应邀在第十四届国际教育大会上进行教学实践案例分享。先后获评浙江省教坛新秀，浙江省特级教师等荣誉称号。我知道，所有的这些成绩和荣誉的取得，其实和 2015 年的这次全国赛课有着千丝万缕的联系。

感谢所有的遇见！感恩成长路上遇到的每一个贵人！唯有继续努力，尽我所能地帮助更多年轻教师一起成长，让这份感恩继续不断地延续。

｜附｜"体积与容积"教学实录

以生为本　循"序"而教

——"体积与容积"教学实践与反思

【教学内容】

北师大版《数学》五年级下册第 36～37 页。

【教学目标】

1. 借助已有生活经验和资料的学习，理解体积和容积的含义，能准确地描述和比较物体的体积。

2. 通过猜想、阅读、操作、比较、观察、实验等方式，充分体验、感受体积与容积的意义和区别，进一步理解体积的意义。

3. 在解决问题的过程中，初步渗透体积单位概念，发展空间观念。

【教学重点】

理解体积的意义，并能正确地描述、比较物体的体积。

【教学难点】

能够区分体积与容积的不同。

【教学准备】

纸盒、餐巾纸、土豆、鸡蛋、实验烧杯等。

【教学过程】

● **了解起点，初步建立体积表象**

师：同学们，今天我们一起来学习"体积"。大家知道哪里有体积？能举例说一说吗？

生：船有体积。

生:纸盒有体积。

生:石头有体积。

生:立方体、长方体都有体积。

……

师小结:我们认为很多的"物体"都是有体积的。(板书:物体)

师:我们说得对吗?

生:对。

师:那什么是体积? 能试着用一句话把它说清楚吗?

生:体积是面积。

生:立体的物体都有体积。

生:物体占空间了就有体积。

……

【设计意图】通过"说一说哪里有体积""什么是体积"等问题,激活学生已有的生活经验,为课堂学习生成鲜活的学习素材和资源。通过学生的举例和对话,把握学生的学习起点,了解他们对"体积"认识的现实基础。

● **看书学习,完善对体积意义的理解**

师:到底什么是体积? 我们好像并不能完全说清楚,让我们阅读教材,看看书上是怎么介绍体积的。

学生阅读教材内容。

师:什么是体积?

生:物体所占空间的大小,叫作物体的体积。(师板书)

师:这句话大家理解吗?

生:理解。

师:那谁来说说船为什么有体积?

生:因为船是占了空间大小的,所以船是有体积的。

师:真好! 马上能把新学到的知识运用起来! 那纸盒为什么有体积?

生:纸盒占了空间,纸盒占空间的大小,就是这个纸盒的体积。

师:石头的体积呢?

生:石头占了空间的大小,就叫做这块石头的体积。

师小结:刚才我们通过举例和阅读知道了什么是体积,而且现在我们都能够介绍物体的体积了。 了不起!

【设计意图】对教材的阅读,不仅有助于学生理解和规范体积的意义,同时动静结合的课堂学习方式,又给学生提供了充分思考与修正的学习空间。通过对生活经验和课本知识的比较,形成认知差,从而凸显出体积"所占空间大小"的核心本质。同时,通过举例介绍物体的体积,既实现了对学生原有认知经验的回顾和检验,同时也实现了学生对体积意义理解的内化。

● 注重比较,探寻体积比较方法

师:在这些物体(船、纸盒、石头)中,谁的体积大一些?

生:船的体积大一些,因为它占的空间最大。

师:谁的体积小一些呢?

生:石头的体积小一些,因为它占的空间最小。

生:我不同意! 石头的体积也可能比纸盒的体积大。

师:为什么呀?

生:因为石头有大石头和小石头,大石头占的空间大一些,小石头占的空间就小一些,所以石头的体积也可能比纸盒的体积大。

师:的确,物体不同,所占空间的大小也就不同,所以物体的体积也是有大小的。那咱们同学有体积吗?

生:我们也占了空间的大小,所以我们也都是有体积的。

师:老师呢? 有体积吗?

生:老师也是有体积的,因为您也是占了空间的大小。

师:咱们相比,谁的体积大,谁的体积小?

生:老师的体积大,我们的体积小,因为老师占的空间比我们大。

师:像这样,体积大小不同的两个物体,你还能举例说出几个吗? 同桌两人先交流一下。

生:课桌的体积要比这个铅笔盒的体积大。

生:书本的体积要比橡皮的体积大。

……

师小结:生活中很多的物体我们一眼就能判断它们的体积大小。

【设计意图】通过对生活中不同物体体积大小的比较,进一步感知体积的含义,使学生对于"空间的大小"有一个更加具体的表象。选择生活中比较常见的物品比较体积大小,也让学生体会到"有些物体的体积能直接判断出大小"。

师:显然,对于咱们这么优秀的班级,比较这样的物体的体积,挑战性够吗?

生:不够,增加点难度。

生:比一些体积比较接近的、不太好比的物体。

师:为了满足大家的愿望,老师专门带了一些物品。(下图)

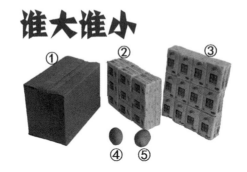

师:这些物体都有体积吗? 为什么?

生:有,因为它们都占了空间的大小。

师:一眼看过来,哪个体积最大?

生:①号纸盒。

师:哪个体积最小?

生:④号鸡蛋最小,因为它占的空间最小。

生:我觉得应该是⑤号土豆体积最小。

师:不管④号还是⑤号,反正大家认为体积最小的就在它们两个中间。那么,体积第二大和第三大的物体在哪里?

生众:②号和③号。

师:有什么方法能够准确地比较这些物体的体积大小,再把它们按照从大到小的顺序排列起来? 同桌讨论一下。

生:我们觉得②号比③号的体积大。因为每包餐巾纸的大小是一样的,②号有 27 包,③号有 24 包,所以②号的体积比③号大。

师:27包和24包是怎么数出来的?

生:②号是 $3×3×3=27$ 包,③号是 $2×4×3=24$ 包。

师:用数据来说话,体积大小已经毋庸置疑了。

【设计意图】②号和③号是用同样规格的餐巾纸组合而成的,由于体积大小比较接近,因此很难一眼判断出它们的大小。这就需要学生数纸巾的包数来比较体积的大小,为后续学习体积单位和体积大小计算作铺垫。

师:鸡蛋和土豆这两个不规则的物体,究竟谁的体积大一些?

生:我感觉鸡蛋的体积大。

生:我感觉土豆的体积大。

师:两位同学都在谈感觉,有什么方法能够准确地比较出体积的大小?

生:准备两个杯子,放一样多的水,然后把鸡蛋和土豆分别放进去,看哪个水面上升得高,哪个体积就大。

学生表示认同。

师:你是从哪里知道这个实验的?

生:我们三年级的时候在科学课上做过这样的实验。

师:请你当老师的小助手,一起来完成这个实验。

师生利用烧杯、水、鸡蛋、土豆,操作演示排水实验。

师:看明白了吗?

生:看明白了。

师:看明白什么了? 水面上升是因为水变多了吗?

生:是因为土豆和鸡蛋占了空间,水被挤到上面去了。

师:实验的结果是——

生:土豆的体积比鸡蛋的体积大。

师:看来,其他学科的知识也能够帮助我们解决数学问题。

【设计意图】在“按照体积大小排序”的任务驱动下,学生自主选择不同的物体进行体积的大小比较,既有一眼能判断出体积最大的①号纸盒,又有体积比较接近的②号和③号物体,还有不规则的④号和⑤号物体。看似简单的体积大小比较,实质蕴含了三个层次的比较方法:①号物体通过直接观察得到体积最大;②号和③号物体需要计数比较大小,凸显体积大小与单位体积的关系;④号和⑤号的体积大小比较,代表不规则物体的体积比较,蕴含着体积等量转化的思想。

● **应用拓展,巩固体积意义理解**

学生独立练习,完成后集体反馈。

比一比：各用10枚硬币分别垒成下面的形状，哪一个体积大？为什么？

1元硬币　　　　1角硬币　　　　1元硬币
A　　　　　　　B　　　　　　　C

师:有同学认为 C 的体积最大,也有同学认为 A 和 C 一样大。哪个对?

生:我认为 C 大,因为 C 的硬币一枚一枚错开了,每枚硬币的面都能看到。

生:我认为 A、C 一样大。因为它们的数量都是 10 枚硬币,既没有增加,也没有减少。

师:难道 C 增加的不是体积吗?

生:C 堆增加的只是表面积,面积不是体积,没有增加空间的大小。

学生表示认可。

师:B 不是也有 10 枚硬币吗? 怎么感觉没它什么事情呢。

生:虽然数量也是 10 枚,但 1 角的硬币比 1 元的硬币体积小,所以 B 就算是 10 枚,它的体积也是比不过 A 和 C 的。

想一想：下面三个水果，哪一个占的空间大？把它们放在同样大的杯中，再倒满水，哪个杯里的水占的空间大？

(1)　(2)　(3)　　　(1)　　(2)　　(3)

生:③号水果占的空间大,①号杯里的水占的空间大。

师:③号水果占的空间大,也就是——

生:它的体积最大。

师:明明三个杯子里的水一样满,为什么说①号杯子里水占的空间最大呢?

生:因为杯子总的容量一样,水果体积小了,水占的空间就大了;水果体积大了,水占的空间就小了。

生:杯子容量大小一样,水的体积多少正好和水果的体积大小相反。

师小结:无论哪种情况,我们都能根据不同物品的特征选择不同的方法比较体积。

【设计意图】通过"比一比"和"想一想",使学生进一步明白:在数量、大小一样的情况下,物体的形状有可能改变,但物体实际所占空间的大小没有发生变化;在相同容器中,物体占的空间越大,剩余的空间越小,物体占的空间越小,剩余空间越大。学生对于体积意义的理解愈加丰富和饱满,也进一步巩固了多元的体积比较方法。

● 注重联系,沟通体积与容积

师:如果把整个空的容器(烧杯)里装满水,这部分水的体积代表了什么?

生:容器的容积。

师:什么是容积?

生:容器所能容纳物体的体积,叫做容器的容积。(师板书)

师:我们研究过的这些物体中,哪些是有容积的?

生:①号纸盒。

生:烧杯。

师:土豆和鸡蛋呢?

生:没有容积,因为它们不是容器。

师:大家看①号纸盒,从外面看,看到它的——

生:体积。

师:容积是在哪里呢?

生:要往里面看。

师:如果把这个纸盒壁一直不断加厚,想象一下,什么变了? 什么没有变?

生:容积变得越来越小了,体积没有发生变化,外表看还是那个纸盒。

师:如果把这个纸盒的外壁不断加厚,又会有什么不同?

生:容积大小不变,体积在不断增大。

师:容积和体积到底有什么区别和联系? 四人小组交流一下。

生:有些物体有容积,有些物体没有容积,但所有物体都是有体积的。

生:我不同意。我认为纸也是物体,但它既没有体积,也没有容积。

师:好像很有道理,难道我们的发现有问题?

生:我不同意。一张纸由于比较薄,我们感觉不出它所占的空间,但如果一叠纸放在一起的话,不就能看出它们占的空间了吗?

师:感谢解答的同学,更要感谢提问的同学,给了我们一个这么好的讨论话题。

生:物体所占空间的大小叫体积,容器所能容纳物体的体积叫容积,我觉得容积是特殊的体积,它们实际上一样的,都是指"所占的空间"。

生:体积是从物体外面观察的,容积必须从容器的里面观察。

……

师小结:今天我们一起研究物体的体积和容积,围绕①号纸盒讨论了很多有关于体积的知识。要想知道这个纸盒到底有多大,我们将在下一节课专门来学习。

【设计意图】通过对容积的讨论和思考,进一步帮助学生深化对容积概念的理解。从本质上来说,作为体积的下位概念,容积相对于体积有其特殊的地方,即有些物体既有体积又有容积,但有些物体只有体积没有容积。通过操作和观察,学生逐渐感悟到体积必须从物体外部观察,容积则需要从物体里面进行观察。

【课后反思】

"体积和容积"一课是在学生认识了长方体和正方体的特点,以及长方体和正方体的表面积的基础上进行的,这一内容是进一步学习体积的计算方法等知识的基础,也是发展学生空间观念的重要载体。基于此,如何激活学生已有经验,凸显儿童主体地位,挖掘概念本质,增强儿童对于学习过程的经历和体验,深化对体积和容积概念意义的理解,一直是我们思考的重点。具体地说,我们从以下几个方面对"体积和容积"做了一些尝试和改进。

● 起点把握:从"忽略"到"关注"

众所周知,"乌鸦喝水""阿基米德测皇冠"等故事经常被作为"体积和容积"教学的引入,让学生在排水实验中体会"空间"的大小。这样的引入看似有趣,然而,"空间"和"体积"对于学生而言,哪一个更难? 这成为我们思考的一个主要问题。为了能较为准确地把握学生对体积认知的起点,笔者围绕"什么是体积? 你能举例说一说你对体积的认识吗",对学校五年级学生进行了问卷调查,获得数据如下:

听说过体积的	能正确地选取生活中的物体举例的	能正确比较两个物体体积大小的	其他
95.6%	91.3%	97.8%	8.7%

显然,对于小学五年级的学生而言,已经在前期的生活和学习中积累了丰富的生活经验,无论是对体积意义的认识和举例,还是物体体积大小的比较,都为本节课的学习提供了丰富的知识和能力储备,关键在于我们是选择"忽略",还是"关注"。

当然,不一样的选择意味着课堂会出现不一样的发展可能。因此,笔者以儿童生活经验为切入口,开门见山,直接揭题,让学生表达对于"体积"的了解,其中既包括正确的认识,也包括错误的理解。在学生急需了解"体积"意义时,让学生通过静悄悄地阅读材料寻找答案,从而帮助学生对原有认知进行修正和重构,逐步实现体积概念的同化和学习方式的转变。

● 素材选择:从"单一"到"多元"

数学学习素材是教与学的媒介,是教师组织教学,达成预设目标的重要载体。本课的教学中,着力选取学生身边的物品来理解体积的意义,使之符合学生的"数学现实"。在"比较物体体积大小"时,让学生经历直接比较大小→计数比较大小→改变形状(形态)比较大小,注重素材的典型性和结构性,使学生对于体积的理解更加全面和立体。

例如,笔者以纸盒、餐巾纸、土豆和鸡蛋为教学素材,作为支撑"什么是体积""比较体积的大小""体积和容积有什么不同"三个核心问题的交流载体。从判断这些物体是否具有体积开始,到这些物体谁的体积最大、谁的体积最小,再到推理联想纸盒壁不断往里加厚或向外增厚所带来的变与不变的思考,成功地实现了学习素材的多次应用,推进学生思考的不断深入。教学中,以"把这些物体根据体积的大小从大到小排列"为任务,促使学生根据物体特征思考用不同的方法比较物体的体积大小,其间既有直觉思维的体积大小比较,也隐含计数比较的方法,还隐含用排水实验比较不规则物体的体积大小。因此,看似"简单"的学习素材,实质上笔者赋予了其非常多元的意义内涵。

● 过程展开:从"表面"到"深刻"

本课通过"什么是体积""怎样比较物体的体积""体积与容积有什么区别与联系"等一系列问题串起整堂课,以系列的数学活动体验帮助学生实现对体积和容积意义的建构。

尤其在学习容积时,以"什么是容积""哪些物体有容积""容积和体积有什么区别与联系"为线索,借助问题思考、物体观察、空间想象、类比推理等形式,帮助学生感知"有些物体是有体积没有容积的,有些物体是既有体积也有容积的""容积是特殊的体积""体积需要从外面观察,容积需要从里面观察",逐步实现认识由"表面"走向"深刻"。

当然,对于课堂教学而言,精彩永远都是在预设之外的。因此,没有学生精彩的生成,思维也很难走向深刻。令人欣慰的是,学生能够就观察到的表面现象,不断提出自己的质疑和发现,"纸是没有体积和容积的""体积永远没有容积大""鸡蛋浮上来怎么办",一个个问题、一次次发现,使得每一个思维的节点得到聚焦和放大,从而使思考变得深刻。

总体来看,我们在追寻:如何以生为本,让概念学习成为一种自然的、主动的过程? 我们以为,需要简化教学环节设计,循着学生思维发展的"序"推进进程。用浙江省小学数学教研员斯苗儿老师的话说:"虽然这样的课有可能上好,也有可能上砸,但只要方向正确,对学生有益的就值得尝试,我们宁要枝节横生的活力课堂,不要四平八稳的教师表演。我们坚信:给学生一点空间,学生将会给你撑起整个天空。"

心之所向 行之所往

吴冬冬

全国第十一届深化小学数学教学改革观摩交流会（华中师大体育馆会场）一等奖第一名获得者。

在我曾工作过的江苏省南通市三里墩小学校，有一处校园小景很是特别，在一面高达近20米的开阔墙壁上，错落有致地分布着二十多只红、黄、绿三色蚂蚁。整组雕塑色彩绚丽、造型别致、尺幅宏大，用现在的流行话语称之为"网红墙"也不为过。看到这组雕塑，有人联想到了《上天的蚂蚁》一文的寓意，有人联想到了童心童趣，有人想到了团结勇敢……而我，则从这组雕塑中看到了自己成长的身影。

回想起来，无论是求学时还是工作后，我从来都不是有天赋的那个，每每起步时，我总是处于"蚁群"的最底端，但我不甘落后、心向高远，朝向做优秀的学生、优秀的教师、优秀的校长这一个个目标，如蚂蚁般勇敢、坚强、进取，积攒着点滴进步赋予我的能量向上攀登。这其中，代表江苏省参加全国第十一届深化小学数学教学改革观摩交流会无疑是我攀登之路上的一段重要经历。

吴冬冬

　　高级教师,江苏省南通市学科带头人,南通市 226 人才第三层次培养对象,南通市领航校长培养对象,崇川区十佳园丁。2008 年获全国第二届中小学主题班会课大赛现场课评比一等奖,2011 年获江苏省小学数学优课评比一等奖。先后主持参与省、市级课题 8 项,获奖和发表教学论文及案例 30 余篇。现任南通市崇川区政府教育督导室专职副主任。

| 第一回 | 课前慎思：领异标新二月花

2011 年 3 月，我报名参加了江苏省南通市崇川区"雏燕杯"青年教师教学比赛。起初，在商定选题时，共拟了 3 个课题，分别是"复式统计表""解决问题的策略——转化""长方体和正方体的认识"。3 个课题中，我首先否定的是"长方体和正方体的认识"，因为 2010 年代表我校参加南通市青年教师优课评比的高段选手选择的就是这个课题，但最终未能晋级省赛。既然去年团队已经打磨过，今年再想超越把握不大。然而，在反复考虑后，我还是选定了"长方体和正方体的认识"。

我觉得，从学科内容上考量，相对于"复式统计表"来说，"长方体和正方体的认识"包含的知识点更为丰富，教学设计时可深度挖掘的空间更大，教学的组织形式也可以更加多元；相对于"解决问题的策略——转化"来说，"长方体和正方体的认识"受学生前期知识经验基础的限制相对较小，在选择教学年段时更自由些。而选择了这个课题，沿袭照搬原有的设计只能重复昨天的故事，我必须另辟蹊径，探索出一条新路来。

● 思考 1：特征教学如何探索出一条新路

认识长方体和正方体的特征是本节课的主体内容，如何组织这部分内容的教学是首要思考的问题。广泛收集资料后，我发现特征教学的思路主要有三种。第一种，先从实物入手，通过量一量、比一比等方式认识面的特征；接着借助长方体框架，通过量或推理等方式认识棱的特征；最后认识顶点的特征。第二种，结合准备的长方体、正方体自主探索，然后汇报交流面、棱、顶点的特征，形成共识。第三种，结合用物体切、用长方形纸围、用小棒搭等动手操作，在汇报交流中逐步构建,不断完善对长方体特征的认识。其中,第一种方式是按照面、棱、顶点的顺序逐个展开的,后面两种方式面、棱、顶点的特征是同步进行的。

我思考,空间建构是由点到线,由线到面,由面到体的。面和棱的特征是教学的重点和难点,为何一定是先研究面后研究棱,而不先研究棱后研究面呢?

我思考,认识长方体"面"与"顶点"的特征对高年级学生来说并不困难,因为这两者在长方体中相对于棱而言属于强刺激,而且学生在第一学段中已经初步接触。长方体特征的认知难点在于认识棱的特征,因为如果让学生根据现成的长方体物体总结棱的特征,有相当一部分学生是存在困难的。创设怎样的情境有利于学生探究棱的特征? 发现面的特征除了以直观观察为基础,还可以以怎样的方式去发现,更有利于学生思维的发展呢?

受到以上思考的触动,我尝试着突破面、棱、顶点特征同时展开的传统设计,引导学生先发现棱的特征,然后由棱及面,发现面的特征,最后独立探索正方体的特征。在认识长方体棱的特征时,创设"小小建筑师"的情境,让学生选择合适的小棒去搭建长方体框架,做中观察、做中探索、做中发现。在面的特征的处理上,有了对棱认识的基础,引导学生展开观察、想象、推理,根据长、宽、高想象长方体的面,继而观察这 6 个面,理性地思考总结长方体面的特征。有了对长方体研究的经验基础,正方体的特征放手让学生自主探究,从中领悟研究立体图形的一般方法。这样的设计,体现了由"线—面—体"螺旋上升的认知进阶,有助于学生建构对长方体、正方体的整体认知,更有利于促进数学思考、增进空间观念。

● 思考 2:发展空间观念如何从"附属目标"转向"核心目标"

相对于几何知识的习得而言,空间观念的发展意义更为重大。长方体和正方体的认识,是学生由研究平面图形扩展到研究立体图形,空间观念由二维向三维发展的转折阶段,这是学生发展空间观念的一次飞跃。引导学生由原有的面的认识过渡到体的认识,发展空间观念,培养空间想象能力是教学的关键。而在传统的长方体、正方体教学中,更多时候还是把发展空间观念、培养空间想象能力当成了"附属目标",把"掌握长方体、正方体的特征"作为教学的主要任务。

我思考：如何把培养空间观念和发展数学思考由"附属目标"转变成"核心目标"呢？如何实现"习得基础知识"和"发展空间观念"的充分交融呢？学生究竟应该怎样学，才能使空间观念建立得更好呢？

空间观念是以现实生活为源泉，在几何知识的积累过程中建立起来的。教学中，应当根据"建立感知—形成表象—发展思维"的认知规律，采用多种教学手段和方法，引导学生运用多种感官协调活动，积极主动地参与到学习中来。一是要注重在细致观察中积淀空间观念。引导学生按照一定的目的，有顺序、有重点地去观察，学会分析、比较，在细致观察中积累感性知觉。二是要注重在实践操作中建构空间观念。动手操作有助于学生多角度、全方位地感知几何形体的特征、大小及其相互位置关系，对于空间观念的建构和巩固是必不可缺的。三是要注重在想象中发展空间观念。想象活动是培养空间观念的主要途径，也是培养学生空间观念的有力手段，引导学生进行想象从而发展空间观念应该是本节课的着力点。四是要注重在转化沟通中深化空间观念。通过巧妙的方式，将"一般长方体""特殊长方体（有两个面是正方形）""正方体"三者的关联沟通起来，不仅有助于学生更深刻地把握长方体、正方体的本质特征，建立科学的认知结构，也可以使得空间观念的建立由静态走向动态。五是注重在联系生活中提升空间观念。学生的生活是理解和发展空间观念的宝贵资源，巩固练习时一定要回归生活，引导学生综合运用图形的特征和已经积累的空间观念和经验，通过表象的提取、分析、推理，促成空间想象能力和思维能力的进一步发展。

● 思考3：课堂结构如何构建才能既流畅又有梯度

"长方体和正方体的认识"包含的知识点有：认识直观图，认识长方体和正方体面、棱、顶点的特征，思考长方体和正方体之间的关系，认识长、宽、高。这么多纷繁的知识点融入短短的40分钟之内，构造不当，很容易造成零散、杂乱，给人"东一榔头西一棒"的感觉，让学生难以抓住重点。

如何线性组合形成一个连贯的整体，由棱到面的特征认识恰好提供了一条优化的途径。首先，通过操作情境探究"棱"的特征。有了一定的感性知觉积累，接下来引导学生从面和棱两个角度观察抽象的直观图，在寻找看不见的棱的过程中完善对直观图的认识。接下来，逐次擦去直观图中的棱，在想象长方体的过程中发现长方体的大小是由从同一顶点出发的三条棱决定的，相机揭示长、宽、高的定义。最后,根据长、宽、高想象长方体的面,探究"面"的特征。可以看出,直观图的认识,长、宽、高概念的揭示,面的特征的发现都是以"棱"为线索展开的,实现了整体的连贯性。

线性的组合还必须具备思维的梯度。根据学生的认知规律,教学中从直观入手,在操作中思考探究,然后逐次抽象,认识直观图,擦棱想象,在表象操作中发现面的特征,进而根据直观图观察有两个面是正方形的特殊长方体的特征,并独立地探索正方体的特征,最后又回归生活。在一系列优化的情境中,进行观察、操作、想象、感悟,教学内容逐次铺展,感官活动不断丰富,认知层面渐次抽象,研究角度由局部到完整,自主探索由"扶"到"放",循序渐进地发展了学生的空间观念,培养空间想象力。

第二回 雏形初现：小荷才露尖尖角

在以上思考的基础上,我确定了以下教学设计。

一、观察演示,导入新课

(动态再现储物柜的拼接过程,如下图所示)仔细观察并说一说这个长方体是怎样形成的。

揭示:由6个长方形围成的立体图形叫做长方体。

二、循序渐进,探究特征

(一) 切石成形,认识面、棱、顶点

1.再现石块切割过程,依次揭示面、棱、顶点。

2.自主观察课前准备的长方体物体,数一数长方体的面、棱、顶点的数量。

(二) 渐次展开,探究长方体的特征

1.动手操作,探究棱的特征

(1) 提出要求:根据提供的小棒和接头,四人小组共同讨论制作方案,合作完成一个长方体框架。

长度	9厘米	6厘米	4厘米
根数	4	8	12

（2）动手操作。

（3）汇报交流。发现：长方体相对的棱长度相等。

2. 观察比较，认识长、宽、高

（1）比较搭出的不同长方体。思考：长方体的大小是由什么因素决定的？如果要研究一个长方体的棱，你觉得至少应该研究几条？

指出：像这样从一个顶点出发的三条棱的长度，在数学上有专用的名称，叫做长、宽、高。

（2）变换长方体框架的摆放位置，辨认长、宽、高。

（3）结合自己带来的长方体，互相说一说长、宽、高分别是哪些棱的长度。

3. 展开想象，认识直观图，发现面的特征

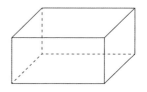

（1）出示直观图（右图），引导学生寻找隐藏的 3 条棱分别在哪里，了解直观图中实线与虚线表示的不同含义。

（2）逐一擦去棱，让学生想象长方体的样子。思考：最少要保留几条棱，就能想象出长方体原来的样子？

（3）根据这 3 条棱，你还能想象出长方体的 6 个面吗？选择合适的长方形配面。（下图）引导发现面的特征：都是长方形，相对的面完全相同。

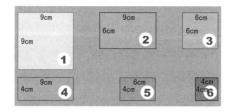

（4）将宽由 6 厘米缩短到 4 厘米，在选择合适的长方形配面过程中发现：长方体中可能有两个相对的面是正方形。

（三）自主探究，发现正方体的特征

（1）变化棱长，得到正方体。

（2）引导学生从面、棱和顶点三个角度自主探究正方体。

（3）讨论交流正方体的特征。相机揭示棱长的定义。

（四）对比概括,揭示课题

(1) 比较长方体和正方体的异同,发现长方体和正方体的关系(下图)。

(2) 揭示课题。

三、巩固新知,发展能力

（一）联系生活,正确选择

根据所给数据选择对应物体。

长、宽、高分别是 10 米、2.5 米、3 米 　　　教室　　　公共汽车　　　家用冰箱

长、宽、高分别是 6 厘米、6 厘米、6 厘米　　　魔方　　　粉笔盒　　　骰子

长、宽、高分别是 20 厘米、15 厘米、1 厘米　　数学书　　《新华字典》　文具盒

（二）由体到面,沟通联系

如下图,将数学书的高缩短至 0.1 mm,在动态演示中感受长方体和长方形之间联系。

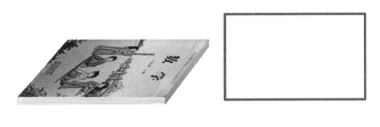

长方体　　　———→　　　长方形

（三）观察想象,图形还原

联系储物柜,应用新知根据前面选择其他面。（下左图）

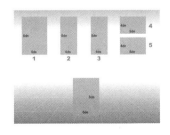

（四）运用特征，解决问题

在包装这个礼品盒（上页右图）时，至少需要丝带多少分米？至少需要包装纸多少平方分米？

第一次试教，我的师父顾文彬老师、生家琦老师以及教学处关勇、季雪荣两位主任一起听课。课堂上，"观察演示，导入新课，揭示长方体的定义""切石成形，认识'面''棱''顶点'"两个环节顺顺利利，及至"动手操作，探究'棱'的特征"，学生顺利地搭出长方体。但组织交流时，因为学生搭出的长方体种类较多，表达不聚焦，组织语言冗长、耗时较多、实效甚微。此后，"观察比较，认识长、宽、高""展开想象，认识直观图，发现面的特征""对比概括，揭示课题""联系生活，正确选择""运用特征，解决问题"等环节均有一定挑战，学生的表现比较沉闷，整体教学效果不太理想。

试教结束后，顾文彬老师以及关勇、季雪荣两位主任都不太赞同这样的设计，觉得还是去年打磨的那一稿较好，于是建议我在去年参赛选手的教案基础上再修改。我说，去年那一稿未能晋级省赛，继续沿用只能重复昨天的故事，要想晋级参加省赛，必须有所创新和突破。我把自己前期的想法向导师们作了汇报。生家琦老师说，我明白你的设计意图，但是课堂上你没有把你的想法上出来。导师们持赞成和反对意见的人数比是 1：3。我想，生家琦老师擅长于课堂结构的整体把握，得到她的认可，那设计方向应该是可行的。于是，我坚定了选择这条由"棱—面—体"的特征开展教学的路径，着力于在发展学生空间观念方面有所突破。巧合的是，2011 年 12 月，教育部颁布了《义务教育数学课程标准（2011 年版）》，提出了 10 个核心概念，与本节课直接相关的核心概念就是空间观念。当然，以我当时的认知水平和信息来源，肯定不具有这样的前瞻性，能够预料到在 9 个月后新课程标准将提出新的理念。我只是从"创新教学思路"和"改善现实教学中忽视空间观念发展"这两个朴素需求出发，而另辟蹊径。

导师们没有因为我的"不听劝告"而心生芥蒂，确定方向后，大家齐心协力、出谋划策，充分展现了"包容会通、敢为人先"的南通精神。

◎ 瞄准方向，理顺思路

围绕"课前慎思"所提出的教学愿景，我们对各个环节逐个审议，厘清教学思路。

比如,"动手操作,探究'棱'的特征"环节,原先提供的小棒可以搭出的长方体多达 6 种,学生逐一汇报耗时较多,且在后续学习中,很多学生因为好奇,一直忙于将各种类型的长方体逐一搭出,影响了课堂的参与效度。以问题为导向,我们把小棒的数量精简,将 6 厘米的小棒由 8 根调整为 4 根,4 厘米的小棒由 12 根调整为 8 根,又增设了 3 根 5 厘米的小棒。调整之后,一共可以搭出三种不同的长方体,交流时去繁就简,一目了然;且 5 厘米的设置为 3 根,既增加了选择的干扰性,也有助于学生在尝试失败后去关注相对位置的棱之间的长短关系。

又如,"揭示长、宽、高的概念"安排在动手操作发现棱的特征之后,引导学生观察比较所搭出的不同长方体,思考:这些长方体的大小是由什么因素决定的? 如果要研究一个长方体的棱,至少应该研究几条? 由此揭示长、宽、高的概念。而后,在"认识直观图"环节时,又逐一擦去棱,让学生想象长方体的样子,并思考最少要保留几条棱就能想象出长方体原来的样子。这两个环节虽各有侧重,但又有雷同——两次组织学生思考 3 条不同方向的棱决定了长方体的大小。于是,我们将前一个环节省去,在学生动手操作发现棱的特征之后,直接出示直观图,引导学生寻找隐藏的 3 条棱分别在哪里,了解直观图中实线与虚线表示的不同含义;再逐一擦去棱,让学生想象长方体的样子,思考最少要保留几条棱就能想象出长方体原来的样子。这样,水到渠成地揭示"长、宽、高"的定义。

再如,巩固练习中第三问"观察想象,图形还原",根据储物柜的前面,应用长方体的特征选配其他面。本题意在与课初的素材相呼应,但与之前根据长、宽、高配面有些雷同,那就果敢删去。通过以上种种调整,教学的思路逐渐理顺,变得清晰起来。

◎ 细化过程,洗练观念

除了环节的删减、整合,导师们还着力对每个环节的具体实施进行了详细指导。

比如,"数一数面、棱、顶点的数量"环节中,引导学生掌握面和棱的优化数法是重点亦是难点。我们反复推敲,设计了这样三个处理方案:如果学生交流汇报时采用的不是优化数法,就再问其他学生"还有更巧妙的方法吗"。如果学生交流汇报的方法刚好是优化数法,就问"他的方法特别巧,大家看出来了吗?你们发现他是怎么数的吗"。如果学生确实没能想到优化数法,教师就相机介绍,并追问学生这样的数法有什么特点。后两个方案中,在介绍了优化数法后,之所以再追问,是因为"一对一对地数面"和"分不同方向一组一组地数棱",不是每个学生只听一次就能全部听清、理解,重点、难点处需要适当重复、强调。这里,我们没有采用教师相机点评,而是选用"兵教兵"的方式,由已经听懂的学生再来介绍这一优化的数法,并提炼出这样数法的巧妙所在。所以,同样是重复、强调,主体不同,所产生的学习效果自然不同。

又如,"动手操作,探究棱的特征"环节,当学生交流汇报时,以往我虽请小组内的四人同时上台,但最终汇报的其实只有一个人,其余三人尴尬地站在一旁。顾文彬老师说:"我们要让每个上台汇报的孩子都获得光荣感……当学生上台后,请四人组先内部商量一下,一人汇报,一人用框架演示,其他两人负责补充。"采用这种方式后,不再是一名学生唱独角戏,大家分工明确,每人都有任务,负责补充的两名学生往往先主动协助演示者,然后对汇报人遗漏的地方进行补充。

再如,"擦棱想象,揭示长、宽、高的定义"环节,"保留几条棱,你能想象出这个长方体原来的样子?"学生的答案五花八门,教师如何理答? 生家琦老师指出:要抓住这个问题的本质,一个长方体的大小是由不同方向的三条棱确定的,以不变应万变,不管学生猜几条,我们只需引导学生思考,根据保留的这一条或几条棱能不能确定原来长方体的大小。保留一条能确定的是一条边,保留两条能确定的是一个面,保留三条才能确定一个体。

◎ 校内亮相,褒贬参半

历经了几次课堂研磨,在导师们的指导下,这节课终于从最初的"概念版"逐渐转换为可操作的"现实版",环节之间的逻辑联系逐渐理顺,各个环节的核心目标逐渐凸显,核心问题更加明确。当初在"课前慎思"中所提出的"三问",在课堂实践中已初见雏形。

　　2011 年时,我尚在江苏省南通师范学校第二附属小学工作,学校有一个传统,那就是赛课者正式比赛前还要向全校同学科的教师作一次课堂展示,听取大家的意见。我清晰地记得,在六个备课组提交的反馈意见中,对本节课的主体思路持肯定意见和提出质疑的各占一半。面对这份沉甸甸的反馈意见,我没有因此而轻易地怀疑自我、否定自我。我想:其一,打破惯性,接受新的事物需要时间,自己要有"设计自信";其二,当前的设计一定还有许多需要推敲、优化之处,否则不会有一半的备课组持否定意见。我还需持续努力,苦练教学内功、完善教学设计,将创新之处擦亮。

　　2011 年 4 月,我在崇川区"雏燕杯"青年教师教学比赛中出线,获得参加南通市青年教师优课评比资格。

|第三回| 如琢如磨：众里寻他千百度

2011 年 5 月，"长方体和正方体的认识"一课获得南通市青年教师优课评比一等奖。赛后，市小学数学教学研究中心组进行了评课议课。大家肯定了这节课思路新颖、结构巧妙，有效地发展了学生的空间观念等，同时就这节课存在的问题提出了宝贵建议。围绕这些问题和建议，我进行了深刻的反思和追问。

● 问题 1："乒乓式"问答锁住学生发展的空间

纵观全课，一问一答"乒乓式"的教学组织形式贯穿始终，显得较为琐碎，"牵"得太多。课堂进程不应由"提问"来驱动，而应由"任务"来驱动。能放手的要放手，要在符合学生认知规律和思考能力的边界内给予学生充分的探索空间和感悟空间。

【案例 1】切物成形，认识面、棱、顶点

起初，我是这样设计的——

师：同学们，你们看屏幕所显示的这三个物体（储物柜、大理石块、摩天大楼），它们的形状都是什么图形？

生：长方体。

师：一起来回顾这些长方体形成的过程。先看储物柜是怎样形成的——（课件动态演示 6 个面的拼合）从这段演示中你看到了什么？

生：6 个长方形木板拼在一起就形成了一个长方体储物柜。

师：是的，长方体是由 6 个长方形围成的立体图形。

师：再看长方体大理石是怎样形成的。这是一块原石，先切割一次（课件动态演示),就切出一个面,这是石块的上面。

师:再切一次(课件动态演示),又得到了一个面,这是石块的——(前面)上面和前面相交的地方还有一条——(边)这条边在数学上有一个专用的名称——叫做棱。

师:再切一刀(课件动态演示),现在有几个面?有几条棱?这条棱是由哪两个面相交而成的呢?(上面和右面)这条呢?(前面和右面)

师:你们看,这三条棱还相交到一个点,这个点你们知道它的名称吗?数学上叫做顶点。

师:如果再相对着切三刀就得到了一个长方体的大理石块。

在逐步提供观察材料和教师的引导下,学生知晓了长方体的定义,认识了长方体的面、棱、顶点。虽然拼接储物柜、切割大理石块的动态演示清晰逼真,吸引着学生主动观察,有助于概念的理解和建立,但是贯穿前后的一问一答的教学组织形式,步子迈得太小,限制了学生数学思维的发展。

针对这个环节,南通市小学数学教研员丁锦华老师提出删去长方体定义的介绍,开门见山,让学生自己动手切物成形,认识面、棱、顶点。具体是这样设计的——

师:(手持土豆)这是一个——

生:土豆。

师:喜欢吃吗?今天,老师还想请同学们切一切。请看屏幕——

课件演示切土豆:先沿着竖直方向切一刀。

师:来,你们也动手试一试。摸一摸你切出的面,和切之前有什么变化?

生:原来是凹凸不平的,现在是平平的。

师:说得好。我们切出了一个平面。

师:(课件演示切第二刀)接着将切出的平面朝下,像这样沿着竖直方向再切一刀。看清楚了吗?你们也试试。

师:切了第二刀,这时发生了什么变化?

生:多了一个平面。

生:还多了一条边。

师:观察得真仔细!我们一起指一指这条边,想一想它是怎么形成的。

生:是前面和上面相交形成的。

师：没错，是由切出的两个面相交而成的。这条边在数学上叫什么呢？（课件出示：棱）

师：（课件演示切第三刀）接下来，将前面朝下，像这样沿着竖直方向又切一次，使它变成现在的样子。明白了吗？开始吧。

师：你发现切了第三刀之后又有了什么新变化？

生：多了一个平面，多了两条棱。

生：还多了一个角。

师：你认为的这个角在哪里？（指出：这其实是一个点）我们一起指一指这个点，再数一数它是由几条棱相交而成的。像这样由三条棱相交而成的点，在数学上叫做顶点。

师：在切土豆的过程中我们一起认识了面、棱和顶点。如果将这块土豆再这样切三次（课件演示），就切成了一个——（长方体）

"切物成形认识面、棱、顶点"创意的诞生也是经历了一番曲折甚至是激烈的思想斗争。起初，丁锦华老师只是提出"让学生自己动手切物成形"，但切出来的长方体肯定不标准，怎么办？切的过程耗时较长怎么办？切到手怎么办？丁老师没有回答。可是，不解决这些问题就不能这样设计。顾文彬老师和生家琦老师分别打电话给丁老师，阐述我们的担忧，可是劝说无效。那段时间，我的脑海里成天想的就是这个问题，一时也没有什么良策。两个星期后，丁老师来听课，我想那就用事实说话。跑了好几家超市，终于挑选到了好切又不太锋利的水果刀；到菜场买了土豆（考虑到土豆一年四季都有）。课堂上，学生切得热火朝天、放飞自我，从土豆块到土豆丁到土豆丝，兴奋得迟迟不肯停手，切出的这些形体自然不可能是标准长方体，而且耗时较长，效果肯定不如原来的方案。议课时，顾文彬老师和生家琦老师趁热打铁说不切了，可丁老师还是没同意。那天午餐时，餐桌上有一道土豆丝，丁老师先是和我开玩笑："这是不是用你今天上课的土豆做的？"突然又说，"为什么一定切6刀呢？认识面、棱、顶点只要切3刀，然后课件演示切成长方体。"一语惊醒梦中人，丁老师的智慧让大家折服。在参加江苏省青年教师优课评比时，曾经有老师提问："切土豆是一个早已为大家所熟知的桥段了，为什么在参加省级赛课时你还选择这样设计呢？"我回答：无论方法是新还是旧，有利于学生发展的方法就是好方法。而且，在这个环节中，创新在于：其一，打破教师独自在讲台前示范的传统，全体学生一同参与，每个人都有实践体验的机会。其二,"切"的目的发生了改变,传统的"切"是为了得到长方体,而我们的"切"是为了服务于"面、棱、顶点"概念的建立。在"切一切"中直观地见证面、棱、顶点的产生;在"摸一摸"中丰富了空间感知,增强了体验;在"想一想"中体会到面、棱、顶点间的内在联系。说到棱,就不仅仅是一条边,而要想到是哪两个面相交形成的;说到顶点,就不仅仅是一个点,而要想到是和哪三条棱有关系。这样,将"面、棱、顶点"的概念一一还原,在运用多种感官协同参与的过程中,经历了数学知识被抽象、概括的过程,使得概念的建立更有效、更深刻。其三,只切三刀,既达到了认知效果,又节约了时间,也避免了切出的长方体不标准的实际问题。因此,从少到多是需要创造力的,然而从多到少,打破思维的定势,同样是需要智慧。后来,当这节课走上全国赛场后,"切土豆"也成了这堂课的标志。

【案例2】动手操作,探究"棱"的特征

学生尝试着搭出了长方体框架,汇报交流时,起初我是这样设计的——

师:哪一组到前面来介绍一下你们搭成的长方体?

师:先告诉大家你们选择了怎样的12根小棒。

师:这12根小棒是随意搭的吗? 其中有没有什么规律呢?

生:同种颜色的小棒都是平行的。

师:你们看,这组互相平行的棱都是什么? 颜色相同代表长度怎么样? 那这组互相平行的棱呢? 这组呢?

师:互相平行的棱我们也可以说是相对的棱,从这里,你能发现长方体中相对的棱有什么特点?

生:长度都是相等的。

师:真了不起! 不仅搭出了长方体,还有了新发现。

精细的引导毫无悬念地总结出长方体棱的特征,但是在教师步步为营的追问下,学生的思维迈着小碎步,缺乏了对客观现实的整体性把握和思考。怎样才能提供更大的探索空间,将以上在教师引领下"挤牙膏"式的学习过程转变成更开放的探究过程呢? 我们想到了在操作

搭一搭,说一说

○ 搭一个长方体框架一共使用了几根小棒?
○ 这些小棒分别是什么颜色的? 每种颜色各几根?
○ 这些小棒在搭的时候有什么规律?
○ 我们发现长方体相对的棱有什么特点?

我是"小小建筑师"

材料中增加一份供学生讨论的活动单(右图),提醒学生合作完成长方体框架后,仔细观察完成的作品,结合活动单在小组内交流自己的发现。

师:哪一组来介绍一下你们搭成的长方体?

生:我们一共使用了12根小棒,分别是蓝色的、绿色的、黄色的,每种颜色各4根。同种颜色的小棒在搭的时候都是相对的,我们发现长方体相对的棱长度相等。

师:结合长方体框架,具体地向大家介绍一下哪些棱长度相等?

师:真了不起! 不仅搭出了长方体,还有了新发现,把掌声送给他们。

师:还有不一样的长方体吗? 仔细观察这两个不一样的长方体,它们相对的棱长度相等吗?

调整后的操作环节因为加入了活动单,观察、思考有了明确的方向,让操作活动不只停留在表层的动手阶段,更是走向了对长方体特征的深入探索。而且,有了活动单这个扶梯,既引导学生自主地展开探索,同时也为接下来的汇报提供了一个提纲,避免了教师与学生之间一问一答的单调教学方式。

【案例 3】 展开想象,探究"面"的特征

在探究长方体面的特征时,起初我是这样设计的——

1. 探究一般长方体面的特征。

师:根据所给长、宽、高的数据,你能想象出这个长方体的6个面吗? 它的上、下、前、后、左、右面应该是下图(图略)中的几号呢? 利用手中的长方体边观察边思考,在小组内商量一下。

师:谁来说说你的发现?

……

师:根据长、宽、高,我们找到了这个长方体的6个面,仔细观察这6个面,你又有什么发现呢?

生:长方体相对的面完全相同。

师:同学们真善于学习,在想象面的过程中又发现了面的特征。

2. 探究特殊长方体面的特征。

师:老师注意到,刚才还有小组搭出了这样的长方体。(出示前面操作活动中搭建的有两个面是正方形的特殊长方体)屏幕上也只保留了这个长方体的三条棱,仔细观察,从第一个长方体到第二个长方体,发生了什么变化?

生：变小,长和宽一样,有的面变了。

师：这个长方体的 6 个面分别是下面(图略)的几号图形呢?

师：仔细观察,这个长方体的面有什么特别的地方?

生：前、后、上、下 4 个面完全相同。

师：左、右面有什么特点?

生：都是正方形。

师：看来,长方体的 6 个面中也可能有两个相对的面是正方形。

这个环节中,认识一般长方体面的特征和特殊长方体面的特征在呈现方式上是完全相同的,都是先根据长、宽、高判断长方体的 6 个面,然后观察发现,得出结论。对于学生来说,第一次根据长、宽、高想象判断面是几号图形是富有挑战性的。而第二次进行想象判断,学生因为已有经历,有一定规律可循,再采用"乒乓式问答"先选面、后观察发现就显得雷同。怎样才能自然延续前一次想象、观察活动,同时又更有思维的梯度呢?

师：仔细看,我把这个长方体变一变。(课件演示)你发现,从第一个长方体到第二个长方体,什么变了?

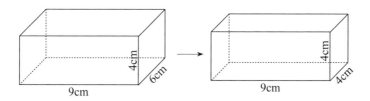

生：宽变了。

生：面也变了。

师：哪些面变了?

生：左右面变了,还有上下面也变了。

师：仔细观察,变化之后,这个长方体有什么特别之处?

生：宽和高长度相等,左右两个面是正方形。

师：还有吗?

生：上、下、前、后四个面完全相同。

师：观察得真仔细。像这样有两个相对的面是正方形、其余四个面完全相同的长方体,在你们课桌上也有吗? 找到了就举起来给大家看一看。

变化之后,既自然过渡,又和前一次探究有所区别。前一次探究是一个面一个面地想象,由局部到整体;后一次探究直接切入整体,在观察整体间变化的过程中发现这个长方体的面的特征,思维的层次性又更进一步,留给学生的探索空间和感悟空间比先前的设计更为广阔。

● 问题 2:面的特征可以由抽象到抽象吗

特征教学中,面的特征一般是在对长方体实物进行观察、测量、推理的基础上概括形成的,这是一个由形象到抽象的过程。

而前面提到,本节课力图突破面、棱、顶点特征同时展开的传统设计,先探究棱的特征,然后由棱及面,根据长、宽、高引导学生想象长方体的面,继而观察这 6 个面,归纳总结长方体面的特征。这是一个由抽象到抽象的过程。

有教师提出:由形象到抽象,符合小学生的认知规律;而由抽象到抽象,有些不妥。在这个意见的基础上,有教师提议可以充分发挥学生动手搭建的长方体框架的作用,把探究面的特征和棱的特征安排在一起,根据长、宽、高想象面就作为一个练习。

对此,我们有这样三个层面的思考。第一,无论是由形象到抽象还是由抽象到抽象,只要符合逻辑,同时又是在学生思考能力范围之内,都是可行的。从历次试教的情况来看,学生完全有能力借助先前已经形成的表象进行想象,由看得见的三条棱联想到前面、下面和右面,再利用长方体棱的特征进行推理,继而发现其余三个面。其间,在推理、想象的过程中,面的特征已经在不少学生的心中悄然萌发了。之后,从这 6 个面出发,观察发现相对的面完全相同是顺其自然的。第二,小学生学习数学的过程应该是一个有意义的发现过程,而不是一个严密的逻辑推理过程。是不是一定要按照先发现面的特征,然后通过测量或是根据面的特征推理发现棱的特征这样的顺序来进行研究呢?先发现棱的特征,然后由棱联想面进而发现面的特征,也是有意义的发现过程。在观察长方体实物时,由面到棱的研究顺序建立在长方体定义的基础之上,符合由易到难的认知顺序。而让学生选择合适的小棒去搭建一个长方体框架,在操作与观察中进行感知、思考、分析,并初步得出结论、启示,这样的操作活动建立在学生已有的经验和能力基础之上,有一定的挑战性,既有前一种思路由具体到抽象逐步提升的优点,同时在发展学生空间观念和促进学生数学思考上更具明显的优势。讨论中,当我们摇摆于这两种思路之间,难以取舍的时候,时任南通市港闸区小学数学教研员周立栋老师说:"我认为由棱到面是你这节课设计的精华。"第三,本课这么多纷繁的知识点如何线性组合,形成一个连贯的整体,前面提到,由棱到面的认识顺序恰好提供了一条优化的途径。

因此,经过反复考虑,我们还是坚持了原先的设计思路。生家琦老师在我第一次试教时就一针见血地指出:"我明白你的意图,但是你没有把你的意图上出来。"是的,跳出已有的框架,从传统到创新真的很难;接下来,如何把创意转化为实践也很难。所以,我们一直在努力地把观念落实到实践,使得观念成为一种更美好的存在。

如何将设计思路清晰地展现,让观课者明了每个环节的建构和环节之间的联系,从而真切地感受结构上层层递进的特征,进而体味出设计的妙处呢? 我主要从以下两方面改进。

【案例 4】精巧组织,凸显环节的构建

要进一步明确各个教学环节的目的和意义,每一次提问和活动安排都要紧紧扣住本环节的中心。比如,"直觉判断,认识直观图"环节,原先的设计是——

师:同学们,将我们刚才搭成的长方体框架画下来是什么样的呢?

师:从这幅图上我们能看到几个面? 为什么只画了 3 个面呢?

生:还有 3 个面被遮住了。

师:上面和右面看起来像什么图形? 应该是什么图形?

师:这是什么原因呢?

指出:这是因为人的双眼在观察物体时产生的透视效果,看起来是平行四边形,实际上是长方形。

师:从这幅图上你看到了几条棱?

生:3 条。

师:那还有 3 条棱藏在哪里呢? 大概在什么位置?

师:你们看,我们将不同方向的棱平移,就可以很方便地找到它们。看不见的棱用虚线来表示。

这个环节的重点是认识长方体直观图。教学时,先引导学生从面和棱两个角度进行观察,整体地感知直观图;然后在寻找看不见的棱的过程中,进一步深化认识。这样的设计意在组织学生观察、分析、想象,获得对直观图的清晰认知,建立表象。围绕这样的设计思路,怎样修改教学意图会更明晰、效果会更

佳呢?

① 初步认识。

师:同学们,如果我把刚才搭成的长方体框架补上面,再画下来,是什么样的呢?

师:从这幅图上我们能看到几个面? 为什么只画了3个面呢?

生:还有3个面被遮住了。

② 直觉判断。

师:再看,从这幅图上你还看到了几条棱?

师:还有3条棱藏在哪里呢? 大概在什么位置?(课件同步出示学生找对的棱)

师:(课件演示)你们看,我们将不同方向的棱平移,也可以很方便地找到它们。看不见的棱用虚线来表示。

③ 形成表象。

师:补上了三条看不见的棱,现在一共画出了长方体的几个面?

师:注意到没有,上下面、左右面看起来像什么图形? 再看看你们搭出的长方体框架,实际上是什么图形?

生:看起来像平行四边形,实际上是长方形。

师:请大家仔细观察这幅图。然后闭上眼睛,在脑海里回想一下这个长方体是什么样子的。

师:想好了吗? 睁开眼睛,和屏幕上的比较一下。

更改之后的设计与原来相比,有两处变化。一是省去了透视原理的介绍,重点引导学生发现上面和右面看起来像平行四边形这个现象。这是因为透视原理不是三言两语就能说透的,而透视现象才是学生在认识直观图时所要关注的。第二个变化是增加了闭上眼睛回想长方体的样子这个想象活动,促进学生在脑海中建构长方体模型,留下更清晰的表象。紧扣本环节的教学目的和意义,这一"减"一"加"更加精炼、细腻,更有层次感。

【案例5】 巧借结语,体现课堂的脉络

每个环节结束后,适当地概括小结,既有助于学生加深印象,也有助于观课者明晰本环节的设计意图,让课堂的脉络更为清晰。

比如,第一个板块"切物成形,导入新课"中,我是这样小结过渡的:"在切土

豆的过程中我们一起认识了面、棱和顶点。如果将这块土豆再这样切三次,就切成了什么形状? 长方体一共有几个面、几条棱、几个顶点呢? 拿出你们课前准备的长方体数一数。"

又如,在第二个板块"循序渐进,探究特征"中,每个环节的小结分别是:"通过刚才的交流我们了解了长方体面、棱、顶点的数量,一起来把我们的发现大声地读一读。""在搭框架的过程中,我们又发现了长方体棱的特征。让我们自豪地读一读。""同学们真善于学习,在想象面的过程中又发现了面的特征。响亮地读一读我们的发现。""通过前面的研究,我们从面、棱、顶点三个方面进一步认识了长方体和正方体。下面,我们就运用这些所学的知识来解决一些生活问题。"

再如,第四板块"畅谈收获,总结课堂"中,我的小结是:"在今天的课堂上,同学们在动手实践中探究了棱的特征,又由棱联想面,进一步认识了长方体,并且独立探索了正方体的特征,大家的表现非常棒!"

这些承上启下的结语如同分段符,将整个课堂划分成若干个相关联的有机组成部分,使人能够清晰地看到课堂的脉络构造,了解学生思维的走向,使得教者的设计理念能够清晰展现。

● 问题3:巩固练习既要着眼基础也要指向发展

巩固练习是课堂的重要组成部分,它是教师检查教学效果的一个窗口,是学生把知识用于实际的初步实践,是学生巩固和内化所学知识并转化成为能力和素养的重要环节,它对学生认知结构的建立、数学观念的形成、数学才能的培养、数学素养的积淀有着非常重要的作用。

【案例6】练习的优化重组

原先的练习中我设计了三组题。第一组题是"联系生活,正确选择",请学生根据长、宽、高的数据猜想是什么物体。这组题形式较为新颖,激发学生主动将所学内容与生活联系起来,在想象、分析、对比中发展空间观念和数学思考。第二组题通过变化数学书的高,在动态演示中感受长方体和长方形之间的联系与区别。第三组题是求礼品盒包装至少需要丝带多少分米,至少需要包装纸多少平方分米。学生需综合应用所学的长方体特征来求解,并引向后继的长方体表面积的学习。实际教学中,不要求学生在课堂上给出答案,留给学生课后思考。

对于巩固练习,评课老师们的意见主要有以下三点:一是练习都是以观察对比、想象感悟为主,缺少关于"长、宽、高"和"根据长、宽、高判断长方体6个面的面积分别是多少"的基础练习;二是第二题中,"当数学书的高缩短到0时就是一个长方形"的表述不妥,长方体和长方形是两个不同的概念;三是求礼品盒的丝带长度和包装纸面积,一则时间来不及,二则两问均有一定难度,与其出示一下让学生课后思考,不如换一个更为基础性的练习。

针对以上意见,经过反复琢磨,我们重新设计了巩固练习。

1. 展开想象,正确选择。

师:下面,我们一起来玩个游戏。根据所给数据,想想它是什么。如果你答对了,屏幕上就会出现这个物体。

(课件出示:长、宽、高分别是10米、2.5米、3米　普通教室、公共汽车、家用冰箱)

师:再看,这回你的选择是——

(课件出示:长、宽、高分别是6厘米、6厘米、6厘米　魔方、粉笔盒、骰子)

师:现在你的选择是——

(课件出示:长、宽、高分别是20厘米、15厘米、1厘米　数学书、《新华字典》、文具盒)

师:(课件演示高缩短)如果这个长方体的高缩短到0.1毫米,可能是什么物体?

预设:一张纸。

师:真有想象力! 想象力是发明、发现及其他创造活动的源泉。

2. 链接生活,运用新知。

师:〔课件出示冰箱的外形尺寸(cm):70×60×180〕前几天,我家新买了一台冰箱,看到这组数据,你能知道我家新冰箱的哪些信息呢?

(学生交流)

师:知道了长、宽、高,现在你还知道这台冰箱哪些面的面积呢?

重新设计后的练习力求体现以下特征:一是联系生活实际;二是着眼基础,突出特征;三是进一步发展空间观念,培养空间想象能力;四是感受数学的价值和魅力。

┃第四回┃ 首战告捷：同舟共济扬帆起

2011 年 11 月,江苏省小学数学青年教师优课评比在淮安举行。之所以把省赛称之为"首战",这其中还有诸多原因和故事。

早在 2000 年初,学校选派我参加南通市小学数学青年教师教学竞赛,我幸运地获得金奖,这对工作刚两年的我既是肯定,同时也给了我无限憧憬！遗憾的是,2004、2005 年学校选拔参加省青年教师优课评比的选手时,我都落选了。2006 年起,因为我班主任工作广受好评,学校安排我先后参加"区辅导员风采大赛""崇川区第一届班会课评比""南通市第一届班会课评比",均获得第一名。2008 年,我参加了第二届全国班会课比赛再获一等奖。2010 年,我的爱人戴春报名参加区"雏燕杯"数学青年教师优课评比,从最初的备课到一次次地试教、修改,我都全程参与,尽力做好参谋。后来,戴春顺利从区、市出线,获得了江苏省青年教师优课评比一等奖,她的成功给了我很大的信心和动力。于是,当 2011 年崇川区组织"雏燕杯"优课评比时,我也主动报名了。所以,参加省赛是我的"第一目标",自然也成了我心中的"首战"。

称之为"首战"还有一个重要背景。从 2003 年起,随着苏教版小学数学教材全面推行,江苏省中小学教研室举办了小学数学青年教师优质课评比,至2011 年已是第八届。在前七届中,我所在的学校——南通师范学校第二附属小学每届都有教师代表南通参赛,且均荣获一等奖。所以,接续书写学校数学教学团队在省级最高教学赛事中的"八连冠",也成为我们团队的"第一目标"。

在这场比赛中,我所执教的"长方体和正方体的认识"一课给来自全省的听课教师留下了深刻的印象,赢得了与会专家和老师们的高度好评,获得高段第一名的好成绩。赛后,应省教研室之邀,我以《巧构图形特征　发展空间观念——"长方形和正方体的认识"教学思考与实践》为题,撰写了教学探索中的所思所悟,发表于《教育研究与评论》(2012年第2期),后被《小学数学教与学》(2012年第8期)全文转载。

这篇文章之所以受到编者青睐,我觉得一个重要背景就是用实践回应了《义务教育数学课程标准(2011年版)》提出的"十个核心概念"如何在课堂上落地生根,在发展学生空间观念和空间想象方面做了有意义的尝试。时任江苏省中小学教研室小学数学教研员王林老师这样评价:"吴老师着眼于几何图形与实物之间的抽象与具体关系,着力于几何图形内部要素之间的密切联系,引导学生充分地展开观察、操作、想象,实实在在地发展了学生的空间观念。不仅如此,吴老师还注意结合具体的教学过程,发展学生的数学素养。比如,基于观察超越观察,多次引导学生运用推理的方式去思考特征。如果说,由长方体的特征去推理正方体的特征的安排还平常无奇的话,那么,由棱的特征去推测面的特征,根据立体图形数据去推测实际物体等安排则令人称道。又如,思想、经验等目标都是隐性的,教师没法直接讲,只能靠学生自己悟。仔细剖析吴老师的课,你可以发现每一个特征概括之前,都有学生基于操作或图形基础上的观察活动、想象活动、推理活动,这样丰富的安排,使得学生每次都能依靠一定的直观(直观的层次有不同)进行思考。小学生鲜有形式化的符号思考能力,数学的新发现也往往是直观基础上的思考得到的(符号化、公理化的加工是之后的事情)。因此,对小学生的思考来说,直观的形式、视角越多样,积累的表象也就越丰富,进而越容易达成数学抽象,越顺利形成理性理解。这样的学习经历,也就越能产生学习感触,积淀下来便是素养。"

| 第五回 | 精雕细琢：宝剑锋从磨砺出

2013 年 9 月中旬,江苏省中小学教研室将 2011 年省小学数学青年教师优课评比和 2012 年省小学数学青年教师基本功大赛获得第一名的四名选手集中一起,同台竞技,选拔一名选手参加全国第十一届深化小学数学教学改革观摩研讨会。参加本次选拔的四位选手中,有三位来自南通,大家给我们仨打气,说是从概率上讲南通选手出线的可能性更大,不管花落谁家都是南通教育的荣光。在大家乐观情绪的感染下,我也没有什么负担,轻装上阵。上午四节课上完了,大家正在用餐,丁锦华老师通知我和他一起到酒店大厅。在大厅里,我见到了王林老师、孙丽谷老师和阎勤校长,王老师告诉我将由我代表江苏参加第十一届全国小学数学深化教学改革观摩会的喜讯,并请孙老师和阎校长作现场指导,叮嘱我们回去再研磨,约定国庆节后到南京再上一次,到时邀请专家会诊。

研讨会上,孙丽谷老师的恳切教导、阎勤校长的宝贵建议、魏洁校长的热情鼓励……专家们贡献的宝贵智慧帮助我进一步厘清了教学的方向,明晰了操作的路径,提升了课堂的质态,让我感激感念。我们将这些"金点子"有机地融入课堂设计和教学行动中。这里,与大家分享印象特别深刻的几点领悟——

● 领悟 1:"多种媒体",构筑丰富的学习环境

不同的教学媒体各有优劣,扬长避短,综合运用,才能获得最佳效果。比如,课始"切土豆"环节,"介绍怎样切"不是重点,重要的是在切的过程中认识长方体的三要素。但如果只有"实物操作",教师难以说清切法,学生也不一定明白。我通过"多媒体演示＋实物操作",先观察屏幕上的切法示范,然后动手操

215

作,两种手段发挥了各自的优势,教师说得省力,学生看得清楚,省时又高效。又如,认识"长、宽、高"时,如果只有"多媒体演示",学生对长、宽、高的认识只是停留在二维画面上,不经过二维画面到三维实物的转换,是不能算得上真正认识的。因此,在长、宽、高概念揭示后,我通过"多媒体演示+教具演示",让学生结合长方体实物框架辨认长、宽、高分别是哪条棱的长度,然后变换框架的摆放位置,再次辨认。通过这样的转换和变式,使得概念建立得更加深刻。纵观整节课,从一开始的"实物操作+多媒体演示"→"教具演示+多媒体演示"→纯粹的"多媒体演示",既可以看到"多种媒体"的综合运用,也可以看到由"直观形象→抽象概括"不断递进的过程。"实物操作"和"教具演示"有利于学生进行空间感知,帮助学生积累了空间表象;"多媒体演示"为学生拓宽了想象的空间,有利于空间思维的深入发展。

在课件的制作上,始终印证着丁锦华老师的一句话:没有做不到,只有想不到。比如,引入课题时,屏幕上首先出现5个形体(三棱柱、四棱台、一般长方体、有两个相对的面是正方形的长方体、正方体)的静态画面,让学生根据已有的知识经验来辨认哪些是长方体和正方体。丁老师建议,要让这5个形体能够自由地翻转,这样不仅增强了画面的动感,更重要的是,学生起初对长方体和正方体的认识是感性的,全方位的翻转演示更有助于学生整体把握它们的特征从而作出判断。又如,出示长方体直观图,让学生寻找看不见的3条棱。这些棱的出现方式可能是从左往右,也可能是从右往左;可能是从前往后,也可能是从后往前;还可能是从上往下,也可能是从下往上。当学生用教棒在屏幕上比划时,教棒仿佛被施了魔法,伴随着教棒划过的痕迹,屏幕上就出现了相应的棱。再如,最少保留几条棱就能够想象出长方体原来的样子。学生可能会说保留2条,也可能会说保留3条,课件里都做好相应预设。在巩固练习环节,根据长、宽、高的数据想象所对应的实际物体,为了增强练习的趣味性,当学生答对"公共汽车"时,屏幕上不仅出现"公共汽车",还响起汽车喇叭声;当学生答对"一张纸"时,屏幕上不仅出现一张纸,而且伴随着打字声,纸上出现了"虽然我很薄,但也是一个长方体"。

多种媒体巧妙运用,构筑了一个丰富的学习环境,为学生的学习提供情感和认知支撑,同时丰富的学习环境也符合儿童的兴趣和需求。"丰富环境中的儿童明显具有更高的智商",当儿童进入这样的优化情境时,他们很快激起强烈的情绪,并且迅速地对学习情境的变化作出反应,助推了数学思维的发展。

● 领悟2:"障碍",为学生的数学学习而设

在谈到如何增加"开放性"时,阎勤校长提议:"让学生根据长、宽、高想象长方体的面,为什么课件所提供的这6个面一定是非此即彼呢? 为什么答案一定给全呢? 从所给的选项中,学生不全能找到答案岂不更好?"这连续三个追问让我们眼前一亮。

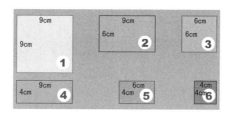

考虑到学生最容易发现的是前面和右面,上面和下面相对来说难度更大,于是我将选项②更改为长9厘米、宽7厘米。

更改之后,学生顺利地从所提供的图形中找到了前后面、左右面相匹配的答案。而上下面的发现不再是一帆风顺,平添了几份曲折——

师:前后面、左右面都找到了,上下面是几号呢?

生:是2号。

师:其他同学觉得呢?

生:是1号。

生:我觉得是3号。

师:现在出现了3个不同的答案。那到底是几号呢?

生4:这6个图形中都没有。(众生纷纷点头)

师:那你们觉得应该是什么样的?

生:长是9厘米,宽是6厘米。

师:为什么? 请你到前面来边指边说。

细细比较这两种设计,先前的问题情境虽有一定的挑战性,但因为答案都

提供完整了,分析判断的过程总体上是比较顺利的。改进后的设计,虽只是改变了一个数据,却引发了冲突,暴露了学生最真实的思维状态。仔细分析,多种答案的出现恰恰说明先前学生在选择面时并不完全是严密的逻辑推理的结果。小学生在学习数学的过程中往往缺乏或忽视的就是理性思维,因此,巧妙地设置障碍,绝不是故意地为难学生,而是引导学生更冷静、更深入地思考,减少对直觉思维的依赖,增进思维的严密性和逻辑性,进而凸显数学学科最本质的特征——理性思维。

当然,在课堂中设置障碍也要把握好度。障碍过多,学生频频受挫会导致失去自信,挫伤学习的积极性;障碍过少,一路通畅,不仅错失了思维锻炼的机会,也使得学习浮于表面,缺乏探究深度。障碍要设在所学内容的关键处,要注意选择合适的时机,无需在学习内容的每一关键处都特意安排。当课堂的节奏渐趋平缓时,当学生由感性思维走向理性思维时,都是设置障碍的较好时机。比如,上例中障碍设置,是在学生经历了在"切土豆"中认识面、棱、顶点,在搭框架中探究棱的特征,在想象中认识长、宽、高后安排的。在前面的学习过程中,伴随着观察、操作、想象,学生学习的氛围一直都很热烈,学习过程也比较顺畅,在学习走向理性思维阶段时,这个障碍的出现让学习的氛围由热闹进入了宁静,这短暂的宁静触动学生更深入地思考,也让学生体验到了恍然大悟、思维通彻后更深层次的快乐。

一个数据的更改,却为学生提供了更广阔的思维空间,助推思维从浅表走向深入,从感性走向理性,使得数学学习充满了挑战的乐趣,让课堂充满了生长的力量。紧扣核心目标、适时适度地设置障碍是教师对儿童数学学习进程的深入把握和有效调控,是于平常之处见风景的智慧和策略。

● 领悟3:"差错",撬动学习的深入

记得以前上公开课的时候,我特别担心学生答错或是提出预设之外的问题,当那一刻来临时,顿觉心慌意乱、不知所措,往往赶紧另找一名学生救场或是以"这个问题留给大家课后讨论"为由搪塞过去。随着教育观念不断更新、教学经验逐渐丰富、应变能力逐渐增强,课堂上,我的内心反而期待学生展现真实的学习状态,充分暴露认知误区和疑惑。以至于在一些重难点环节,当第一个学生说出了正确答案后,我总是习惯性地征求其他同学的意见:"你们觉得呢?"

"有没有不同意见?"

比如,"擦棱想象,认识长、宽、高"环节中,"最少保留几条棱,你就能想象出这个长方体原来的样子?"这个问题很有挑战性,学生中出现了多种答案。"还有没有更少的?""现在,答案最少是一条,那我们就从一条想起,看看能不能想象出这个长方体原来的样子。你准备保留哪一条?""保留这条棱,你们能想象出长方体原来的样子吗?""保留这条棱,你们能确定的是?""看来,只保留一条是不够的,接下来答案最少是两条。你准备保留哪两条呢?""保留这两条棱,你们能想象出长方体原来的样子吗? 保留这两条棱你们能确定的是?"……在这个环节中,初始回答时,学生凭借直觉判断,答案五花八门,那到底哪一个正确呢? 这就激发了学生深层的探究愿望,领悟到保留一条可以确定一条边,保留两条可以确定一个面,保留三条才能确定长方体。我深切体会到,学习真正的发生一定源于学生"想学"的愿望,而诱发认知冲突就是激发学生最深层次学习动力的重要手段。

又如,"根据长、宽、高想象长方体的面,进而发现面的特征"环节中,当学生判断出错时,我会真诚地邀请他:"来,请你到前面,结合屏幕的图形,边指边说一说你是怎么想的。"倒逼着学生综合运用观察、分析、推理去介绍答案的由来。答案之所以错误,许多时候就是没有经过理性分析,而一旦给予学生"讲道理"的机会,学生往往能够自我修正。数学教学中,还有什么比学生经历深层次的思考更为重要呢? 如果学生走进认知误区,未能纠正自己的错误,那也不要紧。观摩吴正宪老师的课堂,我学到了"谁来问问他,让他自己想明白"这个妙招。在同伴互助中,施助的学生在分析受助者认知误区的基础上,以启发的方式引导对方去思考;受助的学生不是简单地接受"是什么",而是在对方的帮助下,自己去打通思维通透的路。这样的学习经历固然曲折,但无论是施助者还是受助者都会产生积极的学习体验,从而让每一个积极举手回答问题的学生都能有尊严地坐下。

再如,"根据所给长、宽、高的数据,想想这是什么"巩固练习环节,第一个问题"长 10 米、宽 2.5 米、高 3 米,想一想可能是普通教室、公共汽车、立式空调中的哪一个"。这个问题需要学生对脑海里的现实原型进行抽象、比对,还要调用学生的量感,对学生来说是极有挑战的。我会接连邀请多人来回答,答案往往覆盖三个选项,而且每个选项的支持人数都旗鼓相当。错误的原因有多种,可能是因为比对时未能综合考虑长、宽、高三个因素,也可能是量感还不够。此时,如果不提供直观形象作支撑,直接让学生展开辩论,那只能是泛泛而谈,没有说服力。"那到底是什么呢? 你们看——"屏幕上,在所保留的三条棱上出现了公共汽车。紧接着,公共汽车隐去,相应的位置出现了普通教室和立式空调。"为什么不是普通教室和立式空调呢?"直观形象为学生的思考提供了脚手架。而有了这次的经验,接下来根据所给数据想象魔方、数学书、A4 纸,学生就驾轻就熟了。

对学生来说,学习的前奏一定是混沌的,需要摸索前行。教师不必刻意回避学生理解的误区和思维的障碍;相反,要使学生充分地暴露本源的想法和学习的困难。与急于让学生产生清晰、完整的思维相比,这样的过程体现了学习的曲折,虽然可能放慢了获取知识的脚步,但是"愤悱"之中孕育着更强烈的探究热情和认知心向,收获的会是更丰富的发现和创造,积淀下来的会是更具意义的核心素养。

有差错,才有真正的学习,才有实质性学习活动发生,学生才能进入我们期待的主动学习、独立思考、创新活动的状态。成功是长叶的时候,而失败却是长根的时候。对教师来说,要不断练就将差错化成教学资源的意识和能力。

● 领悟 4:"困难",成就课堂的精彩

困难无处不在,当你害怕它、躲避它,它始终还在那里,反复困扰着你;如若走近它、审视它,换个角度来处理,不仅能彻底消除,或许还会给你意外的惊喜。在本节课的试教过程中,总会冒出一些感觉不够顺畅、处理较为牵强的教学节点,在没有寻到解决方法之前,每到这些环节,我就高度紧张,总盼望着学生如我所愿地给出教科书式的回答。可现实很骨感,你越担心什么,就越会出现什么,最后,我只能含糊其辞,掩饰而过。当困难没有得到解决,试图掩饰必将成为课堂的败笔。

幸运的是,我的背后有一个智慧的团队,他们让我领悟到教学中的每个"困难"都能找到解决的途径,而且好的解决办法不仅让"困难"不再为难你,还会为课堂着色,成就新的精彩。比如,学生在归纳面和棱的特征时,既要考虑到面的大小关系、棱的长短关系,又要兼顾这些完全相同的面和长度相等的棱之间的位置关系。要想准确、完整地表达出"相对的面完全相同""相对的棱长度相等"

是有难度的,怎么办? 顾文彬老师给出的办法是将难度分解,在一开始数面和棱的数量时,就相机揭示"相对的面""相对的棱"。面有 6 个、棱有 12 条,数法不尽相同。在交流面的数法时,当学生发现"一对一对地数面"方法很巧,我相机提问:"上面和下面是一对,它们在位置上是——(相对的)我们可以把它们称为一组——(相对的面)""还有哪些面也是相对的? 长方体一共有几组'相对的面'?"在交流棱的数法时,学生发现"按同一方向,一组一组地数棱"的方法特别巧,不重复也不遗漏。我相机启发:"这样看来,长方体的棱根据方向可以分成几组?""哪三组? 每组几条?""仔细看,每组的 4 条棱在位置上也是(相对的),那么我们可以称为(相对的棱)。"这样提前处理,从实用的层面考量,抽象概括"相对的面""相对的棱"自然顺畅,有助于学生加深对优化数法的印象,同时又解决了后期概括面和棱的特征时难以两者兼顾、表达不够规范的实际困难。从认知的层面考量,几何要素量方面的特点是浅表的抽象;对于数学来说,概念抽象重要,而概念之间关系的厘清更为重要。因而,在认识长方体几何要素量方面的特点时,引导学生更进一步体会"面""棱"相互间的位置关系显然立意更高。

又如,长方体面的特征的完整表述是:都是长方形(也有可能有两个相对的面是正方形),相对的面完全相同。学生根据长、宽、高想象长方体的 6 个面,不难发现"相对的面完全相同"。但关于面的形状,每次都是我追问后学生再回答,显得比较零碎。丁锦华老师提出把面的形状前置,放到认识直观图环节,因为在认识直观图的时候,肯定要介绍因为透视的原因,有些面看起来像平行四边形的面实际上是长方形,放到这里自然合适不过。"补上了 3 条看不见的棱,原来看不见的 3 个面现在你们能看到吗?""注意到没有,上下面、左右面看起来像什么图形? 再看看你们桌上的长方体,实际上呢?"我相机板书,并指出这是因为透视的原因。

再如,学生在动手搭框架汇报自己的发现时,起先教师没有任何指引,任由学生敞开来自由交流。因为是即兴组织语言,学生在表达时往往不够凝练、逻辑性欠缺,让听者难以抓住重点,参与效度大打折扣。交流的时间难以把握,交流的效果又不太理想,每到这个环节我很是发怵。针对这个问题,生家琦老师想出了在提供的操作材料中增添一份研究单,指引学生从所选择的小棒类型、数量,长度相等小棒之间的位置关系去观察,进而发现长方体棱的特征。这份研究单不仅使得研究更聚焦,同时也为学生汇报交流提供了支撑。

前面提到,本课的主体框架从初稿形成后就基本定型,但是每个板块如何处理则是经过了反复斟酌和调整。每次试教后,团队成员围坐在一起现场评课,谈不足、议调整方案。集聚众人的智慧,各种困难、问题不仅迎刃而解,更因为解决方式的巧妙跃升为课堂的亮点,从而不断地提升着整节课的质感。赛后,有教师评价这节课"真实、扎实、简洁、清晰、流畅",称赞"教学过程行如流水,教学处理不露痕迹"。我以为,"行如流水""清晰流畅"不是肤浅地指向学习过程的"一马平川""一帆风顺",而恰是对"以学为中心、以思为核心"课堂的最为朴素直观的印象,而这也是我们致力达成的目标和境界,即让学习如呼吸一样自然,让思维向纵深处生长。

● 领悟5:"教学语言",为儿童学习而锤炼

教学语言是教学思维的表现形式,是教师教育观和学生观的外化,是教师教学功力与个人底蕴的综合体现,是一门包含着智慧、情感、技巧的教育艺术。它是教学的核心技术之一。

在本课的研讨过程中,丁锦华老师特意安排我到各种类型的学校试教,一来检测教学设计是否适合不同学习者的需求,从教学时所暴露的问题中寻找设计上还存在的不足;二来让我在与不同学生群体的交流中积累临场经验、磨练教学胆识、增进教学智慧。我们始终秉持一个观点,教学中暴露的问题不从学生身上找原因,问题在自身——活动设计是否合理,素材呈现是否精当,语言表达是否到位。每次研讨结束后,根据大家提出的意见进行调整时,我将自己置身于教学场景中,反复斟酌每一句引语和提问,联想学生可能会怎么回答,每种回答我又应怎样回应。每当苦思冥想总得不到妥当的表达时,我就主动向顾文彬老师和生家琦老师请教,他们为本节课贡献了很多金句。

在锤炼教学语言的过程中,我还要特别感谢时任崇川区小学数学教研员顾娟老师,没有她一字一句的指导,就没有我现在课堂语言的表达风格。我之前的教学语言一般是长句子,顾文彬老师常叮嘱我重音不要总放在前面,要放在关键处,可我总是做不到,一句话那么长,说着说着,我就气息不足了。转变发生在省赛前,顾娟老师让我把教案发给她,第二天我打开邮箱看到批注的那一刻,简直惊呆了,几乎每一句都进行了修改,修改之后的语句变短了、变精准了。

用了修改后的教案,我上起课来也倍觉轻松。赛后,有老师夸奖我上课时语言精练、到位,其实这都是顾老师的功劳。全国赛课前,为了达到更好的效果,在顾老师的办公室,她和我反复斟酌每一个提问,每一句应答,每一次表扬,融情入境地示范每一句的语气,然后定稿。原以为 2 个小时就可以完成了,结果在这一遍遍地反复修改中变成了 5 个多小时。

　　比赛对我来说既是机会,更是一种巨大的压力和挑战。虽有众人的相助,可是面对千变万化的课堂,如何机智应对只能靠自己。记不清多少个夜里与星星相伴,记不得教案已经改了多少遍,针对课堂上每一个细节会出现的 n 个可能,我也准备好了 n 个方案。我的教案虽只有 10 页,可是我心中准备的却是 n 个 10 页。我的电脑里保存的最后一稿是"'长方体和正方体的认识'执行教案11",但从校内,到区内,再到市内各种类型的学校,最后到南京,我教学的次数何止 11 遍!我常听到有教师说一节课上了三四遍就受不了,可我从来没有这样的感受,因为世界上没有两片相同的树叶,人也不可能踏进同一条河流,学生变了,课堂也就变了。对我来说,每次的课堂都是新的,每次教学都能给我新的启示和收获。

| 第六回 | 筑梦远航：长风破浪会有时

2013年11月，我代表江苏省参加全国第十一届深化小学数学教学改革观摩交流会，并幸运地获得了华中师大体育馆会场的一等奖第一名。新颖的教学手段、精致的教学课件、亲切的教学语态、精炼的教学语言、精妙的教学设计，给来自全国各地的老师们留下了深刻的印象，赢得了与会专家和教师的高度好评。中国教育学会小学数学教学专业委员会学术委员、上海市教育学会小学数学教学专业委员会理事长曹培英老师高度评价：江苏吴冬冬老师这节课完美整合了多种教学手段，有效激活了学生的几何直观，发展了学生的空间观念乃至空间想象。

参加全国赛课的幸运之处不只是获得了梦寐以求的荣誉，通过这个平台，更让我结识了许多小学数学教育界的专家和一群致力于小学数学教学研究的年轻朋友，给了我在更高层次上学习、对话、交流的机会，让我对小学数学教学的认识、理解以及实践能力日益增进。后来，我相继执教了"百分数""认识一个整体的几分之一""钉子板上的多边形""汉诺塔之谜""二进制的奥秘"等课，这些课堂都烙印着"长方体和正方体的认识"一课磨练出的教学个性，"从知识为本走向思维为本""思维通透的路由儿童自己去打通""让认知活动转变成一种积极的体验"等教学理念在这些不同的课例中逐渐明朗清晰起来。斯苗儿老师说：一个好教师首先要打造一节代表课。我理解为：其一，目标不要太多，与其经常变换课题打造毛坯，不如聚焦一个课题打造精品；其二，没有刻骨铭心的打磨，就没有教学理解和教学能力的提升；其三，有了代表课，那后面的课自然水涨船高。

2017年，我多了一个新的身份——校长。怎么做校长？怎么做一个好校长？我的人生又重新归零,从新开始。参加全国赛课的人生经历让我坚信:虽然眼下的经验还不够多、能力还不够强,但我一定会越攀越高,我一定可以做得很优秀。2021年暑假,我调任到教体局工作,担任崇川区政府教育督导室专职副主任。作为督导岗位上的一名新兵,我又回到了原点。但我不是一无所有,因为从事教学研究和任职校长的经历赋予我学习力、研究力、执行力、沟通力等综合素养,使得我在面对新的征程时更多了几份自信和从容,更清楚地知道努力的方向和工作的展开方式。教师的成就写在学生的发展里,校长的成就写在师生的发展里,督导工作者的成就则写在区域学校的发展里。

心之所向,行之所往,在最浓烈的岁月,过着滚烫的教育人生。感恩所有给予我帮助、支持、鼓励的师长和同行! 感谢激励我成长的一个个平台! 路漫漫其修远兮,吾将上下而求索,相信那年全国赛课的"满船星辉",必将照亮未来人生的"星辰大海"!

|附| "长方体和正方体的认识"教学实录

从"知识为本"到"思维为本"
——"长方体和正方体的认识"教学实录与评析

【教学内容】

苏教版《数学》六年级上册第10～11页。

【教学目标】

1. 通过观察、操作等活动认识长方体、正方体,知道长方体和正方体的面、棱、顶点以及长、宽、高(或棱长)的含义,掌握长方体和正方体的基本特征。

2. 在活动中进一步积累图形与几何的学习经验,发展空间观念,培养想象能力。

3. 进一步体会图形学习与实际生活的联系,感受图形学习的价值,提高数学学习的兴趣和学好数学的自信心。

【教学准备】

教具:长方体和正方体模型各一个,长方体框架一个,课件。

学具:长方体、正方体形状的物体各一个,土豆和小刀,若干小棒和三通接头。

【教学过程】

● **课前谈话**

师:同学们,喜欢游戏吗? 上课之前我们先来玩个"猜猜他是谁"的游戏,游戏的规则是:请你先在心里选好一个同学,然后不说姓名,只说特征,让大家根据特征来猜猜他是你们中的哪一个。

（游戏略）

师：同学们之间非常了解,对各自的特征把握得挺准的。那你们还了解我是谁? 来自哪里吗?

生答略。

师：你们是怎么知道我的信息的?

生：从屏幕上看到的。

师：真善于观察。会观察对找特征很重要,接下来的数学课上,我们就来比一比谁最会观察和发现。

● **自主观察,导入新课**

1. 观察。

课件出示(其中各立体图形匀速翻转):

师：同学们,屏幕上除了关于我的信息,你还能看到什么?

生：长方体、正方体……

师：哪些是长方体和正方体呢? 来,指一指。

2. 追问。

师：(屏幕上长方体和正方体闪动)为什么这些是,(三棱柱和四棱台闪动)这些不是呢? 看来,长方体和正方体是有自己的特征的。今天我们就来进一步研究它们。(板书课题)

● **切物成形,建构概念**

1. 操作、交流。

师：(手持土豆)这是一个土豆,下面,老师想请同学们来切一切。请看屏幕(课件演示切土豆)——先沿着竖直方向切一刀。

师:摸一摸你切出来的面,这是一个——

生:平面。

师:说得好。(课件演示切第二刀)把切出的平面朝下,还沿着竖直方向切一刀。观察一下,现在有了什么新变化?

生:多了一条边。

师:在哪儿? 指给大家看一看。我们也来摸一摸这条边,想一想,它是怎么形成的?

生:是切了两刀相交而成的。

师:真会思考! 像这样由两个面相交而成的边在数学上叫做什么呢?(课件出示标有注音的"棱")

师:(课件演示切第三刀)接下来,把前面还朝下,从另一个角度沿着竖直方向再切一次,使它变成现在的样子。切了第三刀,又有了什么新发现?

生:多了一个角。

师:观察真仔细! 不过,你所指的这个"角"其实是一个点,我们也来指一指这个点,看一看它是由几条棱相交而成的。

师:像这样由三条棱相交而成的点在数学上叫做——顶点。(课件出示:顶点)

2. 小结。

师:通过切土豆的活动,我们一起认识了面、棱和顶点。(板书:面、棱、顶点)

师:(课件演示)如果将这块土豆再这样切三次,就切成了一个——长方体。(板书:长方体)

【评析】在本节课学习前,学生已经能通过实物和模型"辨认"长方体和正方体,这是在更为理性的层面上认识长方体和正方体的基础。学生通过切土豆的活动,直观地看到了"面""棱"和"顶点"是怎样生成的,体会到面、棱、顶点三者间的内在联系——说到棱就不仅仅是一条边,而要想到是哪两个面相交形成的;说到顶点就不仅仅是一个点,而要想到是和哪三条棱有关系的。而更有价值的是,面、棱、顶点为学生在更为理性层面上认识长方体提供了结构,为思考的进一步展开提供了基点。

● **循序渐进,探究特征**

1. 观察交流,了解面、棱、顶点的数量。

(1) 提出问题。

师:长方体一共有几个面、几条棱、几个顶点呢? 拿出你们准备的长方体先数一数。

(2) 集体交流。

生:长方体一共有 6 个面、12 条棱和 8 个顶点。(师板书:6 个面、12 条棱、8 个顶点)

师:长方体有 6 个面,你们是怎么数的?(学生演示,教师相机指出:一对一对地数,数法真巧)

师:上面和哪一个面是一对? 这两个面就是一组——(板书:相对的面)长方体还有哪些面也是相对的? 这样,长方体相对的面一共有几组?

生:3 组。

师:长方体有 12 条棱,你们又是怎么数的?

生:我先数了左右方向的棱,有 4 条;接着数前后方向的,也有 4 条;最后数上下方向的,还是 4 条。

师:这样看来,长方体的棱根据方向可以分成几组? 哪三组? 每组几条?

师:每组的 4 条棱我们可以称为——(板书:相对的棱)

(3) 小结。

师:通过刚才的交流我们了解了长方体面、棱、顶点的数量,一起来把我们的发现大声地读一读。

2. 渐次展开,探究长方体的特征。

(1) 动手操作,探究"棱"的特征。

① 谈话。

师:(课件演示:高楼抽象出长方体框架)看,大楼的建造一般是以长方体框架为基础的。

师:(课件出示:小棒种类和数量)接下来,我们也来当一回"小建筑师",试着用小棒来搭出长方体框架,寻找长方体更多的特征。

② 提示。

课件出示:

- 材料说明:材料中配有长度不同的小棒和连接小棒的接头。
- 学会合作:四人小组合作完成一个长方体框架。
- 自主探究:仔细观察完成的作品,在小组内交流你的发现。

③ 操作。

④ 交流。

生:我们一共使用了三种长度的小棒,各 4 根。长度相等的小棒在位置上都是相对的,我们发现长方体相对的棱长度相等。(师板书:长度相等)

师:还有和他们搭的不一样的吗? 仔细观察,也有这样的特征吗?

师:我注意到,你们组一开始使用了 5 厘米的红色小棒,后来又换掉了,这是为什么呢?

生:5 厘米的只有 3 根。

师:你觉得至少需要几根?

生:4 根。

师:瞧,学习就是这样,在不断尝试、修正中获得进步。

【评析】从面、棱、顶点的角度去观察长方体和正方体,得到长方体和正方体关于这些几何要素量上的特点,已经具有了一定的理性意义。而几何要素量方面的特点显然是浅表的抽象,对于数学来说,概念抽象重要,而概念之间关系的厘清更为重要。因而,认识长方体几何要素量方面的特点时,教师注意引导学生更进一步体会"面"和"棱"相互间的位置关系。"小建筑师"的活动,"逼"着学生在搭出的实物框架和长方体实物的比照中发现"棱"之间的长短关系。从几何要素本身量的特点,到要素间关系的发现,一步步更为趋向数学的本质。

(2) 直觉判断,认识直观图。

① 初步认识。

师:把刚才搭的长方体框架补上面,并把它画下来。(课件出示长方体直观图)

师:从图上能看到几个面? 长方体不是有 6 个面吗?(相机指出:从一个角度观察长方体最多能看到 3 个面)

师:从这幅图上你还看到了几条棱?

② 直觉判断。

师:那还有的 3 条棱藏在哪里呢?(课件同步出示学生找对的棱)

③ 形成表象。

师:看不见的棱用虚线来表示。补上了 3 条看不见的棱,原来看不见的 3 个面现在你们能看到吗?

师:上下面、左右面看起来像什么图形? 再看看你们桌上的长方体,实际上呢?(相机板书:都是长方形)这是因为透视的原因。

师:请大家仔细观察这幅图。然后闭上眼睛,在头脑里回想一下这个长方体是什么样的。睁开眼睛,和屏幕上的比较一下,一样吗?

【评析】理性地认识长方体和正方体,其本质就是要实现对长方体和正方体实物形状的抽象,这种抽象凝聚在三维实物到二维图形的过程中。教师在处理这个环节时,"找藏起来的棱""看图回想长方体样子"等安排,细腻而又精致,对抽象的顺利推进,以及对长方体立体图形的清晰把握都起到了积极的正向支撑。

(3) 逐步抽象,理解长、宽、高。

① 擦棱想象。

师:(课件演示)如果擦去 1 条棱,你们也能想象出这个长方体原来的样子吗?

师:(课件演示)再擦去 3 条,还能想出来吗?

师:想一想,最少保留几条棱你就能想象出它原来的样子?

师:(随机出示)保留这 3 条棱,想象一下,可以吗?

师:(课件演示:通过平移棱形成完整的直观图)和你们想象的一样吗?

② 揭示定义。

师:像这样从一个顶点出发的三条棱的长度,通常把水平方向的叫做长、宽,竖直方向的叫做高。

③ 辨认练习。

师:(出示长方体实物框架)现在,你能找到这个长方体的长、宽、高分别是哪些棱的长度吗?

师:(变换摆放位置)如果把这个长方体这样放,长、宽、高又分别是哪些棱的长度呢?

【评析】逐步"擦"棱想象完整的长方体(依据相等关系复原长方体),不断地在二维和三维间进行转换、想象,是培养学生空间观念的有力手段。而无论怎么"擦"棱,要想象复原出原先的长方体,最终留下的只能是一个顶点上三个不同方向的棱。可见,"擦"去的是棱,思考的是棱按照方向和长短可分成三类,琢磨的是一个长方体的确定和棱之间更为深刻的关系。从棱的数量到棱之间的位置关系、长短关系,再到棱与长方体大小间的关系,这样步步深入,对长方体的理性认识构建得更为全面和深刻。"擦"棱带来的另一个"副产品"是,学生对"为什么偏偏是相交于一个顶点的三条棱分别叫长、宽、高"有了所以然的答案。

(4) 观察想象,探究"面"的特征。

① 由棱想面。

师:(课件出示长、宽、高)这是 3 条棱,你知道它们所在长方体的长、宽、高分别是多少吗?

师:根据长、宽、高,能从下面的图形中找到这个长方体的 6 个面吗? 结合这些数据边观察边思考,在小组内商量。

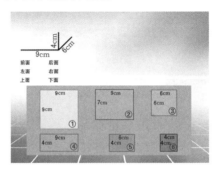

生:前面是④号。因为前面的长是 9 厘米,宽是 4 厘米,和④号图是一样的。

师:从棱联想到面,真会思考!

生:后面是④号。因为相对的棱长度相等,所以后面的长、宽分别是 9 厘米和 4 厘米。

师:学以致用,特别棒! 你们还发现哪些面是几号?(课件随机验证学生所选择的面)

师:前后、左右面都找到了,上下面怎么没有找到呢?

生:这 6 个图形中都没有。

师:你觉得应该是什么样的?

生:长是 9 厘米,宽是 6 厘米。

师:行,那我把②号改一下。(课件验证)看,果然是这样。

② 发现特征。

师:仔细观察我们找到的这 6 个面,你有什么发现呢?

生:相对的面是完全一样的。(师板书:完全相同)

③ 变式观察。

师:下面,我把这个长方体变一变。(出示学生前面搭成的特殊长方体)你们看,这就是他们这一组刚才搭出的长方体。

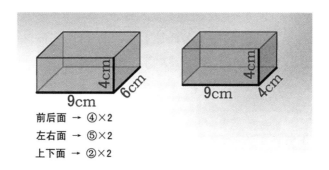

前后面 → ④×2
左右面 → ⑤×2
上下面 → ②×2

生:宽和高相等。

生:左右面变成了正方形。

生:其余 4 个面完全相同。

师:是几号图形?

生:都是④号。

师:好眼力! 像这样有两个相对的面是正方形(相机板书:也可能有两个相对的面是正方形),其余 4 个面完全相同的长方体,在你们的课桌上也有吗?

【评析】观察能看到长方体"棱"的特征,思考就能想到长方体"面"的特征。一个长方体相交于一个顶点的三条棱的长度确定了,这个长方体就确定了,自然这个长方体各个面的大小也就确定了,因而,发现长方体"面"之间的大小关系便是棱特征自然而然的逻辑衍生。这样的教学过程顺应了学生的认知规律。发现长方体"棱"的特征是先观察再思考,而发现长方体"面"的特征是先思考再观察。即使是观察,发现"棱"特征时先观察的是框架实物,而推理"面"特征时思考后观察的是立体直观图,这种良苦用心彰显着教师的教学追求:一切为了促进学生的数学思考,发展学生的思维。

3. 自主探究,发现正方体的特征。

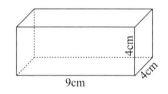

(1) 动态演示。

师:如果把第二个长方体再变,可能会怎么变?

生:变成一个正方体。(课件相机演示)

(2) 提出问题。

师:正方体的面、棱、顶点有什么特征? 正方体和长方体又有什么关系呢? 结合屏幕上的图形和你们准备的正方体,先仔细观察,然后在小组里说说你的发现。

(3) 交流发现。

生:我发现正方体的 6 个面完全相同。

师:这些面是什么形状的?(相机板书:都是正方形,完全相同)

生:我发现正方体也有 6 个面、12 条棱、8 个顶点,而且正方体的棱长度都相等。

师:(相机板书:长度都相等)因为正方体的 12 条棱长度都相等,所以人们把正方体棱的长度统称为棱长。(课件出示:棱长)你还有什么发现?

生:正方体是特殊的长方体。正方体具备长方体的所有特征。

师:真会思考! 如果这个圈里表示的是长方体(课件出示集合圈),正方体应该怎样表示?

生:在表示长方体的圈里再画一个小圈,小圈里表示的是正方体。

师:用图形来表示关系,你让我们体验到了数学的简洁美。

【评析】正方体怎么来的?是由长方体变来的。这就巧妙地孕伏了正方体和长方体之间的内在关系。并且,正方体的特征引导学生用类推的方法得到,这样的处理把"思维为本"凸显得更为鲜明!

● **巩固练习,发展能力**

1. 展开想象,正确选择。

师:根据所给数据,想想它是什么,如果你答对了,屏幕上就会出现这个物体。

课件出示:

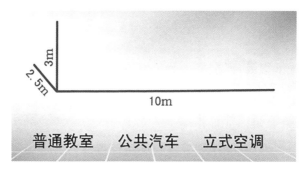

生:普通教室。

生:公共汽车。(课件出示公共汽车图并配有汽车喇叭声)

师:再看(课件出示),这回你的选择是——

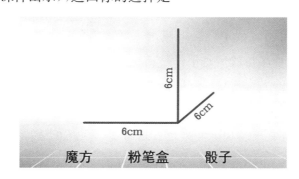

生:魔方。

生:我也觉得是魔方。

师:其他同学觉得呢?

生:是魔方。(课件出示魔方)

师:(课件出示)现在你的选择是——

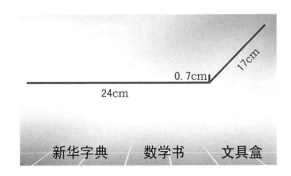

生(众):数学书。

师:(课件演示高缩短)如果这个长方体的高缩短到 0.1 毫米,想想可能是什么物体。

生:一张纸。

师:虽然一张纸很薄,但也是一个长方体。

2. 链接生活,运用新知。

师:〔课件出示冰箱的外包装尺寸(cm):80×70×185〕前几天,我家新买了一台冰箱,看到这组数据,你能知道这台冰箱外包装的哪些信息呢?

生:外包装的长是 80 厘米、宽是 70 厘米、高是 185 厘米。

师:现在,你能知道工人叔叔在制作这个包装箱的过程中至少用了多少平方米硬纸板吗? 这个问题留给同学们课后继续思考。

【评析】思考,不仅仅体现在直观到抽象的知识形成过程中,也体现在抽象再到直观的知识运用过程中。空间观念表现为"根据物体特征抽象出几何图形",也表现为"根据几何图形想象出所描述的实际物体"。看数据选实物,显然不是简单的事实性知识的识记性练习,而是紧扣"图形与几何"领域核心概念的思考性练习。长方体和正方体特征的认识,更多的是根据物体的特征进行抽象,因此,练习的设计更为侧重于根据数据想象实际物体,从而更为全面地培养了学生的空间观念。

● **畅谈收获,总结课堂**

1. 学生交流。

师:不知不觉,咱们的课上到这儿就快结束了。通过今天的学习,有收获吗?

师:回过头来看看课的一开始我们见过的这两个形体(出示三棱柱和四棱台),现在,你能说说它们为什么不是长方体或正方体吗?

2. 回顾总结。

师:在今天的课堂上,同学们在动手实践中探究了棱的特征,又由棱联想面,进一步认识了长方体,并且独立探索了正方体的特征,大家的表现非常棒!

【总评】

"长方体和正方体的认识"是传统的小学数学教学内容。十几年前教学这一内容时,主要确定知识层面的教学目标,即学生通过教学应该知道什么、认识什么。这样的教学比较明显地表现出单纯重视知识结论的倾向,体现了鲜明的"知识为本"的教育理念。而当下的教学,需要贯彻落实《国家中长期教育改革和发展规划纲要(2010—2020)》,按照《义务教育数学课程标准(2011年版)》彰显"以学生的发展为本"的教育价值追求。这意味着,数学教学不应仅仅满足于学生是否拥有了"扎实的基础知识、熟练的基本技能",还应关注学生是否在参与数学活动的过程中认真思考,在经历数学知识产生、发展和应用的过程中获得思维的经验,感悟浸润在知识形成过程中的思想方法。知识的理解、技能的掌握、经验的积累、思想的感悟、能力的培养和素养的提高,这就是我们现在数学课的追求。而要达到这样的课堂立意,没有学生自己的思考,没有学生思维的积极参与,是绝无可能的。所以说,"以学生的发展为本"的教育理念投射到数学学科的教学中,便集中地表现为"思维为本"。很多人说,"教什么"比"怎么教"更为重要,但现在,应该说"怎么教"和"教什么"同样重要。吴冬冬老师执教的"长方体和正方体的认识"一课,就数学的事实性知识来说,和过去并无两样,但如何体现"思维为本",如何实现"四基""四能"的课堂立意,是值得斟酌和探索的。吴老师的实践探索给出了以下几点有益启示。

1. 思维为本,宜重新认识数学和教学。

数学教学,教的是学生需要学习的数学,而并非完全是作为科学的数学,因而,要充分考虑学科逻辑和学生认知逻辑的融合。综观全课,吴老师设计的诸如"搭长方体框架""给长方体配合适的面"等活动,并不完全是原创,以前的教学中或多或少出现过这样的设计。但这些活动重新组织后,给我们留下的印象却又是新颖别致,富有数学内涵。对长方体和正方体特征的认识,教学跳出了传统的"观察得出特征→用量折等方法简单验证特征"的固定模式,而是精心组织和引导学生综合运用观察、操作、类推、想象、演绎等多种方式展开学习活动，使他们在获得知识的过程中发展数学思维，积累数学活动经验。这种有益而又富有成效的探索，给我们一个启示，即从"知识为本"的课堂到"思维为本"的课堂，并不需要教师颠覆已有的教学技艺和经验，重要的是改变对数学、对教学的看法。即便是再简单的数学知识也是人类抽象思考的结晶，所以，数学知识在哪里，数学的抽象、推理就在哪里，数学知识和数学思维是水乳交融的，数学知识是发展数学思维的载体。思维为本的课堂，就是要把平淡无奇的数学知识还原到"数学化"的过程中，引导学生充分经历"数学化"的学习过程。

2. 思维为本，宜抓住数学本质。

就本节课而言，需要学生掌握的数学知识点不少。怎样在繁多的知识点中不迷失数学最本质的东西，吴老师的思路是很清晰的。首先，他抓住了几何的基本要素：点、线、面。所有的几何图形，在更为理性的层面上把握特征就是考察组成图形的点、线、面方面有何特质。"研究图形，就是要研究它的点、线、面"，学生经历这样的过程形成的学习经验具有可迁移性，完全可以用来指导其他几何图形特征的学习。其次，吴老师在长方体中点、线、面的探究组织上，厘清了什么是关键。"点"的情况，一带而过。因为，单独的"点"引申不出更多的数学性质；"线"和"面"所组成图形的面的大小情况最终还是由围成该面的边确定的，也就是说，"线"定了，"面"也就定了。因此，吴老师浓墨重彩地组织学生研究了"线（即棱）"，通过学生的小组合作操作，增强学生的认知体验，有效化解了学习难点；同时又"四两拨千斤"地由棱的特征想象面的特征，使学生对长方体的认识自然而连贯。教师教得轻巧，学生学得清楚。再次，数学研究首先是把生活中与数量、图形有关的东西抽象成概念，并用符号表达，这之后做的便是设法抽象出概念间的关系。概念重要，关系更为根本。吴老师正是扣着"关系"展开了对"线（即棱）"的探究，从棱的位置关系，到棱的长短关系，再到棱与长方体大小间的关系等，步步深入，理性程度不断提升。

数学中的思考，一方面需要有清晰的方向，有方向才能化繁为简；另一方面要具有足够的张力，有张力才能推动认识不断向前。而课堂情境却是复杂的，太多的因素影响着教学的推进；数学思考本身也是复杂的，太多的因素影响着抽象、概括的完成。课堂里，两个复杂纠缠在一起，思考要有成效，就必须抓得住某领域里的数学本质——基本概念和基本关系。不然，就会出现学生"没听还明白，一听反而糊涂"的现象。

3. 思维为本，宜指向核心概念。

《义务教育数学课程标准(2011 年版)》提出了 10 个核心概念。从教的角度看，这些核心概念是数学课程内容的聚焦点、目标点；从学生学习的角度看，这些核心概念是学生通过数学学习应该达到的关于数学的感悟、观念、思想、能力等。与本节课的数学知识直接相关的数学思维目标是发展学生的空间观念和空间想象能力。吴老师着眼于几何图形与实物之间的抽象与具体关系，着力于几何图形内部要素之间的密切联系，引导学生充分地展开观察、操作、想象，实实在在地发展了学生的空间观念。不仅如此，吴老师还注意结合具体的教学过程，发展学生的数学素养。比如，基于观察超越观察，多次引导学生运用推理的方式去思考特征。如果说，由长方体的特征去推理正方体的特征的安排还平常无奇的话，那么，由棱的特征去推测面的特征，由根据立体图形数据去推测实际物体等安排则令人称道。又如，思想、经验等目标都是隐性的，教师没法直接讲，只能靠学生自己悟。仔细剖析吴老师的课，你可以发现每一个特征概括之前，都有学生基于操作或图形基础上的观察活动、想象活动、推理活动，这样丰富的安排使得学生每次都能依靠一定的直观(直观的层次有不同)进行思考。小学生鲜有形式化的符号思考能力，数学的新发现也往往是直观基础上的思考得到的(符号化、公理化的加工是之后的事情)。因此，对小学生的思考来说，直观的形式、视角越多样，积累的表象也就越丰富，进而越容易达成数学抽象、越顺利形成理性理解。这样的学习经历，也就越能产生学习感触，积淀下来便是素养。

思维为本、素养提升，这样的课堂教学探索也许才刚刚起步，愿与小学数学教育实践工作者和研究者一起共同努力！

(评析：王林)

从结论走向过程　从教材走向学生

孙贵合

全国第十届深化小学数学教学改革观摩交流会(厦门一中会场)一等奖第一名获得者。

2011 年 4 月,中国教育学会小学数学教学专业委员会在福建省厦门市举行了"全国第十届深化小学数学教学改革观摩交流会"(以下简称"全国赛课"),我有幸代表北京参加了此次活动,执教了"三角形边的关系"一课,获得了一等奖第一名的好成绩。

这节课在北京市基教研中心小学数学教研室主任吴正宪老师的着力指导下,在马希明、刘德武、王敏等一大批专家的鼎力帮助下,使课堂教学从关注结论走向关注过程,从尊重教材走向尊重学生,从而赢得了现场老师和评委们的一致认可。

而今再次回顾整节课的备课过程,依旧心潮澎湃,不禁感慨:真是"台上一分钟,台下十年功"啊! 从自己按照教材设计、注重结论的得到,到集体备课、突破教材,再到专家指引、关注学生,这些转变使我的教学理念从原来的"关注教材、关注结论",逐步发展为"关注过程、关注学生"。也正是那段经历、那些改变,才使我萌生了"慢'漫'地教数学"的教学主张,并最终成功出版个人专著《慢"漫"地教数学》。

孙贵合

高级教师，全国优秀教师，在人民大会堂受到习近平总书记接见。北京市首批名师培养对象，北京市优秀教师，首都劳动奖章获得者，北京市"身边的好教师"，大兴区十佳教师、十佳青年教师。曾获北京市第十届小学数学课堂教学观摩现场课特等奖，教育部重点课题现场课评比一等奖，北京市小学教师基本功大赛一等奖。在省级以上刊物上发表文章几十篇，《小学教学》《小学教学参考》封面人物。出版个人专著《慢"漫"地教数学》。

| 第一回 | 始生之物，其形必丑

2010年9月，我有幸代表学校参加了北京市大兴区小学数学课堂教学大赛，执教了"三角形边的关系"一课，获得一等奖。

在设计这节课之初，我无意中在网上关注到一则信息——杭州修建了中国第一条十字形斑马线。看到这则信息的那一刻，我立刻想到这和"三角形边的关系"之间有着密切的联系，便思考："是否可以把它应用到这一课的教学设计中，让学生既感受到数学来源于生活又应用于生活呢？"

最终，这个临时之感真的被我融进了课堂，并成为当时整堂课中最亮的一个设计。

Ⓜ **"三角形边的关系"教学设计（第一稿）**

情境导入，引出新课

课件出示图片（下图）。

1. 仔细观察，你发现了什么？

预设：图中的斑马线和我们这里的不一样，是交叉的。

2. 斑马线是十字形的。你们有没有想过，为什么要设计成十字形斑马线呢？

预设：因为两点之间线段最短。

3. 通过这节课的学习，老师相信你可以从新的角度解释这个问题。

自主操作，发现新知

1. 小组合作，发现规律。

活动要求：

（1）用手中的小棒摆一摆，看哪些可以围成三角形，哪些不能围成三角形，并把数据记录在表格中。

（2）小组讨论：什么时候能围成三角形，什么时候不能围成三角形？

（注：提前为每组学生提供几根长度分别是 2 厘米、3 厘米、4 厘米、5 厘米、6 厘米的小棒。）

学生操作交流后总结：两条短边的和大于长边就可以围成三角形，两条短边的和小于或等于长边不能围成三角形。

2. 深入思考，理解任意。

（1）同学们，这里有一个三角形，三条边的长度分别是 5 厘米、5 厘米、5 厘米。你们认为此时哪两条是短边，哪条又是长边呢？应该谁加谁呢？

（2）交流后发现：任意两条相加的和都大于另外一条。

（3）总结：任意两边的和大于第三边就能围成三角形。

三、巩固练习，深化理解。

1. 判断下面三条线段是否能够围成三角形，并说明理由。

（1）3 厘米、4 厘米、5 厘米

（2）6 厘米、3 厘米、3 厘米

（3）10 厘米、8 厘米、1 厘米

（4）6 厘米、9 厘米、5 厘米

2. 为什么要设计成十字形斑马线？

此时学生能够理解这里面有很多三角形，三角形任意两边的和大于第三边，所以这样设计走起来更近。不过，还是有很多学生用一开始的理解在回答，即两点之间线段最短。

当得知自己获得大兴区一等奖第一名的时候，我兴奋极了。

区教研室主任马希明老师找到我说："贵合，这次表现很好，咱们区将要派你代表大兴区去参加北京市的比赛,你感觉怎样?"

我自信地说:"没问题,您放心吧。"说完,情不自禁地发出了爽朗的笑声。

马老师接着说:"这节课,你还有什么想法吗?"

处于兴奋中的我,一时间没有反应过来。马老师继续说:"我问你几个问题。第一,你最引以为傲的十字形斑马线,起到作用了吗? 学生最后不是还在说两点间线段最短吗? 第二,你出示的三条边都是 5 厘米、5 厘米、5 厘米的三角形,目的是让学生理解'任意',但学生所说的'任意',是数学上的'任意'吗? 第三,学生摆小棒看可不可以拼成三角形的时候,自己知道摆的目的是什么吗?"

在这美好的时节,在这快乐的时光,听着来自专家犀利的三连问,我不禁感慨:"马老师,您就不能过几天再提问题吗? 也让我享受会儿鲜花与掌声。您这一盆'无情'的冷水,一下把我浇个透心凉。"

不过,我很快就冷静下来,并细细思考马老师刚才说过的话。是啊! 在上课之初,学生对"为什么设计成十字形斑马线"的认知是"两点之间线段最短",而通过一节课的学习后,部分学生对这个问题的认知依然停留在"两点之间线段最短"。这让我不得不反思:本节课的生长点在哪儿?"两点之间线段最短"是解释这一现象最简单、最直接的知识点,谁还会用复杂的方法来解释呢?

通过边长分别是 5 厘米、5 厘米、5 厘米的三角形,学生所得出的三角形边的关系中的"任意"是"随便"的意思,而我想要让学生理解的"任意"是要满足三角形三条边两两相加的情况呀。这样用相同的词代替得出的结论,学生真的理解了吗?

学生在摆小棒的过程中,是在操作、记录,但有思考在里面吗? 一定没有。那怎样才能够让学生带着思考操作呢?"在课堂教学中,不能出现老师的脑、学生的手的现象。"这是马老师经常教育我们的话。可是,怎样才能让学生既动手又动脑呢?

面对马老师的"夺命"三连问,我不禁有点茫然了。

第二回 三个臭皮匠，抵个诸葛亮

　　带着马希明老师的问题与我的思考，我重新走入"三角形边的关系"一课中。在马老师的带领下，区教研员冯文凯老师、我校的数学团队开始和我一起进行集体备课。

　　首先，我们一起讨论了关于十字形斑马线的情境问题。大家都觉得这个情境很好，来自于生活又应用于生活，但也确实没有起到突出本节课知识点的目的，所以大家一致决定删掉这个情境。我真的有些不舍。马老师好像看出了我的心思，耐心地说："创设情境的目的是为了激发学生的学习兴趣，为了让学生感受知识间的联系，能够为本节课的学习打下很好的基础，而不能为了情境而情境，那种穿衣戴帽似的情境，是没有实际意义和价值的，还不如没有。"这时我也似有所悟，以前对于情境的创设，每次我都很下功夫，总希望创设的情境新颖、有趣，而对于其作用本身很少关注。删掉十字形斑马线这个情境，可以说也是为我上了很好的一课。最后决定课的引入就采用复习三角形的定义——什么是三角形？要围一个三角形需要几条线段？由生活情境改变为数学情境。

　　其次，怎样突破"任意"这一概念呢？用边长分别是 5 厘米、5 厘米、5 厘米的三角形来讨论，分不清谁长谁短，虽然学生能够说出"任意"这一词，但是他们的理解与数学本身要表达的意义有所不同。通过对比中学教材，发现在中学教材中没有"任意"一词，其表述是：三角形两边之和大于第三边，两边之差小于第三边。这是通过"和""差"两方面辩证描述了三条边之间的关系。而小学教材只是从"和"的角度来总结，所以才会有"任意"一词的出现，所表达的含义是要有三组大于关系的存在，而学生所表达的"任意"只是一组大于关系。对此，讨论中大家提出可以用字母来代替任意数。字母的加入使学生忽略具体线段的长短，而更关注三条线段彼此之间的关系。于是，在学生总结出两条短边的和大于长边之后,教师出示三条不知道谁长谁短的线段,分别用 a、b、c 表示,问学生:"它们具有谁加谁大于谁的关系时,就能够围成三角形? 一组可以吗?"从而引导学生说出三组大于关系:$a+b>c$、$a+c>b$、$b+c>a$。在此基础上,引出"任意"一词。这个环节的变化,为我以后的教学设计提供了很大的帮助,因为对于结论的得出,更多关注了学生的理解,而不是简单结论的描述。

第三,如何让学生能够带着思考操作? 这个问题一下子把大家都难住了。对比了人教版、北师大版、苏教版等几个版本的教材,发现都是为学生提供几组小棒,学生边操作边记录,最后是从操作和记录中发现三角形边的关系。我们思考:是否可以让学生在操作之前想一想,然后带着自己思考的结果去操作呢?表面看起来是可以的,因为学生有了思考,但很多学生其实并不是自己思考得出结果,而是提前看教材知道了这个结论而已。于是,马老师大胆提出:"我们不给学生提供几组小棒,而是只给学生提供两条线段,一长一短,由学生剪一刀变成三条段,思考剪哪一根、怎样剪能够围成三角形。"马老师的这个提议得到了大家的一致认可。进一步讨论后决定,为了出现两边之和等于第三边的情况,不要给所有学生的两条线段都是一长一短,必须给几名学生的材料是特殊的,即两条线段是同样长的。

冯文凯老师提出:"两条边的和等于第三边时,小组内讨论可能有困难,如何能够把学生的作品直接进行全班性的展示呢?"于是决定把小棒变为磁条,学生直接在磁力板上操作,这样就可以直接展示学生作品,从而进行全班交流。

基于以上的思考,2010 年参加北京市第十届课堂教学比赛时,便有了如下教学设计。

Ⓜ "三角形边的关系"教学设计(第二稿)

以旧引新,揭示课题

同学们,我们已经认识了三角形,今天我们一起来学习三角形边的关系。(板书课题)既然是研究三角形边的关系,那谁能先说一说,什么是三角形?

动手实验,自主探究

1. 提出问题,动手操作。

(1)围成一个三角形,需要几条线段?

预设:围成一个三角形需要三条线段。

（2）老师今天只给每位同学带来了两条线段,你有办法把它们变成三条线段吗?

（3）我们可以把其中的一条线段剪一刀,就变成了三条线段。想一想,怎样剪就可以围成一个三角形?

2. 汇报交流,收集素材。

（1）（展示围成三角形的情况）这么多同学都围成了三角形,那是不是只要有三条线段,就一定能围成三角形呢?

预设:不一定,我的就没有围成!

（2）还有不能围成的? 快来把你的作品展示给大家。（两边之和小于第三边的情况）你是怎么剪的?

预设:我剪的是短的那一根,所以没有围成。

（3）看来,他的这三条线段真的围不成三角形,为什么呢?

预设:他剪的是短的那一根,剪出的两根还不如短的那根长呢,怎么可能围成呢?

（4）（展示两条同样长的情况）大家看,围成一个三角形了吗?

预设:其实还没有围上,角还没有连上。

（5）上面的两条边再向下压一压,能不能围成三角形呢?

预设:不能。

（6）再向下压就重合在一起了,所以也围不成三角形。

（7）都是三条线段,只是长短不同,为什么有的时候就能围成三角形,有的时候就围不成三角形呢? 看来,一定和三角形三边的长短有关系。那么,三条边具有怎样的关系时就能围成三角形呢?

预设:两条短边的和大于长边时就能围成三角形,小于或等于长边时就不能围成三角形。

（8）以前我们总是考虑一条边和另外一条边去比,而他却考虑到用两边的和去与第三条边进行比较,真了不起! 老师这里还有三条线段,它们分别是 a、b、c,而我却不知道谁长谁短,那它们具有什么关系时就能围成三角形呢?

预设 1:$a+b>c$。

预设 2:仅有这一组不行。像 3、4、9 这一组,如果 a、b 是 4 和 9 呢? 它们相加也大于 3 呀! 可是围不成三角形呀!

（9）因为我们不知道谁长谁短,完全有你说的这种可能! 认为只有一组的那位同学,你觉得呢? 谁还有什么不同的想法?

预设:除了刚才说的那一组,还应该有 $b+c>a$, $a+c>b$。

（10）只有同时满足这三个条件,才能围成三角形。现在谁能总结一下,三角形三条边之间应该具有什么关系?

预设:任意两边的和大于第三边。（板书）

实际练习,拓展运用

1. 判断:哪组线段能围成三角形?

10 cm	5 cm	8 cm
5 cm	5 cm	5 cm
3 cm	3 cm	6 cm
2 cm	3 cm	8 cm

2. 你能用今天所学习的知识证明 $a+b+c>d$ 吗?

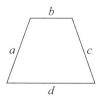

当看到这个问题时,学生很茫然——明明看着就是 $a+b+c>d$,为什么还需要证明?

（注:小学数学学习中,学生没有经历过完整的证明过程,所以有必要在简单的问题上让学生经历、体验一次证明,从而积累学习经验。当加入 e 这条辅助线时,学生立刻明白了,并且能够用完整的语言来表达。）

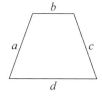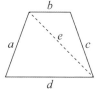

你能证明 $a+b+c>d$ 吗?　　你能证明 $a+b+c>d$ 吗?

预设:因为 $b+c>e$, $a+e>d$, $b+c$ 已经比 e 大了,所以 a 再加上一个更

大的数就比 d 更大了,所以 $a+b+c>d$。

这节课得到了与会老师和专家的一致认可,也得到了马希明老师的表扬与肯定,当时心里别提多高兴了。因为有付出,有收获,更有自己的成长。

2011 年 2 月 18 日,这是一个特殊的日子。这一天,马希明老师把我叫到教师进修学校,现场只有北京市基础教育研究中心主任吴正宪和教研员马希明、冯文凯、董翠娟。吴正宪老师走过来,亲切地对我说:"贵合,祝贺你获得了北京市课堂教学大赛特等奖。经研究决定,将派你代表北京市去参加两年一届的全国小学数学课堂教学大赛。"我听后真有点不敢相信自己的耳朵,心情异常激动。因为,成为一名光荣的人民教师是我的理想,能够参加全国赛课是我的梦想。

吴老师接着说:"你们的课还需要改,需要思考的问题:第一,怎样让学生能在观察中联系数据分析问题? 这样可以使我们的数学学习有更多的理性思考。第二,怎样使练习更贴近学生的生活,让学生感受生活与数学之间的密切联系?"

马老师的三连问让我们的课取得了巨大进步。

吴老师的这两连问又会带给我们什么呢?

我不去想,但我心里清楚,一段新的征程又要开始了。

| 第三回 | 风雨之中引路人，一指定天下

　　带着问题，我们团队又开始了新的设计、实践、反思的轮回。

　　在试讲过程中，我们有幸请到了特级教师刘德武进行指导。我们把吴正宪老师提出的要求与我们遇到的问题相结合，向刘老师请教。在刘老师的指导下，我们把为学生提供的两条线段，变成了画在透明胶片上的两条有刻度的线段，使学生在操作过程中，除了观察，还可以用数据说话。正是这一小小的改变，真正使学生的思考由表面走向了数学本质。我们还在练习过程中加入了国家大剧院的场景，从而让学生进一步感受到数学与生活的联系。同时，考虑到课堂教学中出现的数据都是整数，在练习题中加入了小数，研究和思考的范围由整数数系扩充到小数数系，使学生的学习、研究和思考更深入数学的本质。

　　基于以上思考和改变，我们又进行了几次试讲，效果很好。于是，鼓起勇气邀请吴正宪老师来听课。课结束之后，吴老师对学生进行了随机采访。其中有一名学生说："老师，下课之后我才明白，原来给我提供的两条线段，无论我怎样剪，都是不能围成三角形的。"显然，这位学生获得的两条胶片是一样长的。吴老师忙问："那你心里是怎样想的呢？"学生满脸遗憾地说："我特想剪成一个能够围成三角形的情况。"我赶紧冲上去，送给学生两条不一样长的胶片。然后说："课下你可以自己再剪一剪、围一围，看看是否能够围成三角形。"我自认为这件事处理得还是很圆满的，我及时给予学生课下去尝试的机会。但是，在课后研讨中，吴老师说："我们虽然不敢保证每一名学生都有成功的体验，但如果因为我们设计的某个环节而有可能让某一名学生没有获得成功体验，那一定要

251

思考我们自己的教学设计。"

吴老师的这番话已经超越了数学,超越了课堂。不过,有一个担心在我心中萌生。果然,讨论中"给学生两张胶片"这一设计被否定了。吴老师让大家一起研讨:"有没有更好的方法,能够让每一名学生都可以在自己思考的基础上获得成功的体验呢?"会议室一下子安静了下来。足足过了五分钟,吴老师说:"既然大家都没有想法,我倒有一个想法,我们是否可以只给学生提供一张胶片,由学生自主去思考,去剪成三条线段呢?"会议室再次陷入了安静。吴老师接着说:"既然大家都没有意见,那就这样定了。"我忙说:"吴老师,真不行!只给学生提供一条线段由学生自己去剪,如果学生剪出来的都是能围成三角形的情况,没有两边之和等于第三边、两边之和小于第三边的情况,那研究该怎样进行下去呢?"吴老师只是轻描淡写地说了一句:"给孩子空间,充分地相信学生,孩子会给我们奇迹。"我觉得这句话很有力量,但还是有点将信将疑地接受了。

带着吴老师的建议,我们进一步对只提供一条线段的教学设计进行研讨,重点对给学生的一条线段的长度进行了分析,最后认为给学生提供长度是 16 厘米的线段最合适,理由是:16 厘米线段不太长;容易出现各种情况;不容易出现三等分的情况。

确定只给学生提供一条线段,确定提供给学生的线段的长度是 16 厘米,我又开始不断走进课堂。每次课前,我总不由自主地担心两边之和等于第三边、两边之和小于第三边的情况不能出现。于是,每次课前我都做好准备,以防学生出现的情况不全面时,我可以随手拿出学具进行补充。

在有了上述思考和一定的实践之后,便有了如下教学设计。

Ⓜ "三角形边的关系"教学设计(第三稿)

以旧引新,揭示课题

同学们已经认识了三角形,今天我们一起来学习三角形边的关系。(板书课题)既然是研究三角形边的关系,谁能先向大家介绍一下什么是三角形?

预设:由三条线段围成的图形(每相邻两条线段的端点相连)叫做三角形。

【设计意图】开门见山,简明扼要,揭示课题,讲求实效。

动手实验,自主探究

1. 提出问题,动手操作。

(1) 如果要围成一个三角形,需要几条线段呢?

预设:围成一个三角形需要三条线段。

(2) 可是,老师今天只给每位同学带来了一张胶片,上面画了一条长16厘米的线段,我们该怎么办呢?

预设:可以把它剪成三段。

(3) 可以剪两刀,把它分成三段。(拿起一张胶片演示)可以在这儿剪,也可以在这儿剪。把这条线段剪成长长短短的三段,为了便于研究,我们只剪整厘米数,然后看看我们剪成的这三条线段能不能恰好围成一个三角形。

(学生动手操作,教师巡视)

【设计意图】此环节引导学生"剪",创设了数学化的情境,为学生提供了丰富的数学信息,也为学生的动手操作提供了研究的素材。

2. 汇报交流,收集数据。

(1) 我们先停一下,一起来分享一下这位同学的作品(不等边三角形)。

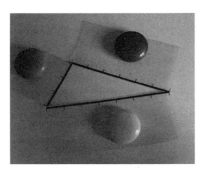

预设:我把16厘米分成了3厘米、6厘米和7厘米,最后围成了三角形。

(2) 我们把这组数据记录下来。(板书:3、6、7)还有谁也围成了三角形,但是数据和他的不一样?

(其他学生汇报不同数据,教师板书。)

(3) 是不是只要有三条线段,就一定能围成三角形呢?

预设:不一定,我的就没有围成!

(4) 还有不能围成的? 快来把你的作品展示给大家(两边和小于第三边的情况)。

预设:我把16厘米分成了4厘米、3厘米和9厘米,没有围成三角形。

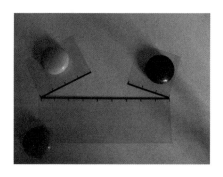

(5) 看来,这三条线段真的围不成三角形。我们也把这组数据记录下来。是不是只有这一组围不成三角形呢?

预设:我的也没有围成(数据为3厘米、5厘米和8厘米。)

(6) 不是围成一个三角形了吗?(看上去像围成了)

预设:角上还没有连上。

(7) 把上面的两条边稍稍再向下移动一下,是不是就能围成三角形了呢?

(8) 上面两条线段的和是8厘米,下面的一条线段也是8厘米,能拱起来吗?学数学就要用数据去考虑问题,不只是用眼睛在看,还要用脑去想,大家看这里。(出示课件)

预设:围成了。

(9) 真的围成了吗?我们放大看一下。

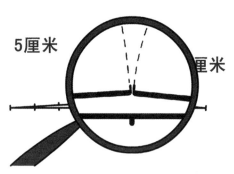

预设:没有围成,中间还有一点缝。差一点也不行。

(10) 当这两个点真正相连的时候会出现什么情况?

预设:会和下面的线段重合。(课件演示)

【设计意图】学生是学习的主人,要让学生经历知识产生的过程,就要放手让学生动手去做。学生每人一条胶片,剪三段后,有的能够围成三角形,有的不能围成三角形,多种情况的出现为后面总结三角形边的关系提供了充足的数据。学生通过对数据的分析,容易理解"两边之和等于第三边围不成三角形",感受到数据的作用,发展了空间观念。在处理"两边之和等于第三边"时,适时利用学生之间的认知冲突,引发生生之间的对话,创造了生动的数学课堂。

3. 研讨交流,发现关系。

(1) 都是把 16 厘米的线段剪成的三段,为什么有的能围成三角形,有的就不能围成三角形呢? 看来,一定和三角形三边的长短有关系。那么,三角形的边之间到底有什么关系呢? 结合同学们的作品及数据分析一下。

能围成			不能围成		
4	7	5	2	3	11
5	6	5	3	5	8
2	7	7	3	4	9

预设 1:两条短边的和大于长边,能围成三角形。

预设 2:两条短边的和小于长边或者等于长边,不能围成三角形。

(2) 总结:从你们的发言中,我听到了智慧的声音。以前我们经常考虑的是一条边和另外一条边去比,而现在考虑到用两边的和去与第三条边进行比较,真了不起! 老师这里还有三条线段,它们的长度分别是 a、b、c,不知道哪条长、哪条短,它们具有什么关系时能围成三角形呢?

预设 1:$a+b>c$。

预设 2:仅有这一组不行。像 3、4、9 这一组,如果 a、b 是 4 和 9 时,它们相加大于 3,可是围不成三角形呀。

(3) 因为我们不知道哪条长、哪条短,完全有你说的这种可能! 谁还有不同的想法?

预设 3:不但要有 $a+b>c$,还应该同时有 $b+c>a$,$a+c>b$。

(4) 只有同时满足这三个条件,才能围成三角形。谁能试着总结一下,三角形三条边之间应该具有怎样的关系?

预设:任意两边的和大于第三边。(板书)

【设计意图】本环节学生在自主操作的基础上,结合大量的数据,很容易得出"两条短边的和大于长边"的结论。此时结论还不完善,教师适时加入字母,使学生深入地理解了"任意"的含义。数学结论的概括因加入字母凸显了数学的简练与严谨,培养了学生的符号感。

实际练习,拓展运用

1. 判断:下面各组线段能围成三角形吗?（学生独立完成后交流）

10 cm	5 cm	8 cm
5 cm	5 cm	5 cm
3 cm	3 cm	6 cm
3.1 cm	3 cm	6 cm
2 cm	3 cm	8 cm

2. 在2厘米、3厘米、8厘米这组线段中,把2厘米的线段换掉,换上几厘米的线段就能围成三角形了?（课件演示把2换成了 x）

总结:随着这个数不断变大,它的角色也变了,它不再是短边,而成了长边,所以我们不能只从几加3大于8看问题,还要考虑8加3也要大于另一条边,这样看问题才全面和辩证,才能让人越来越智慧。

【设计意图】本环节的前三组线段的判断为基本练习,学生能够应用所学知识解决问题,其中通过第二、三两组线段所组成的三角形,使学生初步感知等腰和等边三角形。第四组线段加入了小数,从整数延伸至小数。改变第五组线段的数据,渗透了区间和极限的数学思想,教会学生辩证地思考问题。

3. 三角形的一条边长12分米,另两边的和是14分米,另两条边分别可以是多少分米?

总结:这道题告诉我们考虑问题一定要全面,从多个角度去考虑。想不想看看这些三角形的样子? 自己想一想,用手画一画。看,这些三角形放在一起像什么?

12分米

【设计意图】本环节是一道拓展提高题,沟通了数学与生活的密切联系,培养了学生的空间观念,渗透了数形结合思想,使学生充分感受到数学学习的价值与美感。

2011年4月29日,迎来了在福建省厦门市举行的全国第十届深化小学数学教学改革观摩交流会的胜利召开。我代表北京市参加本次比赛,并与来自全国各地的32位选手同场竞技,获得一等奖第一名的好成绩。这次我更加高兴,有成绩的取得和付出后收获的喜悦,也有来自于课中与学生互动交流的体验以及学生创造的奇迹。

在这节课的教学过程中,其中的一个环节给我留下了深刻的印象。

对于两边之和等于第三边是否能够围成三角形,学生通过动手操作,发现两边之和等于第三边时围起来很困难,于是得出结论:"两边之和等于第三边不能围成三角形。"我没有立刻给予肯定,而是继续展开讨论。

师:3厘米、5厘米、8厘米这三条线段真的围不成三角形吗? 还是你的操作导致了围不成三角形? 有谁能围成三角形吗?

("围不成"和"你围不成"不是同一个概念,一个是客观事实,一个可能是操作的缘故。"有谁能围成三角形吗"这样具有挑战性的要求,使得学生的积极性一下高涨起来。在围的过程中,由于学具有误差、画出的线段有粗细,因此近似地能够围成一个三角形。)

师:(展示一幅学生的作品)同学们看,围成三角形了吗?

生:围成了。

(大多数学生认可围成了。可以看出来,一开始学生认为的围不成,并不是对规律的认可,而是对操作的解释。如果教师进行后面的教学,一定会在此埋下知识的"地雷"。而此时停下来,关注一下过程,尊重一下学生,才能真正地读懂学生,了解学生对问题的想法与思考。)

师:(看着刚才说围不成的学生)你说围得成吗?

生:围得成。

生:老师,应该不能围成三角形呀。咱们想,3厘米、5厘米加起来才等于8厘米,与下面的一条8厘米相等,相等应该重合,怎么可能形成三角形呢?

(学生这样的发言,才真正地由眼睛看到的走向对数学的思考,也使学习更加趋向数学的本质。这样的思考是深刻的,也是必须的,所以要留给学生这样的思考时间和空间。)

师:对呀,老师也做了一个。(课件演示)在这个过程中,你们发现上面两条线段在怎样变化?

生:它们之间的缝隙在不断缩小。

师:它们真正连在一起会是什么样子?

生:与下面的一条边重合了。

师:现在你们觉得这三条线段是否能够围成三角形呢?

生:两条线段加起来等于第三条的时候不能围成三角形。

师:(看着刚才说能围成的学生)那你觉得呢?

生:这回我真知道了,只要两条线段加起来的和等于另外一条线段就围不成三角形。

(结论是相同的,都是"围不成",但意义是不同的。在"围不成"—"围得成"—"围不成"的过程中,学生由观察转入思考,由直观转入抽象,由表象转入内涵,这就是从"关注结论"到"关注过程",从"尊重教材"到"尊重学生"理念的改变。)

《义务教育数学课程标准(2011年版)》中指出:"学生学习应当是一个生动活泼、主动地和富有个性的过程,除接受学习外,动手实践与合作交流也是数学学习的重要方式,学生应当有足够的时间和空间经历观察、实验、猜测、验证、推理、计算、证明等活动过程。""关注结论""尊重教材"可能使课堂表面更顺利,教学效果可能也并不差,但只有"关注了过程""尊重了学生",才有了学生交流的机会,才有了充足的时间和空间去猜测、验证和证明,教师才能用心地去读学生,才能够读出学生语言背后的真正意义,才能读懂学生的思考。

赛课结果揭晓之后,马希明老师也是非常激动,对这节课给了很高的评价。

走进孙老师的课堂,我们被学生积极主动探究新知的学习热情打动着,也被孙老师扎实的教学基本功以及教学智慧与激情感染着。我们在想,是什么力量使这样一节普普通通的常态课在比赛中产生了如此轰动的效果呢? 在与孙老师反复研磨此课的过程中我们找到了答案:他在努力读懂学生,读懂教材,读懂课堂。他不是带着教案走向学生,而是引领着学生一起走向知识的乐园,他是在用心尊重每一名学生,关注他们的学习过程,才创造了如此精彩的数学课堂。

1. 关注过程——"错误"成就精彩课堂。

只有当教师从关注结论转向关注过程,才能发现"错误"是课堂生成中宝贵的教学资源,只要是学生经过思考,其错误中总会包含着一些合理的成分,而且错误中还能暴露出教师教学中的疏漏,显示出学生的思维过程。正确的可能是模仿,错误的却可能是创新。因此,在课堂教学中,我们应该关注过程,善待错误,让错误呈现出来,并利用错误成就精彩的课堂。这节课中,孙老师提出问题:"如果把2厘米换掉,换成多少厘米就可以围成三角形了?"学生回答:"大于5就可以了。"孙老师没有急于指出学生的错误,而是机智地说:"好。大家都同意,那我们一起数一数。"学生和老师一起数:"6、7、8、9、10、11、12……"数着数着,有的学生就发现了问题,大声回答:"不行了,太大了。"孙老师再次追问:"怎么刚才说大于5就行,现在又不行了?"通过恰当的追问,引发学生思考:"看问题要全面,要辩证。"

　　教学活动本身就是师生之间、生生之间交往互动与共同发展的过程,只有关注了过程,当学生出现"错误"时,教师才能采用促进其主动发展的理念和策略,将学生的"错误"转化成一种可开发的重要的课程资源,并通过适时、巧妙的引导,促进学生在合作中得到进一步的发展,成就精彩的课堂。

　　2. 尊重学生——"对话"成就生动课堂

　　只有当教师从尊重教材转向尊重学生,数学学习才是一个生动的、活泼的、主动的和富有个性的过程。在课堂上,教师尊重学生,积极而有效的评价会使课堂更加生动。

　　在课中,孙老师展示一名学生把16厘米的线段分成3厘米、5厘米和8厘米的作品。教师问这三条线段能围成三角形吗,有的学生说"能围成",有的学生说"围不成"。这时站起一名学生说:"我坚决认为围不成!"又站起一名学生说:"怎么就围不成!"孙老师说:"你问他呀!"那名学生理直气壮地问:"你说,怎么就围不成!"孙老师又乐呵呵地说:"围不成就围不成,你为什么说'坚决'呀!"这名学生继续解释道:"你想呀,上面的两条边是5厘米和3厘米,加起来才等于下面的一条边,所以围不成三角形。"那名学生听后点点头。此时,孙老师把两只手臂重合在一起说:"看,上面的两条和是8厘米,下面的一条是8厘米,能拱起来吗?""你们学习数学不但用眼睛去看,而且会用数据说话,老师真的很佩服你。"

　　此时,孙老师从一个单纯知识的传授者转变成学生发展的促进者。他积极而富有智慧地"煽风点火",加深了学生对知识的理解,启迪了智慧,激活了思维,增强了学生学习的自信,使学生体验到了快乐,感受到了成功,享受到了幸福。

3. 转变——"思想"成就厚重课堂

一位优秀的数学教师一定是善于学习,善于转变观念,具有学科见识的教师,一定会从整体上把握教材,读懂数学的本质,抓住数学的本质实施教学。数学思想方法是数学的"灵魂",是数学发展的内在动力。

孙老师读懂了教材,读出了蕴含于知识的发生、发展和应用过程中的数学思想方法。因此,孙老师没有满足于学生记住结论,没有满足于学生只会应用结论进行判断,在教学过程中渗透了数与形结合的思想、符号化思想、极限思想、全面辩证思考问题的方法,等等,抓住了数学知识的"灵魂"进行教学,成就了一节厚重的课堂。一路走来,我见证了他从关注结论到关注过程,从尊重教材到尊重学生的转变过程。

| 第四回 | 回顾与沉淀，教学主张自然成

　　过程是艰辛的，结果是完美的，但留存在记忆中的，更多是感动。开始时学生所用胶片，都需要用手画在上面，再进行剪裁。马希明老师考虑到我要备课，准备教学设计工作量非常大，于是发动所有教研员为我准备胶片。以前只听说过教师为教研员帮忙，在这里我感受到了教研员为教师服务。因为裁剪数量特别大，教研员冯文凯老师的手已经磨出来了血泡，还开玩笑地和我说："贵合，你就放心吧，以后再剪多少我也不会磨血泡了，因为我有方法——我会戴手套儿。"听着是一句玩笑的话，我却怎样也笑不出来，心里感到暖暖的温情。

　　因为要经常开展试讲、研讨等活动，需要和学校组内老师反复调课，老师们都给予了大力支持，没有一句怨言。

　　最让我感动的是我校王敏校长，从准备学校赛课开始，就从百忙中协调出时间，全程参与了我的每一次研讨、每一次试讲，并真诚地提出建议。特别是 4 月 29 日全国赛课当天，当课进行 20 分钟左右时，大屏幕上的课件只呈现上面的 $\frac{1}{2}$，而下面变成了全黑，投影设备出现了问题。此时的我正在课堂中与学生交流，不适合也不可能去协调电脑事宜。当时需要课件中呈现对于两边之和等于第三边的理解，还有国家大剧院的照片，这些都是我们认为本课的经典之处。如果课件不能呈现，将对本课整体教学效果带来比较大的影响。这时，王校长第一个冲上去与电脑老师交流，当电脑老师给出结论说没法恢复时，王校长挺身而出："我来。"经过王校长五分钟的紧急处理，大屏幕恢复了正常。至此，我也长长出了一口气。与此同时，全体老师也报以热烈的掌声，这掌声不是送给我，而是送给在后面默默付出的王校长，以及我们这

样一个优秀的团队。正是因为身处这样一个优秀的团队中,才有了自己取得的一点成绩。

现在每次和同事一起备课,都会想起吴正宪老师说过的话:"贵合,慢点,别着急,学生的学习是一个过程,不是一蹴而就的,他们错着错着就对了,聊着聊着就会了。我们不能只关注知识,更应该关注学生的发展,关注学生的感受,让学生感受到数学的美。"

正是在此基础上,我才提出"从关注结论到关注过程,从尊重教材到尊重学生"的教学主张。

现今是一个信息的时代,是一个追求速度的时代。《孙子兵法》说:"激水之疾,至于漂石者,势也。"但教育不可以追求速度。尤其是小学数学教学,更是不可以追求速度。

● 一慢——为从关注结论到关注过程的改变

如果追求速度,小学数学教学是非常简单的,只要让学生记住定理、公式就可以了,这就是只关注结论。但知识本身对于学生的一生来讲又有什么实用价值吗? 我们所学习的圆的面积公式、三角形的面积公式、梯形的面积公式,等等,在多少学生的一生中会用到吗? 可能一生都用不到了,而在生活中能够用到的,是学习知识过程中所体验和感受到的各种思想、方法等。

知识本身是前人智慧的结晶,我们的教学应该把这些结晶打开,让学生再次感悟知识的产生过程,而过程本身是快不起来的。所以,数学教学应该适时地慢下来,关注学生的学习过程。

● 二漫——为从尊重教材到尊重学生的改变

"漫"有两种解释。

1. 满,遍,到处都是,漫山遍野。我们非常尊重教材,每节课的知识点都是非常"突出"的,教师在反复教,学生在反复练。我们知道,知识之间是相互联系、相互依存的,但学生所得到的知识往往是点状的、没有关联的。所以,除了教材中的知识点本身,更应该关注知识之间的联系,更应该尊重学生的感受。

2. 没有限制,没有约束,随意。"教无定法,贵在得法。"我们的课堂应该根据具体内容选择不同的教学方法,不能拘泥于某一种模式。在课堂中给学生充足的时间和空间,让学生自己去想、去说、去动手。同时,"漫"更是情怀,如果教师心中有学生,数学教学也会很浪漫,学生会感受到数的美。

《义务教育数学课程标准(2022 年版)》在总目标指出:对数学具有好奇心和求知欲,了解数学的价值,欣赏数学美,提高学习数学的兴趣,建立学好数学的信心,养成良好的学习习惯,形成质疑问难、自我反思和勇于探索的科学精神。

所以,只有关注过程,才能发现数学中的美;只有尊重学生,才能发现生活中的美。

|附| "三角形边的关系"教学实录

从"直观操作"走向"数学思考"
——"三角形边的关系"教学实录与评析

【教学内容】

人教版《数学》四年级下册第五单元"三角形"例4。

【教学思考】

本节课是在学生初步认识三角形特征的基础上,进一步学习三角形的性质,即"三角形任意两边的和大于第三边"。它为学生接下来学习三角形、四边形等多边形的相关知识,以及中学学习勾股定理等内容奠定基础。

学生在学习本课之前已经了解了一些三角形的相关知识,同时已经掌握了"两点之间线段最短"这一概念,为突破本节课的难点"两边的和等于第三边时围不成三角形"打下了知识的基础。学生抽象概括三角形三边关系时,在语言表达上可能会出现不够严密的现象,应该给予更多探究的空间和交流的机会。

学生知道三角形是封闭图形,但并不能从理性角度分析三边之间的关系。考虑在教具的设计和问题情境的设计上下功夫,使学生产生认知冲突,更大限度地激发学生探究的欲望。

【教学目标】

1. 探究、发现三角形任意两边的和大于第三边,初步理解三角形边的关系。

2. 经历操作、发现、应用的过程,渗透数学思想与方法,培养自主探索、合作交流的能力。

3. 激发探究的愿望和兴趣,培养参与数学活动的积极性。

【教学重点】

探究发现三角形任意两边的和大于第三边。

【教学难点】

应用数据发现三角形边的关系,理解"任意"的含义。

【教学准备】

每名学生一把剪刀、一条长 16 厘米的线段、三个磁扣、一块磁力板。

【教学过程】

● **以旧引新,揭示课题**

师:同学们已经认识了三角形,今天我们一起来学习三角形边的关系。(板书课题)既然是研究三角形边的关系,谁能先说一说什么是三角形?

生:由三条线段围成的图形(每相邻两条线段的端点相连)叫做三角形。

● **动手实验,自主探究**

1. 提出问题,动手操作。

师:那围成一个三角形需要几条线段?

生:三条。

师:可是,老师今天只给每位同学带来了一张胶片,上面画了一条长 16 厘米的线段,怎么办呢?

生:可以把它剪成三段。

师:对呀! 我们可以剪两刀,把它分成三段。(手中拿起一张胶片)可以在这儿剪,也可以在这儿剪。为了便于研究,我们只剪整厘米数,然后看看我们剪成的这三条线段能不能恰好围成一个三角形。

(学生动手操作,教师巡视)

2. 汇报交流,收集数据。

师:咱们先停一下,一起来分享一下这位同学的作品(不等边三角形)。

生:我把 16 厘米分成了 3 厘米、6 厘米和 7 厘米,最后围成了三角形。

师:大家同意他的意见吗? 我把这组数据记录下来。(板书:3、6、7)

师:还有谁也围成了三角形,但是数据和他的不一样?

(其他学生汇报不同数据,教师板书)

师:这么多同学都围成三角形了,那是不是只要有三条线段就一定能围成三角形呢?

生:不一定,我的就没有围成!

师:还有不能围成的? 快来把你的作品展示给大家(两边和小于第三边的情况)。

生:我把 16 厘米分成了 2 厘米、3 厘米和 11 厘米,没有围成三角形。

师:看来,这三条线段真的围不成三角形,那我也把这组数据记录下来。是不是只有这一组围不成三角形呢?

生:老师,我的也没有围成。

师:大家看,他不是围成一个三角形了吗?(看上去像围成了,数据为 3 厘米、5 厘米和 8 厘米)

生:老师,角上还没有连上。

师:咱们同学的要求可真严格呀,学习数学就需要有这样认真的态度。那上面的两条边向下压一压,能不能围成三角形呢?

生:围成了。

生:我认为坚决围不成!

师:围不成就围不成,你为什么说"坚决"呀?

生:你想呀,上面的两条边是 5 厘米和 3 厘米,加起来才等于下面的一条边,所以围不成三角形。

师:(若有所思,同时用两只手臂重合在一起)看,上面两条线段的和是 8 厘米,下面的一条线段也是 8 厘米,能拱起来吗? 这位同学,你真棒,学数学就要用数据去考虑问题。老师也做了一个一样的,一起来看一看。(出示课件)

师:围成三角形没有?

生:围成了。

师:真的围成了吗? 我们放大看一下(右图)。

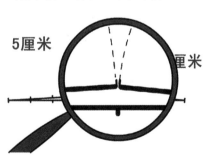

生:没有围成,中间还有一点缝。差一点也不行。

师:当这两个点真正相连的时候,会出现什么情况?

生:会和下面的线段重合。

(课件演示与下面的线段重合在一起)

3. 研讨交流,发现关系。

师:这可就怪了,都是从 16 厘米的胶片上剪下来的三段,只是长短不同,为什么有的时候就能围成,有的时候就围不成呢? 看来,一定和三角形三边的长短有关系。到底有什么关系呢? 结合同学们的作品及数据讨论一下。

能围成			不能围成		
4	7	5	2	3	11
5	6	5	3	5	8
2	7	7	3	4	9

生:两条短边的和大于长边。

师:从他的发言中,我听到了智慧的声音。以前我们总是考虑一条边和另外一条边去比,他却考虑到用两边的和去与第三条边进行比较,真了不起! 老师这里还有三条线段,它们的长度分别是 a、b、c,不知道谁长谁短,它们具有什么关系的时候就能围成三角形呢?

生:$a+b>c$。

生:老师,仅有这一组不行。像 3、4、9 这一组,如果 a、b 是 4 和 9 呢? 那它们相加也大于 3 呀! 可是围不成三角形呀!

师:是呀! 因为我们不知道谁长谁短,完全有你说的这种可能! 那谁还有不同的想法?

生:除了刚才说的那一组,还应该有 $b+c>a$,$a+c>b$。

师:对,只有同时满足这三个条件才能围成三角形。谁能总结一下,三角形三条边之间具有什么关系?

生:任意两边的和大于第三边。(师板书)

● **实际练习,拓展运用**

1. 判断:这组线段能围成三角形吗?(学生独立完成,然后交流)

出示:10 cm　　5 cm　　8 cm

生:能。

师:为什么?

生:因为 $5+8>10$ 所以能围成。

师:可是,我们刚才说的是任意两边的和大于第三边,为什么你就比了一组呢?

生:两条短的相加大于长的,一条短的换成长的,加起来的和就更大了。

出示:5 cm　　5 cm　　5 cm

生:能。

师:你能想出这个三角形的样子吗? 自己用手比一比。

出示:3 cm　　3 cm　　6 cm

生:不能,因为3+3=6,所以不能围成。

出示:3.1 cm　　3 cm　　6 cm

生:能,因为 3.1+3 >6。

师:是大于 6。可是,就大那么一点都行吗?

生:只要大,大一点就可以。

出示:2 cm　　3 cm　　8 cm

生:不能,因为2+3 <8。

2. 把 2 厘米去掉,换上几厘米就可以了? (课件演示把 2 换成了 x)

生:大于 5 就可以。

师:我们一起数,6、7、8……

生:9、10、11、12……

生:不行,12 就太大了。

师:刚才说大于 5 就可以,怎么现在又不行了?

生:刚才只考虑几加 3 要大于 8,还要考虑 8 加 3 也要大于那个数。

师:你的话对我们很有启发,数不断变大,但这个数突然角色一变,它就不是短边了,所以我们不能只从几加 3 大于 8 看问题,还要从另一个角度看,8 加 3 也要大于另一条边,这样看问题才全面。

生:$11>x>5$。

3. 三角形的一条边长 12 分米,另两边的和是 14 分米,另两条边分别可以是多少分米?

生:7、7。

生:6、8……(学生有序地说)

生:1、13。

生:不行,1、13 不行。因为 1+12=13 了,所以不行。

师:想不想看看这些三角形都是什么样子? 自己想一想,用手画一画。

师：（出示课件）看，这些三角形放在一起像什么？

师：这就是我们的国家大剧院。漂亮吗？

师：图形很漂亮，图片很漂亮，其实你们今天的表现也很漂亮。

● **全课小结**

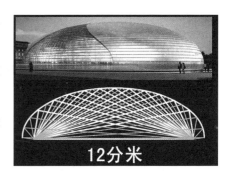

12分米

后记

那些年　那些课　那些人　那些事

2020 年春,师父顾志能老师联系我,给我布置了一个任务:浙江省小学数学教研员斯苗儿老师让我就 2017 年参加全国赛课的经历写一篇文章,要求从赛课者的心理变化视角去写。

师父交代完任务内容之后还一再嘱咐:一定要把文章写精彩,因为这篇文章是要收录到斯老师的一本书里去的。

我欣然答应,并保证一定认真写,写好自己的赛课故事。

说实话,当时此事我虽然爽快答应了,但心里还是有点没底的。2017 年 11 月参加的全国赛课,2020 年春要从当时的心理变化来写赛课的故事,我还能回忆起多少呢? 我不确定。时间问题是我心里没底的原因所在。

于是,我再一次打开了准备这节课期间天天要打开好几遍的文件夹——《第十三届小学数学教学改革观摩交流展示培训活动》,翻看里面的一份份教学设计,留下的一张张照片,记录的一段段文字⋯⋯原本以为已经淡忘的那些人、那些事,在字里行间,在一张张照片中,再一次清晰地浮现在我的脑海中。

尘封的故事就此打开,并一发不可收拾。一个月左右的时间,我写下了近 5 万字的赛课故事。我不能回忆起每一个细节,但重要的细节确定都在。之后,我将约 5 万字的故事择要浓缩成 1 万多字的文稿上交,漂亮地完成了这个任务。

2021 年 1 月 5 日开始,我将约 5 万字的赛课故事再一次进行梳理,按阶段、分主题开始陆续发布在自己的微信个人订阅号上,一共发布了16 篇。这 16 篇赛课故事在一定范围内引起了关注,有老师甚至留言表示自己像追剧一样期待着下一篇。

在近一个月的持续发布中，我似乎又回到了那个在自己看来有点荡气回肠的岁月，师父的全程指导、专家的会诊把脉、朋友的无私相助、家人的理解关怀。从小幻想自己能飞檐走壁的我，似乎看到一个属于赛课者的"江湖"。

故事终究还是结束了，但那份记忆似乎难以再次尘封起来。于是，我萌生了把我的赛课故事写成书的大胆想法，我想与更多的人分享我的赛课故事，分享我的成长经历。

一次赛课一本书，想来想去觉得这个点子不怎么靠谱。不靠谱，那就离谱了，于是这个想法就一直埋在自己的心里。一晃，时间来到了2022年暑假，我与师父顾志能老师聊起这事，他也觉得一个人的赛课故事有点个人主义，分量有点轻，如果人能再多一点就好了，并建议我可以联系一下其他人，一起写赛课故事，让书更加厚重一点。

听到顾老师的建议，我的脑海中马上跳出两个人——管小冬和孙贵合，我们三个人曾在《小学教学设计（数学）》合作过"第一课堂"这个专栏，再熟悉不过了，且我们三人都是全国赛课一等奖第一名的获得者。随即我的脑海中又跳出一个人——王丽兵，我们是师范学校的校友，且王老师也是全国赛课一等奖第一名的获得者。此时，我的心情已经非常激动了。不过，随即我又想到一个人——吴冬冬，吴老师是管小冬的好朋友，也是全国赛课一等奖第一名的获得者（管小冬和我是同一届赛课的，我们两人分别获得那一届全国赛课两个会场的第一名，因此我俩也就成为好朋友，后来在一次聊天中我得知了吴冬冬的信息）。

想到这些人，我激动的心情已经无语言表了。如此，便可以有五位全国赛课一等奖第一名的获得者来讲述自己的赛课故事。我想，故事足矣。可是，他们是否愿意分享自己的赛课故事呢？我不确定，于是抱着试一试的心态拨通了他们的电话。令人兴奋的是，他们全部一口答应。

我知道，那些年、那些课、那些人、那些事将"重出江湖"。为此，我好期待……

三个月后，我陆续收到四位赛课者的赛课故事。每一次收到，我都迫不及待地去阅读。每一次阅读，我都被赛课者的精彩故事所吸引。

管小冬《致广大而尽精微》阅读体会

1. 认真读完了管小冬老师的《致广大而尽精微》,我不知道该用怎样的语言来形容自己的心情,这不仅是因为管老师的文字精彩、故事感人,更是因为他的故事确实可以给人很多启发。作为一名高级程序师,从工作第二年就以"技术支持"的身份进入一个优秀的团队,用"绿叶"的奉献精神见证了南通小数的传奇。更令人佩服的是,管老师是一片可以自己生根、发芽的"绿叶",终于有一天,自己迎来了开花、结果。这,是管老师在技术支持的过程中无私投入、用心参与后的回报。

2. 读了管老师的赛课故事,我相信任何人都能体会到什么才是真正的"充分准备"。丁锦华老师的细致令人折服,近万字的现场执行教案令人信服,干净餐馆＋洗衣店＋理发店的赛前住所周边勘察,更是让人对管老师及其团队对于细节的考虑无比佩服。所以,读管老师的赛课故事,一定可以让我们学习到如何从学科层面去准备一节课,更能给我们一种教学与人生上的精神引领。

3. 管老师的赛课故事不仅是小学数学的故事,也是"情境教育"的故事。我相信,读了管老师的故事,一定会对"情境教育""情境数学"有非常直观、深刻的认识与理解。我还猜想,很多人会由此而去积极践行"情境数学"。正如丁锦华老师爱用比喻说事一样,管老师的故事就是一个生动的"比喻",让人对"情境数学"一听就懂。

4. "一节课不是在一时一地上成功了就是好课,而是无论在什么场合,不管面对怎样的学生都能上成功,才是一节真正的好课。"特别喜欢丁锦华老师的这个观点。由此想到管老师的观点:"以赛课者团队、个人对一节课的研究来带动教学的普遍提升与发展。"我理解,赛课的准备是"非常规"的,因为平时上课不可能这样去准备,但赛课的准备不仅是为了这一节赛课,更是为了千千万万的课。因为在准备赛课的过程中,所有人都在成长。一节成功的赛课,可以影响很多的课。

王丽兵《挑战自我，做最好的自己》阅读体会

1. 读了王丽兵老师的赛课故事，自己犹如跟着王老师一起经历了"体积与容积"这节课的整个准备过程，走南闯北，不断历练，最终一鸣惊人，成就自我。特别是，从王老师的故事中得知，他是因为一次"蹭课"意外获得了"陪练"的机会，并最终成为国赛正式选手。这样"转正"的经历，是多么激励人的故事啊！这也让我深深感受到，作为一名教师，拥有教育情怀是多么重要啊！这一切，也让我真切地感受到认真做事、用心做事的价值和意义。我相信，读了王老师的故事，一定能从中受益，更加坚定自己的教育梦想。

2. 如王老师所言，"机会始终是给有准备的人准备的"。从王老师的故事中，我看到了"时刻准备着"是如此的重要。也许，我们的"时刻准备着"一开始并不知道是为了什么，也不知道在自己"时刻准备着"的前方到底有什么在等着我们。但是，只要我们"时刻准备着"，当机会来临时，我们就有充分的底气去把握这次机会。我相信，读了王老师的故事，一定能非常直观地明白其中的道理，并成为自己成长的动力。

3. 生本课堂，以生为本。王老师的故事感人，传达给大家的课堂理念同样重要和直观。在王老师对于"体积与容积"这节课不断完善的过程中，清晰地展现了什么是"生本课堂"，什么是"以生为本"。其中，对于"体积与容积"学习路径的选择，学习材料的确定，都是可以给人深刻启发的。特别是对于年轻老师、校本教研，具有很强的指导意义。我相信，读了王老师的故事，不管是什么学科，定能理解课堂教学中"以生为本"的真正内涵和意义。

吴冬冬《心之所向　行之所往》阅读体会

1. 读完吴冬冬老师的《心之所向　行之所往》，我的内心久久不能平静。我从来没有想过，对一节课的思考也可以如此美丽，这是我在其他

作者的赛课故事中所不曾读到过的。可见,一位全国赛课的"双料冠军",背后的经历果然不平凡,其中沉淀的内蕴果然不简单。我相信,任何读吴老师赛课故事的人,都能从中受益,感受到思考的快乐,并激发自己不断努力。

2. 读吴老师的文字,我觉得是一种享受。这不仅是因为吴老师文字优美、措辞精巧,更在于思考深刻、给人启发。吴老师故事中的"6个案例""5个领悟",可以理解为是对教学基本原则和规律的提炼与总结,这是何等的功底。其中,对于教与学的辩证关系的思考,尤为令人印象深刻。我相信,任何读吴老师赛课故事的人,不仅可以感受到那一段浓烈的岁月,更能感受到如何才能上好一节课。

3. 切土豆的故事曲折又有趣。看着一盘土豆丝,让切土豆从切6个面变成切3个面,丁锦华老师这种舍与得的智慧,真心令人佩服。这样的场景给人启发——教学的智慧就在我们的生活之中。

4. "无论方法是新还是旧,有利于学生发展的方法就是好方法。"太喜欢这句话了。当大家都在思考如何另起炉灶创新突破的时候,吴老师毅然选择了坚守。当然,坚守不是关键,关键的是吴老师的坚守不是故步自封,而是"在坚守中突破",这是勇气,更是智慧。

5. 一位名师拥有一节"代表课"可以诞生什么呢?吴老师的故事让大家知道,一节"代表课"可以代表吴老师对教学的理解,进而产生出很多和"代表课"类似的课。吴老师还让大家知道,一节"代表课"可以代表吴老师对教育的态度,进而让吴老师的校长工作、教育督导工作都能如教学般对待和开展,让教育的能量辐射到更大的范围中去,为更多的人提供更好的服务。

孙贵合《从结论走向过程 从教材走向学生》阅读体会

1. 阅读了孙贵合老师的赛课故事,我有一种浓郁的身临其境之感。这种感觉的产生,主要是因为孙老师用细腻的文字表达了那段令人难忘的美好时光。我相信,任何阅读孙老师赛课故事的人,也一定能有与我一样的身临其境之感。

2. 在身临其境中,我仿佛跟随孙老师再一次经历了区赛、市赛,并感受到脱颖而出时的那种喜悦。当然,我同样能感受到孙老师在获得全国赛课资格后的那种兴奋与信心,以及获得第一名时的那种激动。像孙老师这样通过一级一级的比赛走出来的选手,是最有说服力的,也是最能让读者佩服的。

3. 在孙老师的赛课故事中,尤其令我印象深刻的是,吴正宪老师、马希明老师等专家在指导备课过程中所展现的对课堂的深刻理解和先进的教学理念。比如,吴正宪老师说"给孩子空间,充分地相信学生,孩子会给我们奇迹""错着错着就对了,聊着聊着就会了";马希明老师在孙老师获得区赛第一名之后的连环三问。这样的指导,是超越课堂的,是将教育真正看成人的生命成长的过程。我相信,任何读孙老师赛课故事的老师,除了对"三角形边的关系"会有很深刻的认识之外,更是会对课堂教学的理念有很大的改观,这必将极大地帮助老师成长。

4. 在孙老师准备课的过程中,有着一次次的忍痛割爱。比如,舍去引以为傲的"斑马线",舍去已经非常熟悉的"两条胶片"……能做出这样的舍弃,需要何等的勇气和魄力啊!也正是这样的勇气和魄力,驱使着孙老师的教学设计越来越走近学生和数学,越来越展现出教学的本真风采。

5. 一次赛课,一段光阴,在很多人眼里,过去就过去了,但是到了孙老师这里,却成了自己教学主张萌生的过程。这样的收获、这样的成长,不可谓不大。特别是,孙老师据此一以贯之,并最终形成专著《慢"漫"地教数学》,这是何等激励人的故事啊!

以上阅读体会,均是我作为第一读者读完后的真切感受,因此都是读完后第一时间写成,没有任何"刻意"的成分。

除了上述体会,其实故事中还传递出很多很多信息。比如,现在大家经常谈"学生立场""以生为本""关注过程"等课堂教学的理念。那么,这些理念我们该如何理解和接受呢?这些理念到底该如何体现在课堂教学中呢?通过我们的故事,你可以看到这些理念是如何慢慢出现并逐步落实到一节课的教学中去的。这里没有大道理,有的是一次次失败后的深思,有的是一次次被否定后的顿悟,有的是用一次次行动来践行自己的理解并将其内化为自己的理念。

我们,在诸多赛课者中是那样的微弱,也许若干年后便不再有人提起。

我们,深刻认识到那是一段激情燃烧的岁月,沉淀下滚烫的教育信念。

我们,愿意讲好自己的故事,为他人的前行留下一行或许有用的足迹。

以此纪念:那些年、那些课、那些人、那些事,还有那个"江湖"!

2023 年 1 月

图书在版编目（CIP）数据

赛课者说 / 何月丰编著. —— 上海：上海教育出版社, 2023.10
（小学数学教师·新探索）
ISBN 978-7-5720-2283-8

Ⅰ. ①赛… Ⅱ. ①何… Ⅲ. ①小学数学课－教学研究
Ⅳ. ①G623.502

中国国家版本馆CIP数据核字(2023)第172469号

责任编辑　蒋徐巍
版式设计　王　捷
封面设计　施雅文

Saike Zhe Shuo
赛课者说
何月丰　编著

出版发行　上海教育出版社有限公司
官　　网　www.seph.com.cn
地　　址　上海市闵行区号景路159弄C座
邮　　编　201101
印　　刷　上海颛辉印刷厂有限公司
开　　本　700×1000　1/16　印张18　插页2
字　　数　280 千字
版　　次　2023年9月第1版
印　　次　2023年10月第2次印刷
书　　号　ISBN 978-7-5720-2283-8/G·2021
定　　价　58.00 元

如发现质量问题，读者可向本社调换　电话：021-64373213